D0873002

VIA SPIRITUS
SUBIDA DEL MONTE SIÓN

VIA SPIRITUS
de Bernabé de Palma

SUBIDA DEL MONTE SIÓN
de Bernardino de Laredo

EDICIÓN PREPARADA POR

TEODORO H. MARTÍN

BIBLIOTECA DE AUTORES CRISTIANOS

MADRID • MCMXCVIII

Colección CLÁSICOS DE ESPIRITUALIDAD

Coordinador: Teodoro H. Martín.

Consejo asesor: Salvador Ros, Centro Internacional de Espiritualidad (Ávila); Saturnino López-Santidrián, Facultad de Teología (Burgos); Francisco Javier Sancho, Ediciones Monte Carmelo (Burgos); Miguel González, director del Equipo de Pastoral en la Confer (Madrid); Alberto Yubero, director de la Librería Carmelitana (Madrid); Loet Swart, profesor (Granada).

Diseño de portada: Cruz Lorente

© Biblioteca de Autores Cristianos,
   Don Ramón de la Cruz, 57. Madrid 1998
   Depósito legal: M. 23.029-1998
   ISBN: 84-7914-368-1
   Impreso en España. Printed in Spain

Bernabé de Palma y Bernardino de Laredo.
Dos hermanos legos, franciscanos, místicos y
escritores. Laredo, además, doctor en Medici-
na y doctor en Teología, con especialidad en
Sagrada Escritura.
Varias veces invitados por la Orden a que
fueran ordenados sacerdotes. Ellos nunca
aceptaron, pero siempre se esforzaron por ser
santos, como el hermano Francisco de Asís.
Como ellos en su tiempo, son hoy muchos y
muchas los hermanos y hermanas que aspiran
a la santidad sinceramente,
sin pretender ser ordenados sacerdotes.
Porque la plenitud en Dios, como la «llena
de gracia»
santa María, la más santa,
no consiste en prestigio social,
que Dios «mira la humildad».
Como ayer a los hermanos De Palma y De
Laredo, tributemos hoy a vosotros, Hermanos
y Hermanas seculares o personas religiosas,
honor y gloria.
La mirada del Altísimo llena el vacío de
vuestra abnegación, que es, por amor, la no-
bleza más grande entre los grandes de la más
alta nobleza.
«Mi alma se gloría en el Señor.
Que los humildes lo escuchen y se alegren»
(Sal 34,3).

Teodoro H. Martín

ÍNDICE GENERAL

SEGUNDA PARTE

SUBIDA DEL MONTE SIÓN

INTRODUCCIÓN

I. RAÍCES

«Lo que más falta nos hace a los historiadores del siglo XVI —dice Marcel Bataillon— es conocer mejor el siglo XV» [1]. Para ser más exacto deberíamos decir que es menester conocer el XIV, en el cual se originó la Edad Nueva, cuyo humanismo en su despliegue de últimas consecuencias se nos presenta hoy secularista y agnóstico. La sociedad española ha ofrecido siempre notas comunes con otros países de Europa [2].

Por otra parte, en el siglo XIV fueron escritas las obras espirituales de mayor altura. Equilibrando la postración de la Iglesia jerárquica surgieron tantos y tan altos escritos de vida espiritual que hacen de aquellos tiempos el siglo de la mística. Escritos no superados más que por los santos carmelitas Teresa de Jesús y Juan de la Cruz.

Desde el concilio de Constanza (1414) en que terminó el cisma de Occidente, con voz unánime el pueblo cristiano clamaba por la reforma de la Iglesia pidiendo el retorno a las fuentes evangélicas. Ya san Francisco de Asís estando para morir repetía a sus frailes: «Empecemos, hermanos». Dinamismo que ha hecho tanto más importante en la Iglesia al franciscanismo cuanto más renovadores se han mostrado sus frailes. ¡Cuántos brotes de auténtica raíz evangélica en crecimiento! Por su empeño en fidelidad radical han

---

[1] *Erasmo y España* (México, Fondo de Cultura Económica, 1950) prólogo.
[2] P. SAINZ RODRÍGUEZ, *La siembra mística del Cardenal Cisneros y la Reforma de la Iglesia* (FUE, Madrid 1979) 18.

llegado a veces a tocar los bordes de la herejía. Pedro Villacreces († 1422), consecuente con el concilio del papa Martín V, inició el movimiento de reforma espiritual, auténticamente vivida en el siglo XVI español. El convento de La Aguilera por Miranda de Ebro (Burgos), san Pedro Regalado († 1456) por Valladolid, Pedro de Santoyo y Lope de Salazar († 1463) lo extendieron por toda Castilla. Testigos son aún las ruinas de La Salceda en Tendilla (Guadalajara), donde moraron personas eminentes como Francisco de Osuna y el cardenal Cisneros.

Cien años antes de la reforma luterana y del concilio de Trento, los conventos franciscanos de la Observancia eran hontanares de espiritualidad. En los umbrales del siglo XVI se distinguía por su fervor la provincia franciscana de los Ángeles en Andalucía, cuyos claveles perfumantes de santidad supo recoger el historiador fray Andrés de Guadalupe [3]. Bernabé de Palma (1469-1532) y Bernardino de Laredo (1482-1540), hermanos legos y escritores, son fuertes eslabones que enganchan la cadena medieval de renovación franciscana con los umbrales del renacimiento eclesial del siglo XVI español. Justo, pues, lo que a este propósito escribió Menéndez y Pelayo: «Los libros clásicos y bellos del amor de Dios fueron durante el siglo XVI debidos a las plumas de frailes Menores franciscanos» [4].

II. BERNABÉ DE PALMA (1469-1532)

1. Maestro de espirituales

En Palma del Río (Córdoba), año 1469, nació Bernabé, de origen siciliano y jardinero de oficio. A sus

---

[3] Cf. *Historia de la provincia de los Ángeles* (Madrid 1642).
[4] *Historia de las ideas estéticas* (Edic. Nacional, Madrid 1940) 81.

veintidós años recibía el hábito como religioso lego franciscano, según refiere Andrés de Guadalupe. Había vivido como ermitaño en Sierra Morena algunos años gozando de popularidad por su profunda vida interior tachonada de hechos extraordinarios: milagros, éxtasis, raptos. En Belalcázar hubieron de amonestarle los superiores para que evitase aquellos fenómenos durante la elevación en la misa. El mismo cronista refiere que siendo portero en el convento de Belén (Palma del Río) se multiplicaban milagrosamente las limosnas que pasaban por su mano. Y ya muerto, el día 14 de octubre de 1530, quedó su semblante «tan dulcemente que parecía estar disfrutando de un ligero sueño».

Se le atribuyen varios escritos [5]. Lo que le dio fama realmente en literatura mística ha sido el *Via Spiritus,* obra póstuma, que siendo de persona iletrada [6] fue acogida por el público, alcanzando siete ediciones en veinte años. Luego, por haber sido puesta en el *Índice de libros prohibidos* [7], desapareció de España y ha permanecido oculta en Portugal y Francia por más de cuatrocientos años [8].

Bernabé de Palma, Bernardino de Laredo y Francisco de Osuna, los tres, franciscanos y andaluces, con Enrique Herp, franciscano de Flandes, forman el pórtico de la teología y literatura mística española. Santa Teresa

---

[5] *Doctrina cristiana, Vida de Cristo, Declaración de los misterios de la misa, Grados de la oración y contemplación, Centiloquio del alma, De los cuatro novísimos y postrimerías del hombre.*

[6] «Tengo gran pesar de no haber estudiado», dice en el prólogo.

[7] REUSCH, *Die «Indices librorum prohibitorum» des sechzenten Jahrhundert.*

[8] El *Via Spiritus* se libró de la quema gracias al infante cardenal Enrique, regente de Portugal por aquellos años, por medio de su consejero espiritual fray Luis de Granada, que vivía entonces en Lisboa. *Vía Spiritus* ha vuelto a ser actualidad en España gracias a la intervención de don Pedro Sainz Rodríguez y escritos de Eugenio Asensio, Pedro Leturia, Bernardo Bravo, el profesor Saturnino López Santidrián y algunos carmelitas de Burgos.

de Ávila dejó constancia de haberse servido del *Via
Spiritus,* oponiéndose a lo que en él se dice de «cosas
corpóreas», «considerarse en cuadrado»... Y más rompiendo lanzas en favor de la humanidad del Señor
como ayuda para la contemplación frente a quienes la
consideran impedimento [9]. A veces, en cambio, la Santa corrobora con ideas de B. Palma lo que ella dice de
falsos arrobamientos, inmaduro celo apostólico o im-
prudentes «amortecimientos» [10].

Más llamativo en relación con nuestro autor fue el
«cenáculo recoleto de Gandía». Cerca de Valencia, a la
sombra del duque, sucesor de san Francisco de Borja,
fermentó la vida contemplativa en la Compañía de Jesús.
Jesuitas prestigiosos se reunían teniendo por guía a un
hermano lego franciscano, Luis de Texeda, muy querido
de san Francisco de Borja siendo éste virrey de Cataluña.
Aquel hermano les daba conferencias teniendo por guía
el *Via Spiritus* de Bernabé de Palma, al que se añadió
pronto el *Directorio de contemplativos* de Enrique Herp [11].
De ahí se siguió que varios jesuitas ingresaron en la cartuja
de Valencia. Los padres Oviedo y Onfroy pidieron irse al
desierto por siete años. Dentro de la Compañía surgió
cierto conflicto entre los partidarios de la vida activa y los
de la contemplación. La actitud de los padres Oviedo,
Onfroy, Ramiro, Cordeses... hubiera podido tener consecuencias graves ante la Inquisición y parecía desviarse del
sentido apostólico, característico de la Compañía de Jesús. Hubo de intervenir san Ignacio para zanjar la crisis.

[9] *Vida* 22,1.3.4. *Moradas* 7,6.
[10] *Moradas,* 4,3.11; *Vida* 13,8-10; *Fundaciones* 5,5-9.
[11] Cf. E. López Azpitarte, S. J., *La oración contemplativa. Evolución
y sentido en el P. Álvarez de Paz* (Granada 1966, Facultad Teológica)
171. También el P. Leturia, *Lecturas ascéticas y lecturas místicas entre
los jesuitas del siglo XVI:* «Archivo italiano per la Storia della Pietà»
2 (1953) 11. Asimismo en AHSI 23 (1954) 78-87. Véase mi
publicación del *Directorio de contemplativos,* de E. Herp (FUE, Madrid
1974) cap. VI, 149-175.

El bendito lego «iletrado» B. Palma nunca habría imaginado que iba a ser leído por la madre Teresa de Jesús y jesuitas ilustres como el padre Antonio Cordeses, rector de la Universidad de Gandía y provincial de su Orden en Toledo. Lector del *Via Spiritus* fue también el maestro Ávila, el cual, en plática dirigida a los jesuitas, distingue varios caminos para llegar a la contemplación: por vía de entendimiento, sacando de todas las cosas amor a Dios; *per remotionem* dice B. Palma. Y añade el maestro Ávila: «Otros magis *per viam voluntatis,* arrojándose luego la voluntad a amar a Dios Nuestro Señor; de éstos es la tercera parte del *Abecedario* de Osuna, que procede más *per viam voluntatis,* con poco pensar. Y así no ha de retornar, sino seguir el camino por donde el Señor quiere llevar al hombre. Otros *per viam silentii,* in occulto loquendi, ut dicit Dionysius» (por los caminos secretos del silencio) [12]. Sería larga la lista de lectores que tuvo B. Palma. Mencionemos para terminar al religioso agustino Luis de Alarcón en su bello librito *Camino del Cielo* [13].

2. Estructura del *Via Spiritus*

El punto de perspectiva en que convergen todas sus líneas es la unión del alma con Dios. «No le puede uno buscar, hallar ni poseer sino mediante la contemplación —comienza diciendo B. Palma—; es mi intento llamar las almas a este perfecto fin» (Prohemio). Lo escribe para «principiantes», que significa «los que comienzan a reconocer quietud» (Prohemio), o sea, los ya iniciados en la contemplación. No quiere B. Palma que andemos a la deriva, como él sufrió por unos veinte

[12] Cf. L. Sala Balust, *Obras completas de Juan de Ávila* (BAC, Madrid 1953) II, 1316-17.
[13] Publicado en Alcalá, año 1547, y recientemente en Madrid, Fund. Univ. Española, año de 1952.

años, hasta descubrir el camino que lleva al recogimiento, morada de Dios en el alma.

Bernabé de Palma traza entonces el camino en cuatro etapas, tras una preparación para la marcha. «Cinco cosas se tratan en este libro —dice—, que son: preparación, puro corpóreo, corporal y espiritual, puro espiritual, sobrenatural. Estas cinco cosas son como jornadas que se han de andar para venir a la perfección de la vida espiritual» (Prohemio). Así está formado el núcleo y espina dorsal de la obra. Luego los adorna con breves comentarios sobre la Encarnación, Natividad del Señor, Vida y Pasión de Jesucristo. Tratadillos que añaden poco valor a la obra, si es que no se lo quitan. Aquí podría darse por terminado el libro, pero el autor alarga otro tanto con veintisiete *Preguntas y Respuestas,* que forman de hecho la segunda parte de la obra. En ellas nos ofrece «adiciones» sobre lo tratado antes: unas treinta y seis apostillas que, además de servir para entender correctamente lo anterior, hacen pensar en cierta autodefensa frente a jueces de la Inquisición.

Publicado el libro dos mes después de haber fallecido su autor [14], alcanzó siete ediciones en veinte años, hasta que se publicó el *Índice de libros prohibidos* por parte de la Inquisición. Tres de ellas abreviadas por dos razones: porque las de texto completo repiten machaconamente algunos temas hasta el cansancio y además, como queda dicho, para evitar la condena de la Inquisición, a juzgar por ciertos párrafos de los capítulos suprimidos, y recortes en algunos de los que se publican abreviados [15].

---

[14] Bernabé de Palma murió el 14 de octubre del 1532, y su libro fue publicado el 14 de diciembre del mismo año.

[15] Ediciones completas fueron: Sevilla 1532, Flandes 1533-34, (a petición del señor Barrientos Maldonado, hermano de san Pedro de Alcántara, y costeada por el duque de Béjar, capitán de las tropas españolas en Hungría), Salamanca 1541, Barcelona 1549. Se publicaron las abreviadas en: Valencia 1546, Toledo 1550

3. En marcha

A) *Preparación.* «El proceso de este libro va a ser mística teología», se nos advierte mientras nos alistamos para el camino. Nadie lo emprenderá sin haberse antes familiarizado con «los misterios de la vida de Cristo, que son llave y tesoro de la perfección» (Prohemio). Bastón imprescindible para el camino habrá ser la oración mental [16].

Llegamos al cruce Esaú-Jacob: que son vida activa y vida contemplativa. Nuestro Señor vivió la segunda: «Mira a Cristo y verás que está sin ningún bullicio, a la predicación no dio más del diezmo de su vida» (cap.VI). Diríamos que la *Preparación* es una declara-

(abreviada por Luis Ortega), Toledo 1553, la abreviada por Juan de Borja, duque de Gandía, hijo de san Francisco de Borja. Ésta es la que sirve de texto para nuestra edición.

Las diferencias entre ambas ediciones son como siguen: *Preparación:* las completas contienen dieciocho capítulos, las abreviadas nueve; *Tratado segundo:* completas diez, abreviadas siete; *Tratado tercero:* completas veinte, abreviadas catorce; *Tratado cuarto:* completas cinco, abreviadas tres. Al cuarto *Tratado* siguen los apéndices: uno sobre la Encarnación, seis sobre la Natividad, y el comienzo de lo que iba a ser «explanaciones sobre la vida y pasión de Jesucristo».

[16] Más adelante, cuando B. Palma requiere mente desnuda de toda imagen o corporeidad, santa Teresa levanta su voz en contra de lo referente a la humanidad de Cristo. Pero cabe pensar aquí, sin contradicción, en dos etapas diferentes de la marcha. B. de Palma, como su contemporáneo B. de Laredo, afirma, igual que la Santa de Ávila, que los misterios de la vida de Cristo son «llave y tesoro de la perfección». En etapas sucesivas, la misma psicología se adapta ya al puro espíritu de gracia y disfruta de visión diferente. Cabría aplicar en esto el principio de buena lógica: «Distingue tempora et concordabis jura», que equivale a decir: no hay contradicción cuando cada cosa está en su propio lugar y tiempo. Por lo demás, como advierte B. Palma, tratando de ciertas graduaciones en el espíritu no se pueden definir como compartimientos estancos sus diferencias, «pues, aunque son entre sí diferentes, están tan coligados que cada uno participa en algo de su vecino» *(Tratado primero,* capítulo primero). Mejor que estados habría que definirlos psicológicamente como *situaciones* del alma.

ción de guerra contra la exteriorización, para lograr la victoria del recogimiento.

B) *Tratado Primero: puro corpóreo.* Se llama así esta etapa «porque todos sus ejercicios estriban sobre cosas corpóreas», que han de ir espiritualizándose sin dejar de ser humanas. Por eso, «acerca de los estados de que este libro trata has de notar que, aunque son entre sí diferentes, son tan coligados que cada uno participa en algo de su vecino, y para ser perfecto tanto has menester del primero como del postrero» (cap.1).

Santa Teresa apretó el botón de alarma por haber entendido que sería necesario deshumanizar a Cristo para avanzar en la contemplación *(Vida,* cap.22). El lego franciscano se justificaría delante de la santa Madre diciendo que tales «estados siendo diferentes están entre sí coligados». En cambio, la madre Teresa hallaría harto contento al ver en el capítulo siguiente que «lo principal en este primer grado y en toda obra de espíritu es que siempre estribe sobre verdad»..., «que consiste en que Dios es infinitamente bueno»... «y por lo que nos toca sintamos sin fingimiento que ningún bien tenemos sin su gracia... y cuando sin cobertura alguna descubrimos nuestras faltas en su presencia» (cap.2).

C) *Tratado segundo: corporal y espiritual.* Etapa de transición no bien definida por B. Palma, que no deja de mostrar su intención ascensional. «El primer estado —dice— se puede comparar con los pies que soportan el peso del cuerpo en marcha al recogimiento, aunque caminen torpemente. El segundo se caracteriza por mayor facilidad de andadura, como las manos tienen más habilidad para sus labores». Aquí se espolea la tibieza y refrena la sensualidad; justamente se concede particular importancia a la humildad hasta el aniquilamiento personal que desarraigue el orgullo de sentirnos virtuosos. Se acentúa el reconocimiento de la bondad de Dios que nos ha hecho a su imagen, nos revela las verdades de fe y perdona los pecados.

D) *Tratado tercero: puramente espiritual.* Constituye la espina dorsal de la obra, como bien lo muestra la gran atención y entusiasmo con que lo trata el autor. Diríamos que es la planicie sobre la cumbre, desde donde se contemplan horizontes infinitos. Aquí el alma está engolfada en Dios, que invade nuestro interior como el aire de altura los pulmones y nos abraza exteriormente con cuatro dimensiones: anchura y longitud, altura y profundidad (Ef 4,17-19). B. Palma ha troquelado la expresión «contemplar en cuadrada manera», que quiere decir, con palabras del Apóstol, vivir conscientemente abismados en la presencia de Dios, pues él todo lo llena. La actitud del alma entonces no puede ser sino de acogida, *per viam receptionis,* como respuesta a tanto amor, *viam receptionis,* que es entregarle la llave de la libertad. Misterio en plena visión, no «visto por agujero» que es regirse una criatura (cap.8). Hasta aquí no suben las nubes de la imaginación ni llegan los discursos del entendimiento. «El artífice hace su obra quitando de ella y Dios la suya poniendo lo que falta» (cap.4).

En este punto B. Palma se muestra exigente, empeñado en que nunca se deje el recogimiento de la oración contemplativa. «Sepas ser necesario que en la contemplación te detengas a lo menos hora y media cada día. El alma ha menester espacio para se desarraigar de las fantasías y de los acostumbrados modos que tenemos de pensar» (cap.5). Mas este aparente rigor de B. Palma se halla muy puesto en su punto, como si se hubiera anticipado a la decisión de san Ignacio en el caso de los contemplativos de Gandía, y un siglo después a las pláticas de san Vicente de Paúl a las Hijas de la Caridad. «Herejía sería decir —advierte B. Palma— que en estas obras exteriores hechas por Dios no está Dios. Mas digo así que los que tienen estado de perfección, aunque estén por necesidad ocupados en lo exterior, jamás pierden su contemplación» (cap.1).

E) *Tratado cuarto: reposo sobrenatural.* Al cuarto estado sobrenatural, que carece de comentarios, yo prefiero llamarle *reposo,* como aquí dejo escrito. «Dado lo que en este estado se ha de hablar —dice B. Palma—, sólo Dios tiene la llave. El alma ninguna cosa obra más de recibir lo que le es dado» (cap.1). Como ya había dicho en el tratado tercero, conviene aquí en grado eminente la sentencia de que el «saber no obrar es el mejor obrar». El alma ha de estar en actitud receptiva, acogedora, «per viam receptionis, non autem aprehensionis».

Aquí se corta bruscamente la obra, como si hubiese llegado al fin propuesto de la unión con Dios. Es un remanso de gozo y quietud inalterables. Por eso Eugenio Asensio distingue solamente tres etapas que, con términos de B. Palma, clasifica del siguiente modo: la primera, aniquilación; la segunda, entender a Dios por un agujero; la tercera, cuadrar el entendimiento, que es la entrañable contemplación de la inmensidad de Dios [17]. B. Palma yuxtapone cinco capítulos sobre la caridad (suprimidos en las ediciones abreviadas) de escaso interés, martilleando con frecuencia sobre el conflicto entre la vida contemplativa y la vida activa.

Se pregunta Bernardo Bravo: ¿por qué B. Palma no llevó a cabo su plan, aunque había manifestado deseos de realizarlo? [18]. Caben diversas respuestas: primera, por el ambiente inquisitorial, pues andaban al acecho de cualquier tema de vida espiritual donde pudiera filtrarse alguna interpretación no católica a juicio de los inquisidores. ¿Fue el mismo B. Palma quien se negó

---

[17] E. Asensio, *El erasmismo y corrientes afines:* «Revista de Filología Española» 36 (1952) 81.
[18] Cf. Bernardo Bravo, S. J., *El Via Spiritus de fray Bernabé de Palma:* «Manresa» 31 (1959) 35-74.

a comentar el «estado sobrenatural, sobrecogido por la experiencia del misterio»? Muchas personas han preferido guardar silencio por ser inadecuado el lenguaje para expresar tal realidad. La más obvia, como sugiere el historiador E. Asensio, es que «el libro quedó inacabado por muerte del autor» [19].

4. Apreciaciones

Bernabé de Palma escribió a petición de sus compañeros y por mandato de sus superiores. «Vencido por la obediencia santa —dice—, púseme a escribir lo que el suavísimo Señor tuviese por bien me dar» (Prohemio).

El *Via Spiritus* fue libro muy leído, como se ve por las siete ediciones que tuvo en veinte años antes del *Índice* inquisitorial de F. Valdés. Es de admirar que un hombre «sin letras» en la transición de la Edad Media a la Moderna haya podido convertirse en maestro de espiritualidad hasta equipararse con la altura doctrinal de los doctos y doctores B. de Laredo y F. de Osuna, diferente de ellos por la tendencia intelectual y penitente, como de antiguo eremita, tan marcada en B. de Palma. No pudo tener muchas lecturas, pero está en la línea del Pseudo-Areopagita; parece haber tenido a mano el *Benjamín Major* de Ricardo de San Víctor y escritos de san Buenaventura.

Literariamente, como ocurre en toda alma de experiencia mística, tiene estallidos de expresión poética a veces, pero en conjunto la forma literaria de B. de Palma no está a la altura de otros franciscanos de su tiempo, como Laredo y Osuna. Ideas, emoción contenida, material amontonado que hubieran requerido más proporción y orden tanto en el pensamiento como en la forma de expresión. Eso hizo que pronto se publicaran tres ediciones abreviadas suprimiendo capí-

[19] E. Asensio, o.c., 36 (1952) 81.

tulos innecesarios y recortando otros, que resultaban lectura pesada e irritaban a los inquisidores. Lógicamente, esta nuestra edición reproduce una de las abreviadas. Se impone, sin embargo, el fervor de la propia experiencia, como primer valor perceptible por el pueblo, un pueblo deseoso de intensa vida espiritual, de oración contemplativa, cuando escaseaban obras de tal altura. El hermano Bernabé de Palma escribe en aquella gloriosa coyuntura rompiendo albores para el Siglo de Oro en España.

Como toda obra mística, *Via Spiritus* es un libro de perenne actualidad. Podemos gloriarnos de haberlo puesto en manos de cuantos leen español, después de cuatrocientos años de ausencia.

Concluimos haciendo nuestro el juicio de Pedro Sainz Rodríguez: «El libro *Via Spiritus* ofrece, a mi parecer, un extraordinario interés histórico, es valioso desde el punto de vista doctrinal: no podemos dejar de apreciar en él la densidad del pensamiento y bastante precisión en la exposición de las ideas» [20].

III.   BERNARDINO DE LAREDO (1482-1540)

1.   Lápida en Cantillana

En Cantillana, a 30 kilómetros de Sevilla, una lápida de azulejos alegres lleva esta inscripción:

«VENERABLE FRAY BERNARDINO DE LAREDO,
VARÓN INSIGNE EN LETRAS, VIRTUDES, MILAGROS
Y DEVOCIÓN A MARÍA SANTÍSIMA DE LA PORTERÍA,
TRASLADADO CON ESTA PRESTIGIOSA IMAGEN
DEL CONVENTO DE NUESTRO PADRE SAN FRANCISCO
DE EL MONTE A ÉSTE DE CANTILLANA. AÑO DE 1771».

---

[20] SAINZ RODRÍGUEZ, *Espiritualidad Española* (Rialp, Madrid 1961) 171.

Última llamarada de entre las cenizas del olvido que han ocultado a Laredo desde que se publicó la quinta edición de la *Subida del Monte Sión* en Alcalá en 1617. Excepto alguna referencia en colecciones bibliográficas y cronistas de la Orden, el nombre y escritos de fray Bernardino de Laredo han pasado totalmente inadvertidos hasta el siglo XX. «A pesar del mérito literario y doctrinal de su obra maestra, *Subida del Monte Sión,* no le ha cabido la suerte de ser sacado del olvido ni siquiera por el insigne Menéndez y Pelayo, quien tantas glorias nacionales resucitó y que tanto hizo por atraer la atención del mundo culto sobre nuestros místicos y letrados del siglo de oro» [21]. Reconoce esa grave omisión su discípulo Pedro Sainz Rodríguez cuando escribe: «Esta obra, como los *Abecedarios* de Osuna, es de las claves indispensables para entender la mística española» [22]. A esto, para ser más exactos, habría que añadir los nombres de otros dos franciscanos: Bernabé de Palma y Enrique Herp. Los cuatro forman el pórtico glorioso de la mística española en el Siglo de Oro.

Con mucha razón se ha escrito en nuestro tiempo que «la *Subida del Monte Sión* es un tesoro de saber místico lastimosamente olvidado y dignísimo de memoria perpetua» [23]. Gracias a santa Teresa ha sido esta obra desvelada a principios del siglo XX por críticos literarios de Francia: Morel-Fatio, Hornaert, Etchegoyen y Miguel Ángel. Buscando a la Santa se encontraron con Laredo.

[21] BIENVENIDO FORONDA, *Fray Bernardino de Laredo:* «Archivo Ibero Americano», t.XXXIII (Madrid 1930) 217.
[22] *Introducción a la Historia de la Literatura Mística en España* (Madrid 1927).
[23] JUAN BAUTISTA GOMIS, *Místicos franciscanos. Subida del Monte Sión* (BAC, Madrid 1948) II, 9. Seis páginas más adelante insiste: «Han pasado siglos y su obra permanece sellada en espera de que una valerosa y sabia mano rompa el sello y aparezcan los tesoros de ciencia y experiencia místicas en ella encerrados como en un arca de oro».

Cuantos leemos español tenemos profunda deuda de gratitud con Juan Bautista Gomis por haber sido el primero que, después de trescientos ochenta y un años, ha editado la *Subida del Monte Sión* [24]. Pero nada mejor que el monumento literario salido de la pluma del padre capuchino Fidèle de Ros en honor de Bernardino de Laredo: «*Un inspirateur de sainte Thérèse, le Frère Bernardin de Laredo* (París 1948) [25]. Digno de mención también el capítulo noveno de *Los Recogidos,* dedicado al estudio de Laredo y su obra la *Subida del Monte Sión* [26].

2. Vocación verdadera

«Señor Mayordomo, quiero consagrarme al servicio de Dios en la Orden religiosa de san Francisco». Así de claro y resuelto, Bernardino de Laredo, muchacho de doce años, habló al mayordomo del conde de Gelves, don Jorge Alberto de Portugal, a quien servía Laredo en calidad de doncel.

«No —respondió el mayordomo—. No has cumplido aún doce años; los franciscanos de estas tierras llevan vida muy austera; debes educarte ahora para la nobleza, pues para eso tus padres te mandaron aquí».

Transcurrido algún tiempo, Bernardino dejó la casa del conde, señor a quien profesaría amor reverente por toda la vida. Volvió el mozalbete a la casa paterna en Sevilla, donde había nacido el año 1482, de padres «hijosdalgo», celosos por hacer de su hijo un perfecto cristiano y noble ciudadano.

---

[24] Madrid, BAC, como queda dicho.

[25] De Fidèle de Ros son también: *Harphius et Laredo:* «Revue d'Ascétique et de Mystique» (1939) 265-285; *Enrique Herp:* «Archivo Ibero Americano» 22 (1941) 184-85. Y en relación más directa con este trabajo: *La doctrine de Laredo:* «Revue d'Ascétique et de Mystique» t.22 (1946) 61-75.

[26] M. Andrés Martín, *Los Recogidos* (FUE, Madrid 1976) 195-232.

Según el *cronista,* empezó entonces los estudios de Latinidad y luego los de Artes. En la misma Universidad de Sevilla, fundada por maese Rodrigo, arcediano de la catedral, Bernardino emprendió los estudios que culminarían con el doctorado en Medicina; luego con la Teología, en que también se doctoró con la especialidad de Sagrada Escritura. Teólogo consumado y doctor en Medicina, rozaba los veintiocho años de edad. Además, sabía con perfección el latín, griego y hebreo. «Hoy se ven —dice el cronista—, en el convento de san Francisco del Monte, margenados de su mano, algunos libros de la librería común, y notados algunos puntos en lengua Hebrea y Griega» [27].

Nadie podría decirle ya que no tenía madurez para hacerse franciscano. Pero Bernardino no había vuelto a pensar en ello desde que su confidente, el mayordomo del señor conde, le disuadiera de hacerse fraile. Ahora, en el año 1510, cuando el mundo podía ofrecerle mayor atractivo, su íntimo amigo Juan Bautista Viñones, doctorado en ambos Derechos, sin que nadie lo hubiera sospechado, ingresaba en el convento franciscano como hermano lego. Despertó entonces la vocación dormida de Laredo y sin más dilación se fue al convento de San Francisco del Monte, en el pueblo de Villaverde, por las estribaciones de Sierra Morena.

Conociendo las muchas letras del postulante, los frailes le ofrecieron reiteradamente el hábito de coro, es decir, le pedían que entrase para ser ordenado sacerdote. Pero no hubo manera de cambiar su resolución de servir como hermano lego. A petición propia, los superiores le concedieron la gracia de no trasladarle a ningún otro convento. Efectivamente, aquel de San Francisco del Monte fue su residencia hasta que voló al cielo el año de 1540, cumplidos treinta de profesión religiosa.

---

[27] Fray Andrés de Guadalupe, *Historia de la provincia de los Ángeles* (Madrid 1662) 332 b.

Siendo fraile ejerció la profesión de médico entre familias nobles de Sevilla y en particular a requerimiento del rey don Juan III de Portugal, en favor de doña Catalina, su esposa, hermana del emperador Carlos V. Los superiores le designaron enfermero para todos los frailes de la provincia franciscana de los Ángeles por Andalucía. De hecho, era un verdadero director espiritual. Auténtica vocación de santidad en aquel discípulo de san Francisco.

3. El escritor

El ejercicio de su profesión indujo a Laredo a publicar dos tratados de medicina: *Metaphora Medicinae* uno, en Sevilla año de 1522, y el otro *Modus faciendi cum ordine medicinandi.* Del primero se hicieron dos ediciones, del segundo tres. Tiene éste la manera de preparar casi todas las medicinas que se usaban en su tiempo, indicando las propiedades terapéuticas de cada una de ellas y el modo de administrarlas en cualquier caso [28]. Nos dice también el cronista Andrés de Guadalupe que «escribió copiosos cuadernos de muchas dudas y cuestiones sobre toda la Regla y sus declaraciones» [29].

Prescindiendo de temas no religiosos, «aquel humildísimo hermano escribió otros muchos libritos», dice el cronista Gonzaga [30]. Refiriéndose a las gracias espirituales de Laredo, o fenómenos de vida mística, Andrés de Guadalupe dejó escrito: «Hiciéronle maestro en Teología mística las experiencias; dejó escritos muchos cartapacios tocantes a éxtasis y arrobamientos;

---

[28] En la Biblioteca Nacional de Madrid se conserva un ejemplar de la primera edición (1527) con la signatura *Raros* 2466. De este libro hubo tres ediciones en Sevilla: 1527, 1534, 1542, y otra en Alcalá el año 1617. De *Metaphora Medicinae* dos: 1522, 1536.

[29] Op. cit. *Historia...* libro X cap.9 (Madrid 1662) 491.

[30] GONZAGA, *De origine Seraphi. Relig. Prov. Angelorum,* Conv. VII, p.934.

discurre con elegancia y estilo delicado en la materia, y sobre la distinción y conocimiento de las revelaciones verdaderas y falsas»[31].

Reconociendo las excelentes cualidades de Laredo, los superiores le mandaron que escribiera sobre la propia experiencia de la vida en Dios. Comenzó entonces a recopilar las respuestas que había venido dando a muchas personas, como hiciera el hermano Palma, su paisano, algunos años antes. Así, tras varios años de examen inquisitorial, se publicó, anónimo como todos los otros, el libro de la *Subida del Monte Sión* en Sevilla el año 1535. Dentro de su anonimato, escribió Laredo: «Lo ordenó y compuso un fraile lego de pequeño entendimiento, todo tosco, todo idiota e ignorante, sin fundamento de letras»[32]. En el prólogo declara haberlo hecho «por obediencia. Sea Dios en nuestro favor por los méritos de Cristo, por quien con su paternal bendición pido que, pues me manda hacer esto, a que yo no me había determinado ni osara determinar sino por su mandamiento, que no se descuide de ayudar para el favor que suele dar la obediencia a aquellos que en sólo ella, por los méritos de Cristo, pueden y deben confiar, pues que sabe la experiencia lo que en ninguna manera podríamos poder sin ella»[33].

Difícil empresa para tiempos agitados. En el año 1521 había estallado la revolución luterana; en 1523 tuvo lugar la escisión entre recogidos y dejados; en 1524 los franciscanos en Toledo condenaban a los alumbrados; en 1525, por decreto inquisitorial, se hacía lo mismo; en Valladolid el año 1527 se discutía acaloradamente sobre Erasmo; en Toledo, reunidos en

---

[31] Casi todos estos cuadernos fueron incorporados a la obra capital: *Subida del Monte Sión.*

[32] Empezó a declararse su nombre como autor en la edición del año 1617, es decir, setenta y siete años después de su muerte. El hecho estaba consignado en las crónicas de la Prov. de los Ángeles.

[33] Prólogo, último párrafo.

asamblea general, los franciscanos definitivamente se desentienden de los alumbrados y reprueban su actitud. ¡Peligrosa aventura escribir de oración mental y vida interior cuando esto daba lugar a tanta controversia! Pero Laredo responde: «Puede bien en nosotros la obediencia lo que en ninguna manera podríamos poder sin ella».

4. De Sión en la cumbre

Para algunos resulta «muy difícil formar un cuerpo doctrinal de la *Subida del Monte Sión* [34]. Cierto que Laredo, como los místicos en general, procede sin el rigor cerebral de los teólogos; nos habla de la propia vida, que se manifiesta de diferentes maneras conforme a la psicología personal y moción del Espíritu. Pero Laredo, hombre intelectualmente muy bien preparado, sabe armonizar la vivencia de la gracia con los cauces lógicos de la razón como puede entenderlo cualquier lector avisado.

Ante todo, el autor nos presenta como espina dorsal la obra en forma de camino que lleva a la cumbre del monte Sión, a la santidad. Siguiendo la tradición medieval [35] propone las tres etapas clásicas, en conformidad con la sentencia del evangelio: «Qui vult venire post me

• abneget semetipsum,
• tollat crucem suam
• et sequatur me» (Mt 16,24). Que significa: «Si alguno quiere venir en pos de mí, niéguese a sí mismo, tome su cruz y me siga». Lo relaciona, como se había hecho a lo largo de toda la Edad Media, con la triple vía: purgativa, iluminativa y unitiva. Pero Laredo lo

---

[34] ROBERT RICARD, *Laredo:* «Dict. de Spir.» t.IX, col.279.
[35] RUUSBROEC, por ejemplo, compone su libro *Bodas del alma* sobre el texto evangélico «Ecce Sponsus venit, exite obviam ejus».

modifica subdividiendo la tercera o vida contemplativa en *cuasi perfecta* y *perfecta.* Lo ha tomado del otro maestro de espirituales, el hermano Bernabé de Palma. En la primera parte el sujeto ha de lograr conocerse a sí mismo, criatura frágil, y ejercitarse en el consiguiente anonadamiento. Son los cimientos de la vida espiritual. En la segunda, mediante el crecimiento de virtudes y desarraigo de vicios, se configura el alma con Cristo considerando los misterios de la Humanidad del Señor. Finalmente, la vida contemplativa centrada en la Divinidad.

Laredo pone muy en claro que no son compartimientos estancos, etapas rigurosamente separadas, lo cual está bien para tratados teóricos de vida espiritual. Nos alecciona por la propia experiencia vital, corriente que desborda los cauces rigurosos de razonamientos. Son tres vías paralelas por las que de una a otra el alma pasa en ciertos intervalos; cuando cesa la quietud será provechoso retornar a los fundamentos. Habrá entonces que tornar a la meditación y oraciones vocales, como las abejas salen de la colmena para libar por valles y montes. Tanto que Laredo propone tres tiempos en una misma jornada: de maitines a prima para la vía purgativa, de prima a nona para la iluminativa, luego los ejercicios de contemplación hasta el día siguiente.

Sobre estas paredes maestras, como nervaduras ornamentales, Laredo ofrece en la tercera parte varios senderos en la segunda edición, la del 1538, que refunde con mucha ventaja la primera de tres años antes.

Vivía el autor en tiempos de plena gestación del Siglo de Oro español y fervor de la provincia franciscana de los Ángeles, recién fundada para Andalucía. Fray Francisco de Osuna residía en Sevilla, en calidad de comisario general de la Orden para las provincias franciscanas de América, años 1527 al 1532, tiempo y lugar en que publicó sus cuatro primeros *Abecedarios.* Por Sevilla entraba en España Enrique Herp, franciscano de Flandes, con su *Espejo de perfección* traducido al latín en Venecia el año 1524. Diez años antes la *Theologia Mystica* del cartujo Hugo de Balma había sido puesta en castellano por orden de Cisneros. En el año 1538 se publicaba completa la *Theologia Mystica* de Enrique Herp, cuya segunda parte, el *Espejo de perfección,* aparece con el título de *Directorio áureo de contemplativos,* uno de los libros más leídos por aquellos años.

Ebullición por la cual Laredo se sintió obligado a transformar la tercera parte de la *Subida,* como si se tratara de un libro nuevo sobre la contemplación. Lo dice el mismo autor: «Va mudado casi aqueste libro tercero de la sustancia que tuvo en la primera impresión» [36]. Inspirado principalmente en los «místicos del Norte»: en Herp más que en ningún otro.

Laredo comienza la tercera parte avisándonos preciosa y precisamente en el primer capítulo sobre el contenido, meta y modo de llegar a la unión con Dios, haciéndonos saber al mismo tiempo por qué ha cambiado radicalmente su primera redacción: «Pareció ser cosa muy convenible mudar aqueste libro en más amorosos enseñamientos; porque como las dos partes pasadas tienen consonancia al título, *Subida del Monte Sión,* por ir, como dicho está, subiendo, purgando el ánima e iluminando el espíritu, así esta parte tercera no significa subir, mas haber subido y estar ya en lo alto de quieta contemplación, mediante el juntamiento de amor, que se llama vía unitiva. Por esto podría aquesta parte tercera intitularse por sí la *cumbre del Monte Sión,* así como la primera y segunda, *Subida.* Y es de notar que por exceder las fuerzas y disposición del autor va tomado y copilado de los sentimientos y

---

[36] *Subida del Monte Sión* III, cap.1. Véase mi libro *Directorio de contemplativos* (FUE, Madrid 1974) cap.I y II.

sentencias de los Doctores contemplativos, y vinculado a figuras de la Escritura Sagrada».

Ésta es la razón que nos ha inducido a publicar en un solo volumen el *Via Spiritus* y la tercera parte de la *Subida del Monte Sión,* que tienen el mismo objetivo, proceden del mismo ambiente, parten de los mismos supuestos, son de hermanos legos de la misma Orden y lugar. Notables diferencias, sin embargo, en el lenguaje: elegante decir y temas bien proporcionados en Laredo, mientras que Palma no ha podido dar los últimos toques a su obra. No en vano el uno procedía de altos y muy cumplidos estudios universitarios, mientras que el otro había pasado su juventud como ermitaño en Sierra Morena. Pero la mayor diferencia consiste en que Laredo sigue a Palma en la primera redacción en orden a llegar a la unión con Dios por vía intelectual, mientras que en la segunda lo alcanza *per viam receptionis,* que consiste en aceptar y dejarse llevar por amor hasta Dios.

En la cumbre del monte está situado Laredo, el «humildísimo» lego «con mansedumbre y quietud contemplando en cuadrado», que significa tener horizontes abiertos por todas partes, es decir, estamos inmersos en Dios. Situación sobrenatural, como dice el «autor, de venerable memoria, del libro que se llama *Vía o camino del espíritu*» (III, cap.3).

«Acrecienta el amor —nos dice el maestro Laredo—, pasa de la perfecta verdad, que tienes en los misterios de la Humanidad sagrada, a la bondad perfecta de la Divinidad increada, pues el amar con perfección consiste en la quieta y perfeccionada contemplación de la inaccesible Divinidad» (III cap.4). Desde la altura se ven las tres clases de personas que, subidas ya a la altiplanicie, es decir, ya entradas en la contemplación, avanzan por sendas de amor:

Principiantes, que se elevan contemplando la naturaleza, arte, acontecimientos, cosas materiales y sensibles.

Proficientes, por la consideración de la propia vida interior, en especial las tres facultades del alma y a Dios en el centro de la misma.

Cuasi perfectos, con la mirada fija en los atributos y misterios de Dios y símbolos espirituales de todo lo que sea, centrarse en una verdad espiritualizada, nada material, nada concreto (III, cap.4, 14, 24, 25, 27).

Perfectos, de puro amor, por encima de todo conocer, donde el entendimiento se transforma en inteligencia o sapiencia fluyendo por la voluntad del alma enamorada, oración infusa, perfecta quietud y recogimiento.

Al escuchar a Laredo nos damos cuenta de que oración de quietud en su lenguaje, y asimismo en el hermano Palma, no equivale a la cuarta morada de santa Teresa, inicio de la contemplación a la que siguen tres moradas más. Para estos dos hermanos legos, oración quieta comprende toda la vida contemplativa.

Laredo reduce a dos la cuádruple clase de contemplación: *meditación,* que es oración especulativa, activa, intelectual, cuyo objeto directo en que se apoya son criaturas, visibles o invisibles; y *contemplación perfecta,* pasiva, afectiva, mística, cuyo objeto es la esencia divina, pensando en todo sin pensar en nada (III, cap.27). Puro amor de Dios. Hay que estar como pergamino bien raspado, dice Laredo, para que el Espíritu de Dios escriba limpiamente. San Juan de la Cruz hablará de lienzo quieto y limpio ante el pintor *(Noche* 1,10,5).

Con preciosa claridad habla luego Laredo de unos y otros, analizando con ejemplos la contemplación más *activa* o de principiantes, que se mueven en torno a su objetivo como el jugador de pelota, como el viajante de comercio, como el encargado de cobrar rentas. Actividad de que habrá de servirse el alma a intervalos, cuando se interrumpe la concentrada quietud. En la primera edición (1535) Laredo presta mayor atención a la actividad de la contemplación imperfecta, que podríamos llamar *adquirida* o incipiente. Diríamos con Fidèle de Ros que «la edición 1535 está muy influenciada por Ricardo de San Víctor, quien pone en primer plano la actividad discursiva y ofrece en su conjunto una fisonomía intelectualista» [37].

Hasta aquí Larado apenas ha enseñado abiertamente *cómo* transformar el entendimiento en inteligencia, que quiere decir la actividad inquisitiva del discurso en la *pasividad receptiva* de la inteligencia o sabiduría de la Mística. Pero en la edición definitiva del 1538 se plantea el problema que resuelve con decisión. ¿Cómo? «Por puro amor, por vía de sola afectiva, sin que antevenga medio alguno del pensamiento» (III, cap.9). Por aspiraciones y deseos, gracia infusa, como se habían expresado Hugo de Balma y Enrique Herp.

Añade luego lo que yo llamo *nervaduras ornamentales* que llevan a la cima de la perfecta contemplación [38].

A) *Introversión.* Sobre lo dicho por Ricardo de San Víctor, Enrique Herp y Hugo de Balma, Laredo muestra su originalidad con este itinerario de pasar por el corazón en cuatro momentos: cerca de sí, dentro de sí, sobre sí, salida de sí o *excessus mentis* que son los arrobamientos y éxtasis (III, cap.41; 40 en esta edición), concluyendo con sabio consejo: «Lo que al alma le conviene entonces saber es sólo saber ser *boba* y no saberse entender ni querer poder saber más, antes reciba cuanto viniere sin echar el ojo a nada, mas por vía de recepción».

---

[37] FIDÈLE DE ROS, *La doctrine de Laredo:* «Revue d'Ascétique et de Mystique» t.22 (1946) 62-75.

[38] Variedad de caminos, siempre convenientes conforme a lo que dice san Hilario: «Hay que interesarse e insistir en muchos caminos, para poder encontrar el único que es bueno, ya que a través de la doctrina de muchos hemos de hallar un solo camino de vida eterna» (S. HILARIO, *Tratados sobre los Salmos,* al 127 en este caso: CSEL 24, 628-630).

B)   Como ornamento adicional recoge de la tradición medieval la llamada «escala mística», de cuatro
escalones, para disponerse a la contemplación adquirida: *lectura,* que busca; *oración,* que pide; *meditación,* que
obtiene; *espiritualidad pura,* que conoce al Creador en
el espejo de la creación.

C)   Otro sendero, además, que toma de Enrique
Herp y lo hace suyo: *amor activo,* así llamado por su
diligencia en arrancar vicios y cultivar virtudes; *amor
desinteresado,* característico de los más avanzados que
actúan con pureza de intención por amor a Dios; *amor
esencial* de los cuasi perfectos, que se adentran hasta el
fondo del alma, sin andarse por las ramas de sus potencias; *amor unitivo,* «de contemplación quieta, hecha
el alma un espíritu con Dios». Herp lo llama «unión
supraesencial».

Laredo llega a las últimas consecuencias, al *excessus
mentis,* que tan sabrosamente y con cautela describe en
los dos últimos capítulos: el vuelo por arrobamiento
del alma enamorada y la discreción de espíritus. Dice
así: «Sé que pasando el alma más adelante de sí no hay
en donde pueda estar sino fuera de sí misma y muy
dentro en el amor que la tiene enamorada. Sé que
puedo decir que cuando por estos términos rectísimos
y derechos se arroban algunas almas en aquel otro
arrobamiento, les infunde Dios más gracia y les hace
saber más en pequeñitos espacios que sin él en largos
tiempos» (III, cap.41; 40 de esta edición). Bellísimo
colofón de Laredo, hermano lego, médico de cuerpos
y de almas.

5.   Escudo-defensa de santa Teresa

Laredo daría por bien cumplidos sus trabajos aunque
no hubiese logrado más que reafirmar a la santa de
Ávila en su camino de oración. Nos revela ella su

problema y angustias siendo monja en el monasterio
de la Encarnación: «Comenzó su Majestad a darme
muy ordinario oración de quietud y muchas veces de
unión, que duraba mucho rato»... «Yo, como en estos
tiempos habían acaecido grandes ilusiones en mujeres,
y engaños que las había hecho el demonio, comencé a
temer.» Fundamento tenía la Santa, pues en aquellos
tiempos eran frecuentes los casos de histerismo y «engaños entre personas tenidas por espirituales». Especialmente entre los alumbrados, que son excrecencias
de la verdadera piedad. Había ocurrido en la primera
mitad del siglo XVI en Córdoba con sor Magdalena de
la Cruz, abadesa de monjas clarisas; más tarde ocurriría
algo parecido con sor María de la Visitación en Lisboa:
con sus embustes embaucaron a mucha gente, incluso
a gobernantes y al venerable fray Luis de Granada, por
mencionar alguno más conocido.

«Como yo vi —sigue diciendo santa Teresa— iba tan
adelante mi temor, porque crecía la oración, parecióme
que en esto había algún gran bien o grandísimo mal».
Por medio de Francisco de Salcedo, «un caballero santo», dice la santa, que tenía «deudos suyos casados con
parientes míos, procuré viniese a hablarme un clérigo
letrado», el canónigo Gaspar Daza, a quien por sus
muchas letras la gente le llamaba «maestro Daza»...
«Yo no sabía —sigue Teresa— poco ni mucho decir lo
que era mi oración.»

En esta coyuntura se sirvió Dios de Laredo para que
la angustiada carmelita tuviese palabras con qué darse
a entender ante el caballero santo y el maestro Daza.
Lo refiere ella así: «Mirando libros para ver si sabría
decir la oración que tenía, hallé en uno que se llama
Subida del Monte, en lo que toca a la unión del alma con
Dios, todas las señales que yo tenía en aquel no pensar
nada, que esto era lo que yo más decía: que no podía
pensar nada cuando tenía aquella oración; y señalé con

unas rayas las partes que eran y dile el libro para que él y el otro clérigo que he dicho, santo y siervo de Dios, lo mirasen y me dijesen lo que había de hacer» [39].

Este capítulo de Laredo sirvió de escudo defensor a santa Teresa contra los ataques de la ignorancia. Así pues, la santa entrególes el libro junto con la «relación de vida», verdadera confesión no sacramental. Quizás por respeto a la confidencia, aquellos santos varones lo destruyeron mortificando nuestra curiosidad de ver «cuán ruin» era la santa, quien añade: «Los dos siervos de Dios miraron con gran caridad y amor» aquellas páginas de Laredo, considerando las mercedes y gracias de oración que crecían en ella. Llegó la respuesta que Teresa esperaba con harto temor: «A todo su parecer de entrambos era demonio». ¡Qué desolación!

Aquí terminó la ayuda de Laredo. Mejor sería decir que empezó aquí la solución del problema teresiano, porque el lego franciscano, maestro de espirituales, con su libro le había dado fortaleza de verdad a la Santa para seguir contra viento y marea hasta ver con claridad. La respuesta correcta, no entendida por los más venerables, le llegó a la apenada carmelita por el jovencito jesuita Diego de Cetina, de unos venticuatro años de edad, recién ordenado sacerdote, siendo aún estudiante de Teología. Nos le imaginamos en el locutorio alto del monasterio de la Encarnación en Ávila hablando con aplomo y grata sonrisa, «como quien bien sabía este lenguaje», observa la Santa. «Me declaró —dice ella— lo que era y me animó mucho. Dijo ser espíritu de Dios muy conocidamente». Cabría aquí decir con palabras del evangelio: «Te bendigo, Padre..., porque has ocultado estas cosas a sabios y prudentes y se las has revelado a los pequeños» (Mt 11,25).

---

[39] Se refiere al capítulo 27 de la tercera parte de la *Subida del Monte Sión,* que se corresponde con el 23 de la *Autobiografía* de santa Teresa.

Gracias a aquel capítulo de Laredo a que se refiere la santa Madre Teresa en el libro de su *Vida* (el 27 de Laredo), por medio de eruditos teresianistas del siglo XX ha empezado a salir del olvido el «humildísimo» lego franciscano y venerable maestro de espirituales. La Santa fue siempre muy agradecida. Ella nunca pudo llamarle por su nombre, pues todos los libros del lego franciscano se publicaron bajo riguroso anonimato de su autor. Sólo después de setenta y siete años de su muerte, teniendo en cuenta los datos de los cronistas de la Orden, empezó a figurar su nombre.

Podemos concluir diciendo que la santa reformadora del Carmelo se benefició también del venerable franciscano por el libro de devoción escrito por él en honor del glorioso patriarca san José, el santo a quien Dios «ha dado facultad para socorrer en toda necesidad». «En especial —añade la Santa—, personas de oración siempre le habían de ser aficionadas»[40]. A modo de apéndice a la *Subida del Monte Sión,* Laredo había publicado *Josefina,* opúsculo edificante en alabanza de san José. Laredo hace recordar que es el santo más grande, después de la Santísima Virgen, y el más poderoso intercesor»[41].

[40] Santa Teresa, *Vida* 6,8. Asimismo los números 6 y 7.
[41] Puede verse en el ejemplar de la *Subida del Monte Sión,* conservado en la Biblioteca Nacional de Madrid, bajo la signatura *Raros* 2466, folios CC-CCXVII. Véase a este propósito la revista *Archivo Ibero Americano* t.24 (1925) 126-131.

NUESTRA EDICIÓN

Son obras gemelas el *Via Spiritus* de Bernabé de Palma y la tercera parte de la *Subida del Monte Sión,* que Bernardino de Laredo prefiere llamar *Cumbre del Monte Sión.* No *Subida.*

Teniendo en cuenta el sentido devocional de la colección CLÁSICOS DE ESPIRITUALIDAD, hemos creído nuestro deber facilitar la comprensión actualizando algunas palabras ya consideradas arcaísmos, si bien que procuramos con empeño respetar los textos originales. En *Via Spiritus* la puntuación es nuestra. De este modo, el lector de hoy entiende fácilmente el texto de principios del siglo XVI, sobre el que hemos trabajado con cierta dificultad.

En el libro de Laredo se ha suprimido el capítulo XL (páginas 409-431 de la edición J. B. Gomis), porque, como advierte el mismo Laredo, «fueron versos puestos en el capítulo 21 de la primera impresión». Podríamos pensar que esta forma de comentar «versos de amor» habrá sugerido a san Juan de la Cruz el moverse a comentar sus poemas sublimes. Mas los aforismos del venerable franciscano no cuadran con las circunstancias de nuestro caso.

Con Bernabé de Palma, Bernardino de Laredo y Juan de los Ángeles creemos haber divulgado los mejores escritos de mística teología de los franciscanos españoles en el siglo XVI, si exceptuamos a Francisco de Osuna, cuyo *Tercer Abecedario* excede los límites de esta colección. Para bien de todos, sin embargo, esta obra saldrá pronto a la luz en la misma editorial BAC.

BIBLIOGRAFÍA

I. Para Bernabé de Palma

Andrés de Guadalupe, *Historia de la provincia de los Ángeles* (Madrid 1642) 313-322.

Melquiades Andrés, *El sistema de Bernabé de Palma. Los Recogidos* (Madrid 1976) 176-192.

Fidèle de Ros, *Le Père Bernardino de Laredo* (París 1948) 153.

— *Le Père François d'Osuna* (París 1936) 147, 656.

Bernardo Bravo, *El Via Spiritus de fray Bernabé de Palma:* «Manresa» 31 (1959) 35-74.

Eugenio Asensio, *El erasmismo y corrientes afines:* «Rev. de Filología Española» 36 (1952) 73.81-83.

Para mayor abundamiento, hasta ahora la bibliografía más completa al respecto es la referencia bibliográfica de Saturnino López Santidrián en el *Dict. de Spir.* XII, 132-139.

II. Para Bernardino de Laredo

Fidèle de Ros, *Un inspirateur de St. Thérèse. Le Frère Bernardino de Laredo* (París 1948).

Del mismo autor destacamos los siguientes artículos:

— *La doctrine de Laredo:* «Revue d'Ascétique et de Mystique» 20 (1946) 61-75.

— *Harphius et Laredo:* ibid. 20 (1939) 265-85.

— *La contemplation chez Laredo:* «Bulletin de littérature ecclésiastique» (1943) 203-228.

— *La voie des Aspirations et l'amour sans connaissance:* «Bulletin...» (1944) 147-70.

— *La première Josephine en espagnol:* «Bulletin» (1939) 4-24.

Bienvenido Foronda, *Fray Bernardino de Laredo, su vida, sus escritos...:* «Archivo Ibero Americano» t.33 (1930) 213-350 y 497-526.

MELQUIADES ANDRÉS, *Los Recogidos* (Madrid 1976) cap. IX, 193-232.

JEAN ORCIBAL, *San Juan de la Cruz y los místicos renano-flamencos* 31-54. Traducción de TEODORO H. MARTÍN (Madrid 1987).

TEODORO H. MARTÍN, *Directorio de contemplativos de Enrique Herp* (Madrid 1974) 74-95.

SANTIAGO BARROSO, *La Subida del Monte Sión y la Subida del Monte Carmelo.* Tesis sostenida en el Angelicum (Roma 1970).

J. ARMENDÍA, C.M.F., *Las oraciones afectivas y los grandes maestros espirituales de nuestro siglo de oro. La escuela franciscana:* «Monte Carmelo» 36 (1935) 387-395 y 435-442.

MANUEL DE CASTRO, *Bernardino de Laredo:* «Diccionario de Historia Eclesiástica en España», t.II (Madrid 1972) 1269.

PRIMERA PARTE

VIA SPIRITUS

PRÓLOGO

Reverendísimo en Cristo padre y muy magnífico señor, el Obispo don Pedro del Campo, canónigo de la santa iglesia de Toledo y Visitador en todo su Arzobispado, etc., Miguel Ferrer, salud y felicidad.

No creo que haya cosa más antigua en los negocios de letras, muy magnífico y muy reverendo señor, que la costumbre que tienen los que las tratan, y convertida ya casi en fuerza de ley, de encaminar el fruto de sus ingenios a tales personas que por ser generosos y humanos lo recitan con buena, verdadera y sana cara, y por ser amigos de erudición y poderosos lo defiendan con la autoridad de su grandeza de los que están siempre aparejados para roer los trabajos ajenos. Ciertamente, en ningún tiempo fue necesaria la continuación de este avisado tan provechoso, y aunque se inventara de nuevo no estuviera tan practicado. Es este en que estamos, donde así por falta de conocimiento se tienen en poco las habilidades, y por el consiguiente hallan mala acogida dondequiera, como por el peligro grande que hay en las falsas y sospechosas doctrinas de que está todo el mundo lleno.

Y aunque no tenga más suficiencia de la que V.S. conoce (y yo llanamente confieso) para contarme entre los que pueden pretender el favor de V.S., por razón de lo primero tomo gran pesar de no haber estudiado. No me falta deseo de ser hábil ni pesar por no haber trabajado para saber algo. Recompenso el descuido mío pasado con la diligencia que tengo en buscar cosas para imprimir en mi casa, de que nuestro Señor se ha servido y la república aprovechado. Los que no saben tanto puedan aprender enseñados, remitiéndome siempre en la elección de ellas al parecer de los necios como he hecho en estos dos tratados que a V.S. ofrezco. El uno es *Via Spiritus,* abreviado por el muy ilustre señor don Juan Borja, duque de Gandía. El otro es un *Soliloquio,* hecho por el reverendo Padre fray Francisco Ortiz, tan conocido y fundado que no hay necesidad de nueva encomienda para darle crédito *.

Por parte de ser yo tan a las veras servidor de V.S. tengo por cierto de su clemencia que los favorecerá y por ser doctrina católica y muy devota los recibirá debajo de su protección para que puedan andar seguros lo uno y lo otro. Es señalada merced y crecido beneficio para mí porque del loor y gloria que cabrá a la obra no podrá dejar de alcanzarme a mí la parte que me cabe de mi industria, dejando siempre en el primer lugar el reconocimiento que a V.S. por haberlos dado vida con su aprobación se debe.

---

* Efectivamente, a continuación del *Via Spiritus,* en el mismo libro fue impreso «*Soliloquio* entre el alma y Dios, después de haber comulgado». Lo he leído atentamente, pero no se publica en esta edición, porque no forma parte del *Via Spiritus.*

PROHEMIO DEL AUTOR

Todo cuanto la carne posee le es dado por que el alma pueda con más libertad vacar a Dios, el cual no podemos buscar, hallar ni poseer, sino mediante la contemplación, y por esto es mi intento en el presente libro llamar las almas a este tan perfecto fin. Sepan, empero, que si no trato aquí de los misterios de la vida de Cristo, que son la llave y tesoro de la perfección, es presuponiendo que han de haber antecedido con gran particularidad, porque así como la Gramática a la Lógica y Lógica a Teología, así la aniquilación a los misterios de Cristo, y ellos a la celsitud de la alta contemplación han de anteceder. Y como el proceso de este libro vaya a ser mística Teología, en ella va sola estribando mi intención. Y aunque toco en pocas partes el propio conocimiento y la imitación de Cristo, créeme que sin este fundamento es imposible levantarse tan alto edificio ni asentar este viaje sin ir por estas pisadas sin humilde inquisición buscando de raíz su propio conocimiento. Porque el ánima en esto ejercitada podrá quietarse en Dios, mas la que consciente cae no ha entendido aún por experiencia este término y ejercicio y es necesario para buscar a Dios busque primero a sí y cuanto en menos se estimare será hecha más hábil para el conocimiento de Dios. Lo que de él conociere es medida del amor, que es el fin de la contemplación. Así que pues éstos son los medios necesarios no crea nadie sea mi intención apartarme de ellos.

Si no doy aquí tantas reglas como para esto es menester es porque se endereza este libro a los que ya han comenzado y están acostumbrados a buscar a sí mismos mucho, siempre y sin condición. Por esto cuando hallares esta lección: principiante, no quiero decir todos los que comienzan, sino principiantes a reconocer quietud en el gusto de su aprovechamiento, a los cuales requiero por el amor de nuestro Dios que con paciencia y quietud sufran toda contrariedad que se ofrezca a su camino; ni juzguen a los que juzgan, porque es posible ser santa la ocasión de su juicio, sino que como diestros contemplativos, cuando se vean juzgados y perseguidos deben presentarse a Cristo, su defensor, y callar con gran quietud y con amor y por amor. Deben también pensar que el que los reprende podría ser que les lleve ventaja en quietud, en contemplación.

Cinco cosas se tratan en este libro, que son: Preparación, Puro corpóreo, Corporal y espiritual, Puro espiritual, Sobrenatural. Lo primero dispone a lo segundo; lo segundo a lo tercero; lo tercero a lo cuarto. Cuando el alma esté en este cuarto estado ninguna cosa le falta para estar unida a Dios sino su divina condescendencia. Estas cinco cosas son como unas jornadas que se han de andar para venir a la perfección de la vida espiritual con las cuales el principio de esto podemos decir ser la mejor y principal (por ser tan necesario) y es obrar, porque sin esto en ninguna manera podrán llegar al fin ni piensan gustar poco ni mucho de ello, mas quedarse han en el vil estado de saber y no obrar. A los que en él viven amenaza Dios con la eterna condenación porque pierden a sí y a otros con su mal ejemplo.

A) PREPARACIÓN

Capítulo I

Cómo se ha de haber en la lectura el que quisiere aprovechar

Débense guardar dos reglas para aprovechar en cualquier lectura. La primera es que lean todo el libro y, considerando con reposo la materia de que trata, procuren de investigar la intención y espíritu del autor, porque de otra manera no alcanzará el lector la verdadera inteligencia y así quedarse han sin fruto, porque lo mal entendido no puede ser bien obrado y dañará a los que presumen enseñar.

La segunda regla es que se guarden de dejar de leer y obrar los principios del libro, necesarios a los que comienzan; mas si quieren aprovechar comiencen a leer desde el principio y hasta que hayan puesto por obra lo que leyeren no pasen adelante, si no fuere por ver lo que les falta en el aprovechamiento de la vida espiritual. Esto es necesario en cualquier libro de contemplación; mayormente en éste, en el cual no podrán ser entendidas las cosas sutiles de cuanto trata, si no son primero sabidas y obradas las que éstas anteceden.

Un aviso es necesario en los principiantes para que no se engañen, y es que sepan que cualquier autor no escribe sus primeros principios, esto es, la frialdad, sequedad, tentaciones y cosas semejantes por que ellos pensando esto no yerren, comenzando por cosas altas su edificio sin haber pasado por las menudencias de los principios.

CAPÍTULO II

En que muestra su intención el autor

Es la intención que tengo en esta obra dar reglas suficientes para que uno de carnal sea hecho espiritual, esto es, que venga a estado que es regido por espíritu en todas las cosas y sea edificado el hombre interior en el conversar espiritualmente, esto es, que no se goce de cosa que no sea espiritual, ni las pasiones carnales lo derriben en alguna culpa ni impidan sus continuos ejercicios, porque con esto y no sin ello se dispone el alma a recibir los dones de Dios, desechada toda inmundicia. Pone, pues, enseñamiento para andar por este camino de vida y huya del que lleva a la muerte, y las señales con que cada uno pueda conocer por cuál de éstos anda. Queda que el lector ponga de su parte la obra sin la cual no aprovecha, antes incurrirá en muchos daños.

CAPÍTULO III

Cuán necesario es acostumbrarse al recogimiento

Muy gran razón es que conozcamos nuestra bajeza no pensando que nuestras obras, por muy buenas que sean, basten por sí a alcanzar algún grado de perfección; mas postrados a los pies de Cristo alcanzaremos la gracia que para este ejercicio se requiere. El que quiera aprovechar no se ha de contentar con ser muy recogido, mas que tome por costumbre el recogimiento del hombre interior y no huelgue hasta lo alcanzar. Porque necesaria es mucha firmeza en el pensamiento para este edificio, que el recogimiento que es pegadizo muchas veces es movido por ocupaciones interiores. Mas si le quieres venir a tener por costumbre has de evitar todo lo que le pueda estorbar, como son coloquios e imitaciones. El demonio, por nos derribar, y la sensualidad, por ser recreada, no cesan de nos importunar. Tú, empero, si quieres ser morada del Espíritu Santo (cuyo lugar es en la paz interior), no has de creer las faltas internas y acciones del demonio, que viene so color de bien, el cual retiene aparejados sus lazos antes que salga de la celda. Esto sentirás si buenamente examinares los movimientos y sentimientos interiores.

Si por tibieza o por divina permisión fueres afligido no busques recreación en las cosas de fuera, porque es imposible hallarla interiormente en ellas; mas si quieres ser consolado asosiégate en la celda. Debes también preguntar a tu conciencia qué es lo que impide el verdadero hervor, y mira con atención qué es lo que te aparta, por poco que sea, de la inquisición de las cosas que puramente se enderezan a ayuntarte con tu Dios, y huye de ello respondiendo a todo que requieres recogerte y dar contigo en la celda. En ella ocúpate en algo y sea lo que más te pudiere revocar a la pureza de este propósito. Cuida de no escuchar cualesquier sonidos o representaciones que te saquen de tu celda; cree que lo más seguro es estar en ella, salvo por obediencia o verdadera necesidad. Porque estando encerrado te harás esforzado para vencer al demonio y a tus pasiones.

Capítulo IV
Que es muy necesario de hacer hábito de orar mentalmente

Al siervo de Dios que quiere aprovechar le es muy necesario vacar a la oración mental, de manera que así tome costumbre en ella; que jamás entre en su corazón contento sino cuando tiene disposición de vacar a la oración mental. En esta ocupación del ejercicio mental aprovecha el alma, y sin ella no, porque su obra es examinando todas las cosas estimar cada una en lo que vale y así desecha lo malo y abraza lo bueno. Ésta comienza a obrar de sí primero y después discurriendo extiéndese provechosamente por las obras de Dios. Dije que primero comienza de sí, porque lo primero que los principiantes han de hacer es conocer qué inclinaciones, pensamientos y obras tienen, y de todo esto criar lo bueno obrándolo y lo malo del todo desarraigarlo. Este ejercicio se llama oración mental, porque todo se obra en la mente. Ésta es propia y perfecta vía para venir al amor de Dios y desprecio de nosotros mismos, porque por la continua meditación somos inflamados a lo amar. Por el conocimiento de nuestras culpas e ingratitud venimos en conocimiento que somos indignos de todo bien y dignos de todo mal, de lo cual resultará humildad no fingida. Así que tengamos vergüenza delante de Dios tratar nuestros cuerpos blandamente, de nos quejar siendo injuriados. Y como estas cosas son obradas mediante el pensamiento en el corazón, confírmanse en él fuertemente y así nunca caen ni se corrompen como hacen las que son aprendidas sólo leyendo u oyendo. El perfecto aprender es obrando y todo sin la obra nada aprovecha. En vano trabaja alguno por alcanzar virtudes sin la oración mental. El nombre propio que a este ejercicio más le conviene es Sión, que quiere decir especulación o consideración. En amenaza a los que no moran en Sión se dice: Que no ama Dios sino al que mora en la sabiduría (Sab 7,28), que es conocimiento con sabor de las cosas de Dios, porque no son amados del Señor sino los que vacan a él con quietud espiritual y con dicho gusto.

Capítulo V

Que trata de las vidas activa y contemplativa

Por los dos hermanos Jacob y Esaú son figuradas las dos vidas: contemplativa y activa. En Esaú, cuya inclinación fue cazar, son figurados los ocupados en lo temporal, que tanto cuanto más entienden en esto son más negligentes en su propia conciencia y en la consideración de las cosas espirituales. De aquí les viene tenerlas en poco, porque hacen y reciben cosas contrarias al espíritu, como son consolaciones corporales y grandes parlerías. Éstos son querellosos sin concierto interior ni exterior, amigos de familiaridades seculares. Alábanse de cosas viciosas, murmuran de los recogidos, presumen de sí y descuidados de llegar su alma con devoción al Señor. Tienen un gran resfriamiento, tanto que les parece imposible poder recoger su espíritu. Los tales venden el mayorazgo como Esaú cuando dejan la oración por tomar una vil consolación.

Pues en esto digo que se figuran los activos desaprovechados; no los que constreñidos por obediencia se apartan de la oración, porque éstos no se apartan muy propiamente. La vida activa tanto es de muy buena cuanto participa de la contemplativa. En Jacob, que era simple y estaba en casa, se figuran los contemplativos, simples, sin doblez ni fingimiento. Éstos están en casa porque apartan sus pensamientos de las vagueaciones y recógense dentro de su conciencia. Así el alma es hecha fuerte en sus operaciones y teniendo el juicio sosegado juzga sin pasión. De aquí viene a desechar todo lo mal del corazón y abrazar lo bueno. Éste es el camino verdadero para desarraigar los vicios y plantar las virtudes, recoger los pensamientos, mirando que se trata en tus entrañas, examinando lo que puedes hacer y no hacer. Esto será arrancar las malas yerbas de raíz, que es del nacimiento del pensamiento. Si piensas curar las pasiones del alma sólo con las guardas de fuera, cuando más seguro estuvieres sentirás brotar las raíces de los vicios.

Con muy gran arte habemos de vencer al más fuerte que nosotros. Luchando impidamos el pie, que es el nacimiento del vicio. Poniendo estorbo en este pie muy fácilmente transformaremos el otro, que es la mala costumbre; pues, como otro Jacob, prendamos el vicio de la planta y también el principio de su nacimiento examinando con grandísimo estudio las inclinaciones y pensamientos, no consintiendo que algún mal se detenga poco ni mucho ni que algún bien se quede por obrar de lo que fuere posible. En otra manera no se puede alcanzar perfecta limpieza.

Mucho deben temer las suciedades los que con la misma limpieza han de conversar, cuyo intento es llegarse al mismo Señor. Lo cual cumplen cuando despreciando todo lo que fuera de él, en él sólo ponen sus pensamientos. Los que verdaderamente andan en el ejercicio entrañable no consienten en su corazón cosa que pueda desplacer a Dios y procuran poblarlo de las que a él no placen.

Si los ocupados corporalmente refrenasen aquel dañoso apetito, excusarían muchas ofensas de Dios, porque todos han raíz de las ocupaciones no dirigidas a Dios, y los dados a ellas son ocasión en sí y en los otros de todos los males y apenas enderezan su intención con verdad, porque el alma que carece de devoción es vacía y no sabe por quién hace sus obras. El que quiere perseverar en alguna obra ha de mirar por dónde puede recibir en ella detrimento y allí poner mayor guarda, porque en ésta del ejercicio mental lo más dañoso es la ocupación para que se guarden de ella.

De otra parte también viene el mal, y es de la negligencia en el ejercicio mental. Esta negligencia y la ocupación exterior son hermanas, porque cuanto más nos ocupamos en pensar y amar a las criaturas, más nos apartamos de pensar y amar a Dios, el cual es propio manjar del alma y le has de conocer dentro de ti. Entonces está tu alma dentro de ti cuando está en pensamiento apartado de toda cosa creada y ocupada en considerar sus movimientos interiores o las cosas que la traen en conocimiento de Dios. Si recibe otra cosa que no sea por buscar y sentir las excelencias de Dios, no está dentro de sí. Todas las otras ocupaciones, salvo ésta, son fuera de nos, porque saliendo nuestro entendimiento a lo corporal, pierde su delicadez natural y tórnase boto, e inhábil la conciencia como los pies, que siendo guardados son muy sensibles, y cuando no, se vuelven duros. Así la conciencia del recogido, si anda exteriormente ocupado, sufre cosas graves y hácensele en ella callos. El tal está vacío dentro porque no pone guarda en los pensamientos y como el alma es continua en el obrar y está mezclada con la sensualidad, sus sentimientos son tenebrosos. Y si no son encaminados con sosegada consideración no paran sino en mal. Y como la razón no está presente vase tras la sensualidad.

Los demonios no pueden lanzar la ponzoña de envidia y de otros vicios en el alma estudiosa, en la imitación de la pureza, que se aprende en la vida de Cristo, porque la conciencia del tal es como la huerta bien escardada con la continua consideración.

Los prelados deben tener más respeto al provecho espiritual de sus súbditos que al temporal y no les permitan tal ocupación que se puedan excusar de recoger, porque si al contrario hacen, consumarse ha la vida del alma de sus súbditos, de que han de dar estrecha cuenta. Reparan de tal manera las ocupaciones que todos los puedan recoger. Amen los recogidos y recojan los desparramados, por que sean dignos de la bendición de Dios nuestro Señor.

Capítulo VI
De cómo han de andar juntas estas dos vidas y de cómo pelean entre sí

Un documento muy provechoso se da en este capítulo a los activos y es que se refrenen en las ocupacio-

nes aunque sean predicar, confesar, y con tal tiento las
hagan que no pierdan por ellas el entrañable amor de
Dios por que no mueran sin aprovechar en sus almas,
porque el alma que dejando el estudio entrañal se
aparta de Dios es hecha oscura, y mil maneras de
bestias despedazan la interior armonía de los deseos
en que los devotos aparejan templo a su Dios, el cual
por palabra y por obra nos enseña desechar de él todas
las cosas exteriores y vacar a las interiores. Mira a
Cristo en el pesebre y en la cruz y verás que está sin
ningún aparato bullicioso, que aun a la predicación no
dio más del diezmo de su vida.

Sumido Cristo en el piélago de las cosas puramente
espirituales, miremos que nos esté llamando a lo mismo. No te contentes con haber bien hecho las obras
exteriores, que para que éstas sean buenas es necesario
que les preceda la contemplación con gran cuidado y
amorosidad. Aquel solo obra fructuosamente que sabe
entrar en su corazón y a menudo considerar la intención que allí se mueve, enderezarla perfectamente y
quitar todo lo demasiado para lo ocupar en la meditación. Lo cual no se puede hacer sin conocer lo que Dios
quiere, porque no tienen más de bien nuestras obras
de cuanto las hacemos conformes a la divina voluntad.
Esto no se conoce en tenebrosa ocupación, mas en
espiritual examinación mirando de que se sirve Dios
en todo lo que hacemos y que es puro espíritu Dios.
Para ser nuestra obra acepta a su Majestad es necesario
que sea espiritual, hecha con limpieza de corazón. Esto
no se alcanza sino con profunda consideración. Digo,
pues, que la vida contemplativa se ha de procurar elegir
y desear; la activa se ha de ejercitar constreñidos por
necesidad.

Los que en otra manera usan de ella será con despe-
dazamiento de su espíritu y tanto podría ser que mu-
riesen espiritualmente, porque el alma vive mediante

la obra espiritual. Lo que Dios más nos manda hacer es espiritual, que es amar. En lo que corporalmente habemos de obrar necesario es que así proceda el espíritu que él tenga la mayor parte. Esta guerra de las ocupaciones contra el espíritu es tan fuerte que no cesará hasta consumir la una parte a la otra. Conviene, pues, que cuanto más enriquecido fueres en el espíritu, más temas las ocupaciones. Cuando te fuere mandado entender en ellas ármate con devota oración, encomienda a Dios tus flacas fuerzas, y desconfiando de ti considera que de ningún bien tienes. Así, como otro Jacob, cuando hubieres de salir a las negociaciones pon en salvo a Raquel, que es la oración mental, anteponiéndola a todo lo que has de hacer. Así que antes falte tiempo para todo que para orar. No creas que eres más obligado al prójimo que a tu alma.

Lo que Dios nos enseña es aprovechar primero a nos mismos y después a los otros, porque la doctrina del que está sin ardiente amor de Dios, de poca eficacia es a las obras por buenas que sean; nada aprovechan al hombre si por entender en ellas recibe su alma detrimento. Pues procura primero conocer tus inclinaciones y defectos y la bondad de Dios con profunda y larga consideración. Lo cual has de hacer todos los días antes que salgas a la ocupación. Así que tu alma, sosegada con estas verdades, vea la claridad de su conciencia, lo contenido en ella. Y el tiempo que después sobrare emplealle en el provecho del prójimo. Así que en lo que toca al alma no nos sobra más que poder dispensar de lo que no habíamos de estar en oración mental, si ya no tuvieres tal oficio que algunas veces fuese necesario dispensar. Mas no de manera que dejes mucho enfriar el fervor del espíritu.

Cuando vas de camino no dejes la devoción por el trabajo, mas si quieres alcanzar la divina amistad pon los ojos en la oración mental en cuanto hubieres de hacer, mirando cómo lo podrás cumplir sin te enfriar en el amor del Señor, que en la oración alcanzaste. En lugar de alforja provéete un libro devoto para el camino, que Dios proveerá tus necesidades corporales en todo lugar y negocio. Recoge tus pensamientos y aplícalos a buscar a Dios a lo menos por sus criaturas y beneficios. Abraza la obediencia y no perderás nada en tu espíritu.

Verdadera obediencia es cuando ni por señal ni palabra demandas a tu prelado lo que te manda, sino que él hace según Dios le inspira. Guárdate con aviso de las cosas que distraen el espíritu en las ocupaciones. Y sepas que lo que más nos derriba es pensar que no tenemos enemigo y que entiende en pocas cosas como no haya licor tan sutil como las tentaciones para entrar a nos destruir. En el alma sin devoción fácilmente hace el demonio entrada para mayores males. Mientras estamos en mayor recogimiento defendémonos. Poco que aflojemos somos vencidos, que para enfriar la devoción pequeños intervalos bastan. Cuando alguna ocupación corporal se levanta es por arte diabólica; tú conócelo y signándote la resistirás. Guarda bien los avisos de este capítulo porque el que no los guardare trabajará por demás. Son la cosa más ordinaria a los principiantes.

Capítulo VII

En que se declaran los frutos de entrambas vidas

El fruto de la vida activa es consciencia de sabiduría y el de la contemplativa es el divino amor, que se alcanza mediante la obra de la mente así continuada en la consideración de los beneficios y bondad de Dios. Que no se interponga en el pensamiento otra cosa, no sólo mala, mas que deje de ser buena, o por amor del Señor tomada. Porque de otra manera lo que es fuera de Dios hace mal al alma que se ocupa en pensarlo. Su propiedad es recibir en sí las propiedades de aquello en que se ocupa. Así, si se ocupare en lo espiritual, hácese más espiritual y si en Dios hácese divina y si en vanidades vuélvese vana. Lo que es fuera de Dios es vanidad. Las obras de la vida activa son de sí poco valor, y si tienen contigo la contemplación merecen el reino de Dios.

Cuando nos sintiéramos fríos en el divino amor, no recibamos consolación hasta que sea vuelto el hervor de la devoción. Convirtámonos, pues, a Dios de todo nuestro corazón como la Magdalena; asentémonos a sus pies cesando de los ruidos exteriores y contemplando con humildad las obras del Señor oigamos sus palabras, esto es, que recibamos sus consolaciones en el ejercicio de la mente. Antepongamos esta obra al servicio corporal de Cristo cuando este servicio no fuere en caso que estemos obligados a ello. Aunque es bueno visitar enfermos y obras semejantes, éstas, fuera del dicho caso, los religiosos deben obrar cuando de muy fundados en el divino amor ningún daño venga al alma de la conversación seglar.

Capítulo VIII

De un consejo que debe usar el contemplativo y que es necesario el firme propósito de perseverar

Digo a todos los principiantes que me crean y en todas sus necesidades recurran a la oración mental. Si fueres en oficios de importancia, prelado, predicador o confesor, si quieres ser alumbrado para hacerlo bien, acostúmbrate a la oración. Si fueres oficial en el monasterio, como enfermero y lo demás, date a la oración. Si estuvieres en tribulación o prosperidad, en cualquier ocasión haz lo mismo. Así que este capítulo has de tener por receta para todas las enfermedades del alma

contra todas las tentaciones del mundo, del diablo y
de la carne. Y contra las del espíritu, que son soberbia,
presunción, vanagloria, pereza y ceguedad del entendimiento. Aunque para todo es suficiente medicina, empero su virtud se endereza más propiamente para la
ceguedad del entendimiento porque ésta nace de la
falta de oración mental y todas las otras siguen a ésta.

Cuando vieres a alguno, amigo de su carne y de
seglares, rezonguero en la obediencia y sin paciencia,
curioso hablador de cosas ociosas y que mueven a mal,
señal es que es vacío y desviado de la oración mental.
Y pues la enfermedad se cura con su contrario, la
medicina ha de ser larga meditación. No se deberían
permitir morar en las comunidades los que no guardan
su lengua por que no perturben la paz; la verdadera
paz es imposible hallarla sino en Sión (Sal 122,6). Por
eso, no piensen cometer pequeño pecado los que se
apartan de esta tan necesaria ocupación. Pues el que
en esta obra quiere aprovechar hase de determinar de
no volver atrás, mas que vaya siempre acrecentando.
Su continuación no podrá llegar a perfección porque
el alma muy alejada de Dios tienen corrupción y de-
formación en las potencias, con que ha de obrar en este
ejercicio, y así no podrán ser curadas tan grandes enfermedades sino por largo tiempo y fuertes medicinas.
Cuán graves sean las dolencias que se han apoderado
de nuestras almas conocerlo hemos en el modo que
Dios tuvo en nos curar, que fue menester que él en
persona viniese y aplicase sus trabajos y sangre para
nuestro remedio.

En el modo que nos tuvimos en enfermar se ve
también la gravedad del mal por qué los primeros
cayeron un grado y los segundos otro más bajo. Así
que desde Adán hasta ahora ha venido el género humano cayendo en tal manera que no haya entendimiento que pueda comprender la vileza en que somos

venidos. Mayormente que carecemos de conocer por experiencia la excelencia del primer grado donde caímos cuanto a los demás cuerpos y a las almas. Según pienso, el que más en este tiempo alcanza de la espiritualidad muere antes de que llegue a bien comenzar, y si algunos se satisfacen no es sino por falta de conocimiento, porque nuevos en la contemplación de poco se contentan y gozándose hablan a otros.

Ellos y los que los oyen piensan no haber más de aquello que ellos enseñan y así todo va en disminución. Mas los que han penetrado mucho más duélense mucho en ver la distancia que hay entre las obras de este tiempo y las que debían ser. La profunda consideración de estas cosas es de mucho provecho porque de ella viene profunda humildad y conocimiento de nuestras faltas y de la diligencia con que debemos procurar nuestro remedio, para lo cual dice el Señor: Si alguno me sirve sígame (Jn 12,26). En su vida hallaremos perfecta doctrina. Así que no son menester muchos libros, sino alzar los ojos a él perfectamente y hacer lo que en él aprendiéremos para sanar de nuestras dolencias.

Las cosas en este capítulo escritas se enderezan a traer al lector en conocimiento de los males en que está el género humano y que al que quiere sanarle conviene obrar mucho y muy continuamente, porque en el perseverar se alcanza de Dios lo que se pide.

Capítulo IX
Que muestra la intención que debemos tener en el ejercicio mental

Procuremos de mirar la causa que nos ha de incitar a la contemplación, porque será imposible continuar en grandes peleas si la fuerza de algún buen fin no nos atrae. En esto no diré sino lo que he experimentado, porque nadie debería escribir cosa de que no tuviese llena noticia y que primero no la hubiese obrado. Lo que a todos ha de mover a darse a este ejercicio es conocer que Dios debe ser fuertemente amado y reverenciado y cómo el mejor modo para alcanzar esto sea la oración mental continua. Débense hacer fuerza a dejar las vocales para se ocupar en la mental.

Mira, pues, en ser celoso de la honra de Dios y de tu aprovechamiento y vuelve tu consideración y afección de lo exterior a tu propia conciencia. Desde que conocieras que estás vacío del amor de Dios y del prójimo y seco y sin virtud, entristecido vuélvete a Dios, reprende a ti mismo duramente afligiéndote con amargura. Llora y ora al Señor como lo hacía la santa mujer Ana cuando demandaba fruto de bendición. Si con estas condiciones vienes a Dios, sin duda alcanzarás lo que pides en tal manera que así consagres toda la vida al Señor; que no consientas por cosa alguna apartarte de él. Va creciendo en lumbre de entendimiento y virtudes figuradas en el profeta Samuel (1 Sam 2,26). Éste es por cierto del fruto de los que responden a las inspiraciones y represiones que el alma siente.

La oración mental es necesaria a la salvación aunque en diversas maneras, porque para salvarse bastará a algunos tomar de ella todo el pesar de haber ofendido a Dios y cumplir sus santos mandamientos. Mas las almas que no tienen cargo de mantener familia, si se van flojamente en esta negociación, nacen en ellas tantas espinas de dañosas afecciones que las cierran los caminos de aprovechar.

B) TRATADOS

TRATADO PRIMERO, QUE ES PURO CORPÓREO

CAPÍTULO I
Que declara qué sea el estado corpóreo

Este estado se dice corpóreo porque todos sus ejercicios estriban sobre cosas corpóreas y enderézanse a castigar y humillar la carne y disponernos para el segundo estado. Lo cual hacemos ayunando, velando y durmiendo en duras camas y pobres, guardándonos de palabras ociosas, de todas las que oscurecen la fama del prójimo, por poco que sea, y asimismo guardándonos de trabar amistades mayormente con mujeres, cuya vista y pensamiento conviene huir al que quiere aprovechar.

Procurar debes en todas las cosas que usares a lo menos mediana aspereza. Ten contigo un cedazo espeso para cerner sin cesar los movimientos de tu intención en todas tus obras, porque, si no procedes con grandísima guarda en lo que has de hablar, nada podrás aprovechar en este ejercicio. Conviene otrosí que en este primer estado acostumbres darte al recogimiento de lugar secreto y oscuro, donde nada vean los ojos corporales. Pon ley contigo de trabajar en ello, primero media hora y después siempre, añadiendo hasta que hagas en ti tal costumbre que muy ligeramente te puedas recoger y perseverar en oración, siquiera dos horas y media.

Lo que en aquel tiempo has de pensar, si eres principiante, es en todos los misterios de la vida del Señor y examinar tus costumbres comparándolas a las de

Cristo. Si todo esto perfectamente hicieres, tendrás
disposición para pasar al estado segundo. Tres cosas
especialmente has de aprender de Cristo: obediencia,
sufrimiento, pobreza; y un entero negamiento de la
propia voluntad. Pon en tus entrañas una ley infrangi-
ble de nunca ir ni con pequeño movimiento contra lo
que en estas tres cosas aprendieres, y con ellas añade
gran desprecio de las honras. No tengas en poco el
recogimiento del lugar oscuro que antes diré por qué
no podrás aprender estas cosas mirando con los ojos
corporales, ni imaginaciones ni otra cosa exterior. Lo
que así se aprende rumiando pégase en las entrañas y
hace fruto. De la forma que hemos dado para considerar la vida del Señor y de los santos. Cuando salieras
de allí provecho será leer sus vidas y mirar las imá-
genes.

Acerca de los estados de que este libro trata has de
notar que, aunque son entre sí diferentes, son tan
coligados que cada uno participa en algo de su vecino,
y para ser perfecto tanto has menester el primero como
el postrero. Aunque hayas alumbrado el más alto, no
desprecies lo que al primero pertenece; sepas que podía
ser estar tan perfecto en el cuarto estado que te bastase
él solo con el primero, dejando el segundo y tercero. Y
porque en muchas partes digo esto o aquello se haga
con profunda consideración, sepas que quiero decir
cerrados los ojos corporales y apartado de todo ruido
interior comiences a considerar dentro de ti en lo más
hondo de tus pensamientos. Cuando esto se hace largo
espacio, acrecentando siempre en la tentación de lo
que se considera entonces, se llama muy profunda. Si
no pudieras con tu consideración a la meter en lo
interior, persevera sin estribar con el corazón guardando de ver con los ojos corporales y de oír. La experiencia en este reposo te será buena maestra, porque luego
de allí se comienza a sentir lo provechoso. Puesto que

este primer estado se diga corpóreo, no entiendas que se puede ejercitar sin ningún espíritu, porque traer el cuerpo a servidumbre no se haría sino por la virtud del espíritu.

Capítulo II
Que nos debemos fundar en la verdad

Es lo primero que en esta obra se ha de procurar: fundarnos en la verdad, porque fuera de ello no hay fundamento en que podamos hacer obras placientes a Dios. Lo principal en este primer grado y en toda obra de espíritu es que siempre estribe sobre la verdad y que no sea mezclada de opiniones corporales. Esta verdad conviene tener en dos cosas: una en el respecto de otros, otra de parte nuestra. Cuanto a Dios sintiendo de él en bondad, que es atribuirle todas las excelencias, que con nuestra investigación pudiéremos imaginar, y toda manera de perfección sin faltar alguna. En lo que toca a nos, entonces andaríamos en verdad en la presencia del Señor cuando sin fingimiento sentimos que ningún bien tenemos ni podemos hacer ni obrar sin su gracia, y cuando sin cobertura alguna descubrimos todas nuestras faltas en su presencia. Hay algunos que llevan consigo un fingimiento escondido cuando llegan a orar, que parece justificar a sí mismos.

Esto es cosa sutil, mas conócese en que sienten en su espíritu no poca de oscuridad temerosa. De esto es libre el que llega a Dios descubriendo enteramente sus llagas en ceguedad su gula, su pereza y frialdad con los demás. Así como en verdad en sí lo siente. Dando, pues, a Dios enteramente el señorío, descúbrele tu vida y pon en él tu esperanza. Estas dos cosas ten así impresas que nunca puedas ser movido a sentir otra cosa, porque desfalleciendo en cualquiera de ellas luego, cesará el crecer en el espiritual aprovechamiento y sucederá una dureza de corazón que baste a te hacer dejar el lugar de la oración y a te poner miedo de volver a ella. Procura de entender lo que digo que de estas dos cosas tienes siempre necesidad aunque llegues a la perfección. Muchas veces amonesta la Escritura a esperar en Dios. Así que no sólo por ser necesaria; mas porque sabemos que el Señor quiere que en él solo esperemos, conviene estar sobre aviso que ni por pequeño movimiento confiemos en nuestros servicios ni desconfiemos de su misericordia.

Al conocimiento de estas verdades pueden los hombres venir por ciencia y por mediación, porque ayudándose con ambas hace un perfecto conocimiento; si alguna ha de faltar, mejor es que falte la ciencia humana. Los que escogen ésta y desprecian la otra son como los que toman el manjar y no le mascan o si le mascan no le meten en el estómago. Y así como éstos mueren corporalmente, morirá en espíritu el que conoce la verdad de las cosas y no procura por vía de contemplación rumiando meterla en el estómago de su alma para así aprovechar de ello obrando. Si dices que todo se puede hacer, digo que es verdad si das el más tiempo a la contemplación que a la lectura y si en ella no se corrompe tu intención desordenándote en trastornar libros, no por necesidad sino por curiosidad o por fausto, influyendo a otros, lo cual totalmente destruye al hombre interior. Aunque cuando se hace con buena intención es algún impedimento para los gustos de la perfecta contemplación.

En dos males incurren éstos. El primero es que sus potencias y afecciones se derraman a lo nocivo y es hecha su alma llena de vicios. Esto viene de faltarles la debida diligencia en la profunda consideración de los beneficios y ley del Señor; no sólo para saberlo decir, sino para incorporarlo en sus entrañas por que inflamados en amor obren lo que conocen ser voluntad de

Dios. Mira, pues, por ti; teme al Señor y no seas negligente en trabajar. Que en tu heredad no nazcan malos deseos, mas procura de enriquecer tales ganancias. Éstas no alcanzarás si con diligencia no te guardas de los males haciendo obras buenas, lo cual es imposible hacer sino con fortaleza de amor, ni es posible alcanzar sino por la contemplación o ruminación.

El otro mal que viene a los tales es presunción que sin ser conocida se cría poco a poco y es tan poderosa que apenas les consiente descender al conocimiento de sí. Para evitar esto imitemos a Salomón, que antes de edificar el templo le midió y no contento con esto añadió innumerables cosas al edificio necesarias. Medir el templo es tener conocimiento de las cosas de Dios y firme esperanza en que nos las dará. La muchedumbre de las cosas que añadió figura las muchas que debemos obrar para alcanzar lo que esperamos y así como aprovechara poco medir el templo sin hacer lo demás, así la ciencia sin la obra no sólo no aprovecha, mas daña. Pues si queremos ser oídos de Dios como Salomón, cumplamos primero todo lo que conociéremos será a él agradable.

Capítulo III

De la diferencia en el obrar de estos cuatro estados

Necesario es al que ha de allegar a la perfección de la obra espiritual que sepa hacer diferencia en las cuatro maneras de obrar, esto es, en la pura corpórea, en la pura espiritual y corpórea, en la pura espiritual, en la sobrenatural. Este primer estado se dice corpóreo, porque primero habemos de comenzar del concierto de la vida corporal y reformación del hombre exterior. Debes saber ser necesario que conozcas, cuando estuvieres en un estado de los más altos, si se mezclan las obras de alguno de los más bajos, porque pensando que es espíritu lo que sientes no te contentes de lo que te es impedimento. Porque si así es sumergido en la carne, cerrársete ha la vía del crecer y has de notar que donde digo obra puramente corpórea se entiende obras hechas corporalmente como son abstinencia de lo deleitoso, y evitar ocasiones de pecado. Todo aquello que obligue a la guarda de los sentidos exteriores y nos da ocasión al recogimiento.

En éstas, sin ninguna muestra del espíritu podemos aprovechar, conviene a saber, en lo mismo, mas no en espiritualidad, porque no podemos crecer en ella sino con el espíritu bien amaestrado. Apresurémonos, pues, a esto, que grande es la torpeza del primer estado. Los que en él trabajan sin ser avisados apenas saben sentir cosa buena de Dios, porque piensan que les satisfacen con sus obrecillas, que si las dejan se enojan. De rezar vocalmente se vanaglorían. Conoce, pues, la necesidad que tienes de quien te informe a escapar de tan vil estado y no lo difieras para el fin cuando no te será dado tiempo de aprovechar.

SIGUE EL SEGUNDO TRATADO, CORPÓREO ESPIRITUAL

CAPÍTULO I

De la diferencia de estos cuatro estados, y en qué consiste el segundo

Han de saber para que entiendan mi intención que no es tanto declarar lo que se ha de hacer y pensar en cada uno de estos estados, como mostrar la diferencia que hay en el obrar. Ignorar esto impide mucho. La diferencia del obrar en el primero a la del segundo es la que hay de los pies a las manos; porque en el ejercicio espiritual de las obras corporales y de penitencia son como pies, necesarios para sustentar al varón espiritual. Mas los que con sólo este ejercicio se contentan, carecen de espiritualidad como los pies de forma sabia en obrar.

La diferencia en el segundo estado a la del tercero es la que hay entre los ojos y las manos. Éstas no carecen de sabiduría en su obrar, mas hay estrechura y trabajo, lo cual no tiene el ojo en su obra. Así las del segundo estado obran con trabajo y ahogamiento de espíritu. Si falta quien los avise proceden en todo con mucho engaño, porque piensan con todo el hombre en las cosas de Dios y regálase su pecho en consolación. El contentamiento que de esto se les sigue piensan que es espiritual consolación y es sensual. Dicen éstos que los instrumentos musicales levantan el espíritu, como su efecto no se extienda sino a alegrar la sensualidad, porque un mismo efecto hace en los contemplativos y en los que no lo son si ya no fuese, dejando la dulzura causada del sonido, se pasase a sacar otras cosas según se dirá cuando tratáremos de cómo se ha de considerar la bondad de Dios en sus criaturas.

El mismo empeño tiene en pensar en la hermosura de otras criaturas y aun trabando amistades. Dicen que amor espiritual, como todo sea carnal, porque estas cosas aprende nuestra imaginación ejemplificando en cosas corporales así que parezca que todo el cuerpo se alegra. Lo mismo tiene el que se goza de ganancias temporales, porque siente la consolación en aquellas partes que los contemplativos; esto es, en el ardor del corazón carnal y placer de todo el hombre. Al contrario es en la obra de espíritu que despreciando todo lo presente se esfuerza sobre todo lo que no se vea y síguese enfriamiento de los miembros exteriores y lumbre y ensanchamiento con reformación de las interiores aficiones.

En estas dos señales podrás conocer muchos engaños que se suelen mezclar en la obra espiritual. El tiempo que han de estar en estos dos estados no se puede tasar ni lo debes elegir de tu voluntad, porque son llenos de imperfecciones. Verdad es que ninguno podrá venir al cuarto grado sin pasar por los tres primeros.

Esta división hago para que cada uno, conociendo lo que falta, la procure. En este segundo estado se adquiere en esta conversación por el juicio que da aviso de todos los males que se deben huir y bienes que se han de obrar. No te contentes con la honesta conversación exterior, porque el ejercicio corporal poco aprovecha, y aun en esto poco no podrás aprovechar sin continua diligencia. Advierte, pues, que un solo Dios es necesario y que con solo el espíritu, desacompañado de la sensualidad, se ha de buscar. Quien por estos dos caminos a la par quiere caminar, mal le irá. Pues no te estés parado tibio en este estado, mas procura con oraciones y obras que te sea dada gracia para pasar al tercero donde todo lo que se obra es fructuoso.

CAPÍTULO II
De la vía perfecta para conocer la verdad

Para hallar las dos verdades, que ya dijimos, cómo Dios es poderoso y que en solo él tenemos de confiar, y habemos de desconfiar de nosotros mismos. Es la más cierta vía, la más continua consideración de las cosas que muestran Dios ser loable y amable. En esta mediación nos habemos de haber como con el manjar corporal. Poniendo, pues, los ojos en un beneficio de Dios recibido o que espera recibir, se tiene el manjar delante.

Márcase cuando teniendo morosa consideración conocemos la bondad de Dios que allí le representa. Enviámoslo al estómago del corazón cuando abrazamos el gusto de la divina suavidad que de Dios sigue. Allí hace su efecto inflamándolo en el divino amor y cáusase de esto un talante de bien obrar tal que si con diligencia se empleare no le dejará hasta allegarle perfección de la vida espiritual. Ni los pecados pasados ni cualquier adversidad bastan a apartar aquel gusto, antes lo harán más fuerte para más aprovechar y de allí comenzar a obrar grandes cosas de donde le vino una perfecta esperanza en Dios que quitó el temor de toda contrariedad. En la contemplación se adquieren dos discreciones muy necesarias: una para discernir las sutilezas de los caminos espirituales, otra para discernir los engaños de las pasiones corporales. De aquí viene que él haya de tener cada cosa en lo que es en sí; lo que es fuera de Dios tiene en nada y al Señor da la reverencia posible desconfiando de sí y de toda cosa. En él solo pone su esperanza.

Pues si deseas aparejar en ti morada al Señor, imita a David en los aparejos que hizo para el templo. Él ayuntó los peregrinos para cortar piedras. Tú, desde que te conoces vacío del amor de Dios, llama tus deseos y afecciones que van peregrinas de Dios y trabaja a ser maestro de labrar piedras aprovechándote de tus caídas para saber cortar las ocasiones y para aconsejar a otros. El hierro que has de aparejar para hacer clavos es la penitencia; ella te afirmará en la vida espiritual como los clavos a las puertas. El cedro que trajeron a David significa el firme propósito de no volver atrás. Conforme a la propiedad de esta madera has de ahuyentar las serpientes, porque has de ser tan esforzado en resistir al demonio que él huya de ti.

Tráese el cedro de Tiro y Sidón, que se interpreta silencio y angustia, porque el silencio es necesario en el edificio espiritual y las tribulaciones nos disponen para que more Dios en nosotros. Primero aparejó David los materiales para el templo y después le edificó su hijo, porque primero han de ser las obras que la verdadera esperanza. Para que lo sea ha de seguir a las muchas y buenas obras del hombre interior donde se hace el templo de Dios mediante los entrañables ejercicios.

Capítulo III
Que trata de la aniquilación y qué cosas se han de pensar

Muchas y diversas cosas son necesarias en la edificación del templo espiritual. La que primero ocurre es la aniquilación de nuestro nada. Para venir a la perfección de esto ten esta forma que recogiendo tus pensamientos dentro de ti consideres profundamente antes que fueses hecho qué serías. En esto te has de detener hasta que sientas un vaciamiento o conocimiento de la nada que eras, pensando antes que fuese hecha la tierra de donde fuimos todos formados tú qué eras. A este vaciamiento y conocimiento vendrás cuando no halles cosa sobre qué estribar tu pensamiento de que puedas haber recibido principio.

Sin esta doctrina nadie espere recibir lumbre ni consolación espiritual que verdadera sea ni podrá alguno subir a las altezas divinales, si primero no descendiera cumplidamente a conocer su nada y sus males. Sin este conocimiento no podremos obrar cosa buena. De esta consideración, hecha por largo espacio y a menudo, nace un sosiego interior con alguna lumbre muy conforme a verdad y por ello comienza a fundar por orden el edificio espiritual; sin este asosiego no haremos cosa buena. De aquí vendremos a conocer cómo Dios nos hizo y con cuánto poderío. Con esto irse ha platicando en las entrañas un amor sin cesar al Señor, de tal modo que se apague al corazón como cosa natural. No se capta como lo que procuramos sentir oyendo y leyendo.

Vuelve después de esto tu consideración y mira con amorosidad las mercedes que Dios nos hizo, porque siendo creados de un nada común con las bestias nos dio señorío sobre ellas, porque de ellas nos servimos con pena suya y consolación nuestra. Mira las penas que sufren a causa nuestra y el mal comer y cómo nos sufren cargadas, y nos sirven llagadas, lo cual sienten como si nosotros lo padeciésemos, pues son de la misma masa que nosotros. No pienses que es perder tiempo la particular consideración de cada cosa de éstas, porque toda la demasía que a las otras criaturas se hace es a ti hecha merced.

Considera los árboles y frutas tan diversas y en cuántas maneras nos aprovechan, cómo alegran la vista con el color y el gusto con el sabor. Satisfacen la inteligencia con la composición que tienen. Anda así discurriendo por todas las otras criaturas, como cielo, luz, tierra, mar y todas las otras. Después considera las penalidades que en los prójimos vieres, como son enfermedades, dolores, afrentas y cualquier otra adversidad. Mira si tú lo padecieres cuánto desearías ser libre, y la merced que recibes en estar sin estas cosas. No creas que es de pensar todos los beneficios, sino uno solo bien pensado.

Mira otrosí, aunque vengas a la alteza de la espiritualidad, desde todos los días de tu vida ocupar el primer tiempo del día después de media noche en la consideración de los beneficios, tomando uno y pensando profundamente así como tomar una criatura que te sirva, mirar particularmente el principio de su nacimiento y cómo el que lo creó le dio mantenimiento mediante otras criaturas. Considerando todas estas particularidades, hallarás que en cada una desfallece tu entendimiento viendo no poder comprender el poderío de Dios, que así se representa.

Mira también la necesidad que de la criatura tienes y la pena que sentirías si te faltase. Luego, con reverencia, considera la amorosa bondad de tu Dios, cuidadosa en te proveer por tan incomprensibles medios. Esto hace estando tú discurriendo y pecando. Y aun cuando mejor estás no tienes en él la fe y esperanza que deberías. Mas no deja su misericordia por eso de entender continuamente en lo que pertenece a tu reparo. Contempla, pues, con atención que el Señor te está presente, como en verdad lo está, y que en cada criatura te está diciendo: Toma, hijo, para tu consolación y no dejes de pensar, si la tierra te fuese quitada debajo de los pies, dónde irías a parar; y si una de las piernas dejase de recibir influencia de arriba no podrías andar, y cómo el Señor te da continua la vida y el ser y todos los otros beneficios y criaturas suyas, en los cuales debemos conocer su poderío, bondad y amor, y ámalo de todo corazón.

Capítulo IV

Que es necesario considerar la muchedumbre de las criaturas

Alguno podría decir que la consideración de las criaturas impide para hallar a Dios, y no es así. No digo yo que pongamos en ellas el pensamiento apartándolo de Dios, mas que lo busquemos por ellas, porque contemplando en la criatura la potencia y el amor que Dios en ella nos enseña no hacemos sino henchir el alma vacía del conocimiento de la grandeza de Dios, lo cual es principio de la justificación. En esto no se derrama el pensamiento a las criaturas, pues dejándolas se pone en quien las creó y usa de ellas como instrumentos para hallarle. Porque siendo él invisible no podemos venir a su conocimiento sino por sus obras en las cuales se ve el Creador. Invisibles con los ojos intelectuales, conociendo en lo visible la invisible potencia y bondad del cual para nuestro provecho lo creó. Si de la virtud y hermosura de las criaturas nos maravillamos, entendemos que el que las hizo es más fuerte, dulce, hermoso y deleitable. Si dijera alguno que, ya que esto es así, ¿qué necesidad hay de considerar las criaturas pequeñas y viles?, a esto digo que aunque en las obras humanas cuanto mayores son más parece el poderío y saber del que las hizo, y si son pequeñas no se muestra tanto pequeño. Va de este modo en las obras de Dios, aunque tomemos la más pequeña. Que no fuese sino un grano de mostaza, en él hallaremos incomprensible poder porque ángeles ni hombres no bastan a crear cosa alguna.

Allende de esto es muy provechoso en alguna manera venir al conocimiento divino la consideración de las criaturas pequeñas y viles que de las grandes, porque viendo en la criatura pequeña la inmensidad de Dios, ligero es de conocer ¡cuánto más sería en la mayor! Si sólo nos ponemos a considerar las que son grandes no entenderemos las que son pequeñas, porque no podemos pasar a sentir lo que no podemos comprender. Y como no haya cosas en muchas distancias mayores no podemos discurrir de poco en mucho como hacemos en las pequeñas.

Es cosa experimentada que viéndoos el Señor solícitos en considerar sus beneficios en las cosas chiquitas abre nuestro entendimiento en cosas maravillosas. En esta manera de obrar interiormente se planta y crece la humildad porque no se puede entremeter la soberbia al que se conoce ser necesitado y que mira cómo le está Dios dando vida y las otras cosas de que tiene necesidad.

CAPÍTULO V

De cómo los prelados deben ser solícitos en se dar a la contemplación

La necesidad que tienen los prelados en se ocupar en la contemplación es grande, y de se guardar de dormir en la guarda de sus ovejas por negligencia, porque los que son negligentes en vigilias y oraciones y abstinencia, en lugar de recibir verdadera lumbre, reciben falso por verdadero, y por limpieza, suciedad. Sígueseles de aquí carecer de verdadera consolación espiritual y de inteligencia como ellos debían ser sal de la tierra. Acuérdense que no sólo de todas sus ovejas, mas de cada una han de dar razón ¿Cómo la podrán dar si ellos ignoran los pastos de que ellos tenían necesidad? ¿Cómo enseñarán a otros si ellos no son enseñados?

Deben, pues, humillarse a aprender y darse a la contemplación, porque el que en ella bien se ejercitare podrá enseñar sin error el camino de salvación. Aunque todos tengan necesidad de darse a la oración, los mayores tienen en alguna manera a esto mayor obligación.

CAPÍTULO VI

De los beneficios del alma y del conocimiento de nuestra vileza

Conviénenos, para venir en perfecto conocimiento de nuestra naturaleza y de los grandes beneficios de Dios, volver al principio de nuestra creación y mirar cómo Dios, creado ya el mundo, creó al hombre haciéndole señor de todo como el padre que hace y adereza la casa y después la da a su hijo. Y porque aquello no bastaba para su felicidad, como no bastarían todas las criaturas irracionales a consolar a uno que estuviese en una ciudad rica solo, vino Dios y dijo: Hagamos al hombre a nuestra imagen (Gén 1,27), esto es, hagamos que sea en paz de nuestra convención gozando de nuestros bienes. Y pues tanto es alguno más rico cuanto más rica la cosa de que participa, siendo Dios infinito (como es), es de infinita manera ensalzado el hombre.

Tengamos, pues, esto en la memoria, démosle mil vueltas con profunda consideración. El alma que con diligencia lo hará dar al Señor infinitos loores con verdad y vendrá en profunda humildad, viendo que no sólo nos hizo de nada, mas sin lo merecer nos sublimó a tanta nobleza. Estos dos son modos para venir al divino amor y no sólo decir que es bueno Dios. Por tal consejo a los que verdaderamente y no fingidos desean amar a Dios que piensen muchas veces en sus beneficios, así que una hora de recogimiento es poco allende los otros tiempos y lugares de recogimiento que deben siempre ocuparse en conocer la potencia y bondad de Dios en todo lo que ven y tratan y el amor con que nos lo da. Quien todo esto rumiare dentro de sí conocerá que no es suyo, sino del que lo hizo y que por esto sólo es obligado a lo servir con toda alma y cuerpo.

Cuando esto tuvieres bien asentado en tu conocimiento, vuélvete a mirar los pecados que hiciste y pon en un cabo la obligación que conoces tener de servir a Dios y en otro cómo sólo por no servirle mereces ser condenado, como parece, en el infierno, que aunque no perdió el talento, por no haber ganado con él le mandaron echar al infierno. Viendo tú, pues, en cierto conocimiento lo que tú has merecido, detente en mirar la voluntad del Señor en te perdonar y dar disposición para comprar la gloria. Con las dos consideraciones ya dichas te debes detener por buen espacio, mirando la profundidad en que caíste sólo por la negligencia. Duélete de haber desplacido a Dios y ten firme propósito de hacer todo lo que conocieras ser su santa voluntad. Considera también que si antes que pecases estando en gracia no te pudiste defender de las tentaciones, cuánto menos podrás después del pecado.

Pensando estas cosas pon en tu imaginación como que te ves puesto en una profundidad oscura por carencia de Dios y viéndote así necesitado alza a él tus ojos diciendo: No vuelvas, Señor mío, tu cara de tu siervo, mas óyeme pronto (Sal 6,5). No sé por qué vía podrá hallar la vanagloria entrada al corazón, que por sólo el pecado de la negligencia se halla tan envilecido. Debes todo esto notar como camino muy derecho a la profunda humildad.

Después de todo, torna a pensar tu vida, en lo que has ofendido a Dios, y mira cuán torpe es el pecado reiterado. Discurre por los males que has cometido mirando que en cada uno caes profundamente más abajo. Si muchos son mucho más abominables, estás en la divina presencia y con más necesidad de su ayuda y de pedir misericordia añadiendo muchos buenos propósitos y recia penitencia.

Al que quiere llegarse a Dios y reformar su vida
necesario le es la consideración de la vida de Cristo,
porque no hay donde poner los ojos para imitar sino
en él solo, por los males en que hemos todos venido
así en general como en particular. Si miras a las caídas
particulares de los estados de la Iglesia no te maravi-
llarás de las predicciones que hay sabiendo su nacimiento. Y es que los que mueren con algún grado más
bajo que los pasados y los que vienen, comienzan
desde allí y así sucediendo de mal en peor se han
venido a perder las religiones y los otros estados. Así
que, mirando el principio de cada uno, no hallaréis
cosa que tenga semejanza de lo que debería estar, en
comparación de los primeros principios. Pues considera de dónde podrás ahora comenzar, visto cuánto
a que la condición humana de Adán acá ha venido de
mal en peor.

De donde se puede creer que el que más acierta está
aún muy lejos del verdadero principio y como no tomamos conciencia sino de las cosas que son malas, en
comparación de las presentes costumbres, sospecho yo
que se nos pasan muchas sin hacer conciencia y por
eso más peligrosas. Y más comenzando de tan hormi-
goso fundamento como está dicho, pues cuando uno
mira que fue hecho de nada y la torpedad de sus caídas,
y se ve lleno de malos pensamientos y muy sucias
inclinaciones es sin ningún bien y provecho, no queda
sino que infinito se humille.

La consideración de estas cosas aprovecha mucho
para ser altamente consolado en espíritu; también para
desarraigar los vicios y alcanzar perdón de los pecados,
pues que tiene lo más necesario, que es el conocimiento
de ellos. Éste nace del conocimiento de Dios y de la
examinación en su interior conversación. Fácilmente
habrás el perdón, pues lo que se ha de hacer para lo
alcanzar puedes obrar siendo rico y pobre, sano y

enfermo; y no habrá impedimento sino el que tu malicia o negligencia pusiera, o si dejas la inquisición de Dios y examinación de tus movimientos, porque esto es lo que ayuda a todo lo otro.

Impide, aunque no sea sino hablar y derramar la vista o pensamientos, aunque sea a cosas que de sí no son malas, porque ocupar en ellas el pensamiento del todo lo impiden a la viveza del divino conocimiento. Por esta vía no sólo alcanzamos remisión, mas también restitución al primer grado de filiación como acaeció al hijo pródigo. A barato nos da Dios la indulgencia, pues por ella no más de que conozcamos la culpa y hayamos vergüenza.

Capítulo VII

En qué manera se han de considerar los pecados, y algunos puntos cerca del misterio de la Santísima Trinidad

El modo que has de tener en la consideración de tus pecados no ha de ser ponerte a pensar cada uno en particular todo el tiempo de tu vida. Porque esto basta para cuando te aparejas a te confesar y aun hacerlo fuera de aquí podría causarte daño en algunos pecados. Mas haz a manera de pobre que debe mucho y está sin remedio de pagar. Éste trae consigo gran miedo, continua tristeza y afrenta delante de sus acreedores. Aunque no piense particularmente en sus necesidades, todas las trae presentes en general. Así tú. Primero piensa tus pecados particularmente con todas las circunstancias que pudieras. Confiésate y en adelante, cuando te pusieres a pensarlos muchas veces, como es menester, basta en general contundir a ti mismo delante de Dios como a pecador, haciendo muchas y diversas consideraciones, imaginando la confusión que tiene uno que ha sido deshonrado en un pueblo y la confusión grande de la que no es leal a su marido. Ésta, aunque fuese perdonada y él jurase quererla bien, nunca arrancaría de su corazón el clavo de la confusión. El que ofende al rey, aun después del perdón, teme no se indigne contra él.

Así el pecador, aunque haya hecho las dichas diligencias y crea que Dios le ha perdonado; aunque lo supiese de cierto, guárdese no pierda la vergüenza delante del Señor, mas esté con temor siempre confundido en el profundo del corazón. Piense que si Dios le ha perdonado es por su misericordia y él no por eso deja de ser quien es. Según la doctrina del sabio, aun después del perdón de los pecados no habemos de estar sin temor. Pues esta vía nos enseña la Escritura, no presumamos de tomar otra, mas imitemos al profeta que decía: *Judicia tua adjuvabunt me* (Me ayudarán tus juicios: Sal 119,7). Porque nos debemos aprovechar de la consideración de los juicios de Dios contenidos y figurados en la Escritura.

Has de notar que para bien contemplar los beneficios hechos al alma debes discurrir por las cosas que la fe católica nos ensena creer: lo primero es ser un Dios creador de todas las cosas, y aunque esto esté sacado a luz por los filósofos y teólogos, debe el contemplativo, dejadas todas las cavilaciones, notar cómo y cuán manifiestamente es confirmado en la junta Escritura, discurriendo por sus figuras y autoridades. Es también necesario afirmar los pies de los espirituales movimientos en la fe de la Trinidad de personas divinas, porque lo más necesario al contemplativo es ser fundado en la verdad. En otra manera todo su trabajo sería en vano, y no solamente es roborado este misterio por los testimonios de la sagrada Escritura, mas aun la razón natural no se puede satisfacer sino creyendo ser Dios Trino y Uno. De esta manera, confesándole ser como lo es único y todo poderoso.

Para entender algo de esto mira tu propia alma, que, pues es hecha a imagen de Dios, por ella podrás venir rastreando en conocimiento de este misterio. Digo, pues, que tu alma no puede gozar de alguna cosa si el entendimiento no la pone en la memoria y discerniéndola se la ofrezca clara, según lo cual se llama sabiduría. De aquí se sigue que sea amada. Así es necesario que en Dios haya estas tres cosas para que sea en sí mismo glorioso y goce de sí mismo. No desdeñe el contemplativo leer sobre estos misterios los santos doctores a tiempos o preguntarlo. Porque es peligroso en las cosas de la fe seguir su parecer, confiando de su seso.

SÍGUESE EL TERCER ESTADO, PURO ESPIRITUAL

CAPÍTULO I

Que los contemplativos no deben menospreciar a los activos y lo que deben hacer los prelados

Habiendo de hablar del sublimado estado de la contemplación me pareció bueno dar un aviso a los que le alcanzan por que, viéndose tan subidos, su misma excelencia no les sea ocasión de caer, mas miren lo que dice san Pablo: *Qui stat videat ne cadat* (El que crea estar en pie, mire no caiga: 1 Cor 10,12). Otrosí guárdense de un peligro grande que hay y es: si menosprecian o tienen en poco a los activos, miren que en el juicio no preguntará Dios a los cristianos si estuvieron en contemplación (consideración especulativa de las cosas celestiales), mas si se ejercitaron en las obras de misericordia. A los que no las obraron echará en el infierno, aunque toda su vida estuvieran todos hechos en espíritu de contemplación, si por ellas dejaron de hacer las dichas obras. Porque el que deja la obra exterior, cuando la caridad o la obediencia lo manda, por contemplar en un rincón, aunque allí sienta dulzura, digno es del infierno. Cierto. Herejía sería decir que en estas obras exteriores hechas por Dios no está Dios. Mas digo así que los que tienen el estado de perfección, aunque estén por necesidad ocupados en lo exterior, jamás pierden su contemplación. Antes entonces hallan tanta ocasión de levantar el espíritu como en un rincón, pues el que por caridad y obediencia se ocupa por amor de Dios no hay por qué haya de perder la contemplación del Señor, que resplandece en las criaturas.

Mas aquellos que, no constreñidos por caridad u obediencia huyen de la presencia de Dios buscando en qué se preocupar so color de ejercicio, son privados de las divinas inspiraciones que reciben los amigos de Dios, vienen con ceguedad de la inteligencia con que van de mal en peor. Cometen el espiritual adulterio todas las veces que aflojando de la contemplación ponen el pensamiento en las ocupaciones, porque, cuando esto hacemos, apartámonos de Dios por allegarnos a las criaturas.

Lo que a los prelados conviene hacer es que miren al ejemplar que les es mostrado en el monte alejado de la sensualidad, desapartado de soberbia, ejemplo de toda perfección. Acuérdense que Cristo les encomienda sus ovejas y que lo primero que miran es si le tienen fidelidad que consiste en cumplir todo lo que le es encomendado, obrar primero y después enseñar. Miren con diligencia por dónde entra la polilla de los vicios y luego pongan sus obras en contrario. Suban al monte dejando la vida floja. Tomen esfuerzo y aprieten sus carnes con aspereza.

Subidos a la contemplación lléguense a Dios, pídanle consejo y ayuda para ejercitar su oficio. Esto no viene vocalmente, sino que entren vocalmente en su corazón muchas veces por largo tiempo y hablen con Dios como con verdadero amigo, diciéndole la verdad de su corazón. Salidos de allí, pongan los ojos en las constituciones bien ordenadas y caminos que llevaron los santos. Conforme a esto reglen sus comunidades, amonesten con caridad, y cierto que las palabras que aprendieren hablando con Dios encaminarán los súbditos a bien. Para esto no aguardar que les hable Dios con palabras claras, que con silencio imprime su virtud. Tengan cuernos de fortaleza para destruir los vicios y enseñar las virtudes.

Capítulo II

Que comienza la materia del puro espíritu y de los impedimentos que hay

Dícese este tercer estado puro espiritual, porque su arte de obrar es con el entendimiento desnudo de toda imaginación corporal y de todo lo que la común costumbre ha encajado en el hombre interior, aunque parezca ser espiritual, como cuando comparamos la grandeza de Dios a la de las cosas criadas y consentimos en esta ocupación ser mezclado el esfuerzo del corazón y estribamiento de cabeza, porque estas cosas son como impedimento de aprovechar en este estado.

No te maravilles si no entiendes el cómo, porque es difícil de entender a los no ejercitados en el recogimiento. De largo espacio enseña Dios esta ciencia al alma. Lo da como en galardón del trabajo. No alcanza esto el que sólo lo desea y mucho lee, mas el que mucho y devotamente ora y se lo demanda. Dios es espíritu y quiere ser adorado en espíritu. Esto se hace cuando la consideración del entendimiento se ocupa en las excelencias de la misericordia de Dios, limpia de las honras corpóreas, teniendo firmemente que es sin principio y fin. En todo lo cual, así en la divina bondad siempre preceda una suavidad con sosiego en el entendimiento, que proceda de la profunda consideración. Como en la esencia divina no hay cosa que mengüe ni crezca ni nudo de mutación en universidad de tiempos, mas siempre es el mismo, así cuando sientes devoción como cuando no. Representa, pues, a tu entendimiento con sosiego un ser eternal sin te doblar ni mudar en cosa alguna.

La sensualidad no tiene parte en esto, pues todo lo que piensa envuelve en mil defectos, porque como está encerrada en estrechos términos no puede tratar estos misterios de la perpetua eternidad ni piensa en la región sin mancilla y sin nublados de pasiones. Mas al puro espíritu ninguna cosa le satisface si no fuera infinita en grandeza, en potencia, bondad eterna y sin principio; volando en tales cosas es de ellas enriquecido. Mas debes saber que los demonios trabajan de impedirnos. Para esto toman por armas nuestra sensualidad, figurada en las mujeres que derribaron a Salomón, a David y a Sansón. Y en las que obligaron a Job y a Tobías. Porque es necesario que sepas discernir las diferencias que hay entre la carne y el espíritu, nota mucho estas figuras que apunté. Piénsalas muchas veces y junta lo que en ellas hallares con lo que sientes en ti mismo, en tus ejercicios. Así vendrás poco a poco a lo distinguir perfectamente.

Considera, pues, que el espíritu alegre, si no es avisado, quiere dar parte a la sensualidad y mezclado con ella ciégase y precede con desatino. Enfríase en lo ya sentido y síguesele dureza y tristeza tal que viene a haber miedo y no poder sufrir estar en lugar de la oración. Esto vino de Sansón que es el espíritu; dio parte a Dalila, consistiendo que la limpia unión del entendimiento se mezcle con el sabor del pecho y del corazón carnal. Esto podrá ser conocido cuando comienza a contentarse todo hombre de un ardor apasionado, mezclado por todo el cuerpo, dentro y fuera. Conocerás ser apasionado porque constriñe a salir en voces y gemidos mezclados de falso gozo que acaba en temeroso fin. Esto crece tanto en algunos que les causa amortecimiento y creen que es robamiento espiritual, como sea sofocación de los sentidos interiores y exteriores.

En esto se conoce ser pasión sensual cuando entonces ni obran ni entienden más con el espíritu intelectualmente que con los miembros. Así la sensualidad priva el alma de la inteligencia, porque desde que comienzan los movimientos corporales vase la visión espiritual y el contemplativo quédase seco porque la lumbre del espíritu puesta en los miembros es como el agua puesta en un vaso agujereado.

Sansón, que se interpreta el que alumbra, y sol fuerte, es el puro espíritu cuando es llegado a perfecta libertad, desnuda de toda sensualidad. Entonces puede, con la ayuda divina y por la disposición natural, enseñorearse por muchas cosas, y si estuviere bien ejercitado suplicando e inquiriendo puede venir a abundar en grandes riquezas. A este tal no pueden empecer los demonios sino dando el parte a la sensualidad, como dicho es. Sepas que más aprovechará en un año el que en esto fuere avisado que otro en veinte.

Capítulo III
De los remedios que hay contra los impedimentos ya dichos

Para remediar los impedimentos ya dichos, el mejor modo de mostrar los efectos del espíritu, porque visto cuán diferentes sean de los de sensualidad, pueda quien quisiere ser suelto y caminar en libertad de espíritu.

Los efectos sensuales ya se dijeron arriba. Queda que hablemos de los efectos espirituales. Éstos, en los que saben guardarse de la sensualidad, comienzan con lumbre verdadera del entendimiento y va creciendo con ensanchamiento de la visión espiritual en que comenzó. Va haciendo obras buenas en el alma como son reformación de las afecciones, desean tiempo para orar, amor quieto sin pasión que con halagos atrae el alma y quitando los temores les va plantando confianza de Dios y esperanza de venir a la perfección con propio conocimiento; imprime una preciosa estimación de las cosas espirituales. Todo lo que es fuera de Dios le parece tan vil que se espanta de los que ponen en ello

su afición. Avivado, pues, el espíritu en las cosas eter-
nales, comienza la carne a desfallecer y a se haber en
sus movimientos como hombre desmayado. Comienzan a enfriarse y amortiguarse y descomponerse los
miembros corporales. Considera bien los engaños ya
dichos, pues los afectos son tan diferentes que los
sensuales son con privación de lumbre, mientras que
en los arrobamientos espirituales es acrecentada la visión espiritual en aquel desfallecimiento corporal.

Otro efecto hay de la sensualidad sin los ya dichos:
es estrechura de la fe con que es temeroso y desconfía
en Dios. Porque el no experimentado en largas consideraciones de poquito se comienza a maravillar y así
es privado aquella vez de alcanzar más. Si te aconte-
ciere tener arrobamiento sensual pensando en la pasión, refrénalo porque te privará de la fructuosa meditación de la pasión y cuando hubieres de sentir o
pensar alguna cosa devota saca tu entendimiento de
toda imaginación y comparación corporal. Aprende
que esta obra es propiamente del entendimiento y
voluntad, que no se fatiga ni encierra debajo de alguna
medida, ni se maravilla. Porque el espíritu que libremente se sabe ocupar en Dios no se maravilla de las
cosas que ve, sino de su pereza pasada. Así que la obra
del espíritu es con suavidad, cuando desnudo ya de la
sensualidad, sin estribar ni querer sentir sabor en las
partes corporales, se ocupa en entender cosas puramente espirituales y procediendo su camino sabiamente
extiéndese en infinito y cuando está en su libertad no
se mezcla en cosas corpóreas. Cuando en ti sintieras
deseo de consolación en cosa corpórea conoce ser preso
en el lado de la sensualidad.

Capítulo IV

Cómo nos habemos de haber en el pensar conforme a este tercero estado, y cómo debemos cuadrar el entendimiento

Es necesario en esta obra puramente espiritual tomar la consideración de las cosas de la fe y beneficios de Dios por esta vía dejando lo presente y las artes de la sensualidad ocuparnos suavemente con sólo el entendimiento a entender la potencia, bondad y amor que Dios nos enseña en cada una de las dichas cosas.

Pues lo primero que se dirá es nos reformemos y conformemos con Dios interiormente. A esto vendremos sintiendo de él y esnos lo que debemos sentir. Porque sirviéndose la mente es causa de turbación a nuestro espíritu, de donde se sigue desconfianza de aprovechar.

Para que mejor esto entiendas nota este ejemplo. Que Dios es como un padre: ama mucho a su hijo, le desea hacer mercedes, y si es capaz de las recibir quiere que el hijo le ame, confíe mucho en él y se huelgue de estar siempre con él. Mas si nosotros tenemos medrosa sospecha de nuestro buen padre y ni por obras ni sedales nos aseguramos de su amor, huiremos de su presencia y nuestras obras discordarán de su santa voluntad. Si, como buenos hijos, tenemos de él buen concepto y firme, creceremos en él en deseo de le aplazar y seremos de él amados. Debes, pues, estar muy atento a todas las señales de amor que Dios nos muestra en obras. Así vendrás a su amor y confianza. Para esto ejercítate en considerar cómo da el Señor a todas las cosas y la diferencia que hay entre hacer y crear.

El artífice hace su obra quitando de ella y Dios las suyas poniendo lo que no tienen. Asegurándote, pues, muchas veces y muy largamente, representa a tu ima-

ginación que vea a Dios en el entendimiento estar
dando ser a las cosas y vendrás en verdadero conocimiento de que ellas mismas no se crean. De aquí
sacarás dos verdades. La primera que en todo cuanto
vemos es lo más que se ve, y de este escalón te podrás
aprovechar de aquí adelante en todo lo que vieres y
considerares. La segunda verdad es que Dios está presente, y esto es tan provechoso que si no eres negligente a te dar a ello mucho tiempo hasta a traerte siempre
lleno de Dios porque no curarás de lo que los ojos
acatan, sino de la verdad que es que no hay cosa que
no la esté Dios sustentando, formando y hermoseando,
acrecentando y multiplicando.

Esta obra es toda intelectual, en ella revive la obra
del puro espíritu. Si te dieres mucho a ella vendrás a
despreciar toda forma corpórea y tomarás esta que es
camino del espíritu, llevado a ella por la experiencia
del provecho que sentirás en tal ejercicio, porque luego
comienza el alma a se maravillar de la potencia y
sabiduría de Dios, que contempla en las muchas, grandes, diversas y hermosas cosas. Y porque la ocupación
es buena y también la intención, que es por buscar a
Dios, él comunica en lo íntimo un sabor que por las
cualidades del lugar donde es puesto, y por la divina
bondad, así se apodera en lo vivo del corazón que
propone jamás entender en otra cosa. Y como esta obra
sea toda del espíritu y su propiedad sea crecer, inten-
tará más obrar y ser hecho más hábil. Y como aquello
en que se ejercita es de infinita cuantidad, va creciendo
en la infatigable obra muy mucho.

Tiene Dios virtud atractiva con que tira a sí el alma
que llega a él en manera que olvidada de sí entra en
las potencias del Señor y extiende su crecimiento en
infinita manera. Por esto, deseaba la esposa ser atraída
del sueño de la ocupación corporal, que la impedía a
se mover, porque sabía que la visión del esposo no hace

impresión sino lo que está dispuesto. Ni la divina presencia se mezcla sino en el bien dispuesto en ciencia del espíritu.

Vuelva, pues, tu consideración a buscar la potencia y bondad de Dios en las cosas de arriba, y cuanto más subiere trascendiendo más conocerá ser Dios infinito. Toma las criaturas que andan en lo alto, así como en el aire las aves, y los cielos con lo que en ellos es. Y mira la hermosura, formación y ligereza de cada una, considerando atentamente la virtud de Dios que las creó de nada y les dio lo que tienen. Hallarás que en cada una te es mostrada infinita cualidad de la potencia de Dios, porque no la pudieron crear todas las criaturas angélicas y humanas. Pues si esto es en una, qué será en la grandeza y muchedumbre de todas, y seguirte ha que abajando tus ojos con todo tu entendimiento entiendas ser Dios en infinito poderoso. Y por tal ha de ser servido y temido.

De la misma manera has de volver a la consideración de lo que está abajo penetrando la tierra. Considera las criaturas bajas cada una por sí, como se dijo en las de arriba, y sentirás ser Dios de incomprensible potencia. Lo mismo has de hacer volviéndote a todas partes, a oriente y poniente, mediodía y aquilón, y hallarás lo mismo en cada una de ellas: en la altura y en la profundidad de lo más bajo. De aquí viene al entendimiento perfecta forma de sentir que por derecha inquisición ha de ser Dios en lo alto y bajo y a los lados en infinito incomprensible. Hállase así sumido en suave hondura.

Pues para que el gusto de la contemplación sea verdadero ha de venir del derecho conocimiento de Dios, pues como él sea infinito en todo lugar, arriba, abajo y a los lados, el que envía su inteligencia solamente arriba, en aquella sola parte contempla a Dios y así es falso su sentir, porque la contempla según su fantasía y no como es. Esto es también donoso a nuestra alma, porque es toda clara y en todas sus partes dispuesta a recibir lumbre material, el cual no tiene de sí lumbre, sino que es dispuesto a la recibir. Y si ella no viene, nada le aprovecha el abrir los párpados. Así el alma no aprovecha nada enviando lejos el entendimiento. Porque no podrá por sí alcanzar aquello de que ha necesidad, sino que la misericordia del Señor quiera comunicársete.

Cuando buscas a Dios lejos de ti, fatigas el entendimiento y es hecho menos hábil para recibir las suaves influencias que exceden nuestra capacidad y ni aun el camino para las buscar sabemos, aunque nada debe salir de su casa, mas espere con respeto las visitaciones del Señor.

Guárdate, pues, de perder lo que dijimos de las incomprensibilidades de Dios en cada parte conocidas y de tener confianza ni poca ni mucha de alcanzar por tu industria cosa alguna. Da otra vuelta a contemplar por vía de bondad, y cuando más mires sobre ti hallarte has en medio de un mar infinito en grandeza y bondad. Aplica luego todas las cosas deleitosas que han venido a tu noticia contemplando; que todas sus hermosuras, olores y sabores y toda propiedad de consolar han manado de Dios. Piensa en alguna cosa que te supo alguna vez muy bien o que te espantó con su dolor y considera una sola de tanta suavidad que harán muchas de aquel género que está por todo el mundo.

Lo mismo harás de todo linaje de criaturas en sus cualidades, y verte has cercado de incomprensible cantidad en cualquiera de ellas. Y si reposándote consideras qué mar de deleites será aquel del cual todas reciben cosas provechosas.

Siempre que esto hicieres serás consolado, si te sabes guardar de estribar en tu propia inquisición y de querer sacar devoción, porque no te ha de mover a hacer esto sino querer conocer a Dios para lo reverenciar. Algunos hay que envían arriba su inquisición y porque sienten no sé qué casillas quedan tan satisfechos que a veces son tentados de vanagloria, y es porque no saben cuán lejos está ella del verdadero sentimiento de Dios, el cual causa en nos conocimiento de su grandeza y de nuestra suciedad. De esto resulta vergüenza en la presencia divina. Si deseas hallar a Dios, comienza dentro de ti en esta manera. Que estando reposado sin apretar el corazón y sientes, ensancha suavemente el entendimiento a entender las perfecciones de Dios que sabes, considerando la potencia en crear las cosas y la bondad en comunicarlas. Así es el alma llevada a cosas incomprensibles y toda aquella obra es consolatoria. Reforma y habita y convida el alma a perseverar en aquel ejercicio. El punto está en que el alma sea llevada y no presuma subir, porque para alcanzar la luz verdadera sólo es menester abrir los ojos de la consideración; no levantarlos en alto. Cuando ensanchare Dios tu entendimiento y él se moviera a ir a lo alto, refrénale y que entienda en cuadrada manera. Si así no lo hicieres, cortársete ha el hilo del sentimiento.

Amaestrado así el pensamiento torne a la memoria la grandeza, bondad y sabiduría de Dios y considere como cuánto en las dichas cosas es infinito, es comunicativo, deleitable y todo provechoso a los que con verdad se allegan a él, cuya afección no puede holgar en otra cosa; y si se te sienten enfriados del refrigerativo calor no descansan hasta lo cobrar. Miran cuál fue la causa de le perder y luego le es hecha una habla en sus entrañas declarando cuál haya sido, y que les conviene guardarse no sólo de las cosas graves, mas de las ocasiones y circunstancias.

Éstos toman un cuchillo de ambas partes agudos con que cortan todo lo que se siente ser causa de enfriar tan delicado amor y recogen sus deseos y aficiones de dondequiera que estén, por penoso que les sea, con firme propósito de no los dejar derramar y por el deseo de aplacer a Dios. No consienten que otra cosa entre en ellos, mas con ímpetu lo alcanzan y después ni el mal ejemplo de los mayores ni los argumentos de los amigos de sensualidad ni otra cualquiera ocasión basta a los mover y, por el temor de la pena que el arrepentimiento de lo pasado les dio, dan una sacudida y vanse al lugar de la oración. Visitando el Señor más fuertemente su corazón, lo que hacían por temor hacen ahora por amor y después, ni por temor ni por amor, mas por un hábito de que están sus entrañas vestidas de inclinación al bien. Así que cuando se les ofrece la ocasión no se paran a pensar si lo harán o no, porque ya saben que no conviene hacer cosa que enfríe el entrañable fervor.

El que busca a Dios, no con oír y leer sino por meditación, muy pronto llega a la perfección. Porque lo primero que en ella se hace es mirar con la conciencia y dolerse si alguna culpa hallare, y si saliendo a la conversación se soltare en parla o en vicios, en volver a la oración. Lo primero que ocurre es represión de los desórdenes, y como el sentimiento de esto lastima mucho, pone miedo de lo tornar a comer y de esta manera no sólo perseveran, mas siempre van creciendo en bien.

CAPÍTULO V

Que conviene buscar el espíritu en todas las cosas

Este aviso tengan los que esta obra leyeren: que cuando yo afirmo que sentirán devoción en algo entiéndase si pusieren diligencia en saber apartar el sentir de la sensualidad del espíritu, en reprimir la presunción y en continuar sin que dejen enfriar el hervor del espíritu poniendo grandes intervalos.

Sepas ser necesario que en la contemplación te detengas a lo menos hora y media, porque como se ha de hacer con el puro espíritu y él esté oscurecido, ha menester espacio para se desarraigar de las fantasías y de los acostumbrados modos que tenemos en pensar, los cuales ocurren en ponernos a pensar en lo que es espiritual. Para remediar esto y saber vacar espiritualmente a la oración, ponte a buscar en todas las cosas el espíritu en esta forma. Toma una cosa viva, mira sus operaciones, aparta el cuerpo del espíritu vital y verás cómo todo lo obra el espíritu y que la corpulencia sólo sirve de instrumento. Todo lo que de fuera vemos en las criaturas, así como la fortaleza, ligereza, hermosura, dulzores, favores, formas y composturas, todo mana de una virtud invisible que obra todo lo que de fuera bien parece. Este modo has de tener en cuanto vieres y oyeres.

Mira que esta ocupación requiere mucha quietud interior, esto es, gran libertad. Así que la afección no esté presa en cosa que te impida, mas que vea Dios las entrañas llenas de deseo de lo hallar. Y si con tal disposición y por vía de espíritu le buscares, hallarlo has. El fruto que de tener este modo se saca es necesario porque sin él es imposible sentir cosa verdadera de Dios y quítese una gran falsedad, que es estimar más lo que se ve que lo que no se ve, porque para no alcanzar el descanso de la contemplación es suficiente impedimento tener la viva conversación reposada en las imaginaciones formadas según costumbre de las cosas visibles. Vuelve, pues, a considerar mirando todas las cosas que viven cuán sabias son en criar y proveer a sí y a sus hijos, y las artes que tienen para huir la muerte. Cuando todo esto bien consideres conocerás que lo obra todo una virtud invisible. No teniendo en nada lo que se ve, pasarás tu obra intelectual a la región del espíritu; quiere ser conocido en el espíritu.

Mira también la tierra y verás que ni ella ni el sol ni el agua pueden por si criar nada, mas juntándose todos tres, de allí sale una virtud invisible como se dijo arriba de otras criaturas. Debes también notar que aunque se dijo que las criaturas irracionales son sabias, gran diferencia hay entre ellas y el hombre. Para conocer la ventaja que los hombres llevan a las bestias, mira que aunque todos somos de cuerpos elementados, mas muy diferentes somos en aptitud o disposición para obrar. Porque cierto es que ninguna bestia podría hacer con una azuela un arca ni cosas semejantes, como las hacen los hombres. Así en lo espiritual somos muy diferentes y no sólo en esto, mas también en la nobleza de la materia de que somos compuestos, porque forma Dios al hombre de tanto más noble parte y más apurada que a las otras criaturas inferiores cuanto era más noble el fin para que lo criaba. Así que puso en él una materia dispuesta para ser informada de un alma que pudiese ser ayuntada a la divina esencia.

Digo, pues, que somos diferentes de las bestias en el obrar en el espíritu y en el cuerpo; tanto que ellas en comparación nuestra son cuasi como nada.

Esta consideración aprovecha para dos cosas. La primera declarar una tentación que el demonio trae a los principiantes, y es que no hay diferencia del hombre a las bestias y que por eso en vano trabajan. La segunda es ensanchamiento de espiritual materia, porque el alma que ve en tan pequeña cosa, como es la prudencia de las bestias, desfallece y no la puede comprender. Viene a conocer en aquello poco ser Dios incomprensible y luego la razón le constriñe a sentir que si en lo poco desfallece, mucho más desfallecerá en lo mucho. Así te debes ir de grado, conviene a saber, de las criaturas insensibles, como son yerbas, tierra, agua, etc., a las sensibles, que son bestias y aves; y luego sube a los hombres y de ellos a las nueve órdenes de los ángeles. Tomando desde las criaturas insensibles, forma en tu imaginación que con el entendimiento ves todas las espiritualidades de donde les viene aquella manera de sabiduría para, discerniendo, huir del mal y llegarse al bien.

Mira que tanta diferencia hay de la sabiduría del hombre a la de las bestias como de las bestias a las insensibles y de la primera orden de los ángeles a los hombres como de los hombres a las bestias. Procede así hasta los más últimos espíritus y crecerás en el andamiento espiritual. Debes, pues, hacer esta comparación. Forma en tu imaginación que la tierra es redonda como una pelota y toma algunas cosas que se puedan hincar en ella de forma y manera de cuanto hacemos una rosa de muchas clavellinas hincadas en una naranja. Toma también un arco a manera de cedazo, que tenga de hueco una brazada; ha de ser cerrado y redondo. Encubriéndolo por encima de las cosas, como dije de la pelota, mira de esta manera cuánto es grande la distancia de la tierra al cielo. Ponte sobre el cielo en el cabo de todo corpóreo y mira desde allí todas las cosas corporales.

Así verás que en comparación del infinito espacio que a la redonda de los cielos hay, a la parte de arriba, que todo lo corpóreo sobre la tierra es casi nada. De aquí vendrás a despreciar las meditaciones envueltas en cosas corporales. Los que no se cuidan de aprender ejercicios espirituales es porque no conocen cuán dañoso es no sentir las cosas espiritualmente, porque si lo conociesen, luego, a la hora, procurarían de salir del todo en que están metidos preguntando, leyendo y obrando y suplicando a nuestro Señor Dios. Vuelve, pues, tu consideración al espíritu del hombre y verás que es mejor que cielo y tierra, porque ninguna cosa le puede satisfacer sino sólo Dios. Todas las cosas le causan hambre. A los que de ésta espiritualmente mueren por falta de manjar espiritual llora Jeremías diciendo que es peor morir de hambre que de cuchillo, significando en la hambre la muerte espiritual y en el cuchillo la corporal. A los ciegos y carnales les bastan estos avisos para se mover a buscar remedio. Noten, pues, los tales lo que dice el Apóstol que quien vive según la carne morirá y que según el espíritu anduviéramos viviremos (Rom 8,13). El que es tan cuidadoso y sabio en las cosas del cuerpo que aquellas busca y teme perder vive según la carne. Mas el que por una buena costumbre se guarda de todo lo que es contrario al espíritu, como es negligencia de se dar a la oración, glotonería, parlería y cosas semejantes, y junto con esto trabaja de obra todo lo que aumenta el espíritu, como es gran conocimiento, silencio y larga meditación en los servicios de Dios y en los propios defectos, trayendo un continuo intento a ordenar todo lo que ha de hacer en manera que esto no se impida, este tal vive según espíritu. Y por que en una palabra entiendas qué cosa sea obrar según el espíritu y adorar en espíritu, como la Escritura dice, sepas que es hacer nuestras obras por Dios y por su amor. Obrar según la carne es hacer nuestras obras por interés del mundo o apetito de la sensualidad.

Capítulo VI

Que debemos dejar las cosas visibles y pasar nuestra consideración a las invisibles

Allende de las cosas dichas en el capítulo pasado, debes te volver a considerar otras muchas cosas espirituales, así como la justicia que no la vemos. Vemos sus grandes efectos, porque cuando deseamos deleitarnos en las cosas prohibidas, si se interpone la justicia hacemos fuerza en obrar lo contrario. Aunque haya ocasión y oportunidad y mucho aparejo cuanto a lo exterior, si nos acordamos que no es justo, nos abstenemos de ello, de donde parece que lo que se ve es cuasi nada y que lo que obra es una virtud que no lo ve.

Lo mismo acontecerá si miras los efectos de la justicia en general, como es justiciar hombres y tener los pueblos en concierto, y que siendo una especie está en todos los reinos y ciudades y en cualquier lugar que hacen acto de justicia. Mirando que ella siendo invisible tiene a todos en concierto, verás que lo que no vemos, como está dicho, es más de lo que vemos. Sacarás de aquí otra cosa y es que no es mucho que Dios siendo uno esté en todas partes, pues la justicia siendo una está en muchos lugares. Mira también que un hombre si está solo recibe compañía de otro vivo y no de muchos que estén muertos: en esto parece cómo lo que no vemos es el todo.

En esta manera le conviene al contemplativo buscar ejemplos semejantes a estos ensanchando en ellos su consideración. Ocúpese mucho en los pensar hasta que del todo desarraigue su estimativa de las cosas corpóreas y la acostumbre a pasar a las puramente espirituales. Mira las obras de Dios. Buscando en ellas considera cómo sustenta la tierra y el orden que pone a los cielos y planetas y cómo está en su mano llover o no. Mirando las cosas sobre dichas con todo lo en ello contenido, imagina con el entendimiento que ve estar el Señor presente cuidándolas y obrando las otras maravillas que en ellas se muestran. Debes, pues, acostumbrar tu entendimiento a andar fuera de las cosas corporales en tal manera que en viendo cualquier cosa no se embarace en lo corporal, mas luego pase a entender la presencia del Señor y desde que lo sienta presente ensancha tu pensamiento considerando su potencia y la amistad que nos muestra en cuanto nos da, porque, demás de nos proveer en sus criaturas comunicándoles la virtud con que ha de ser suplida nuestra necesidad, les añade un don en el color y sabor, dándoles tal forma allende de tomar nuestra necesidad tengamos de qué nos alegrar, tomando con delectación lo necesario. La gana que el Señor tiene de nos alegrar se muestra también en que ha criado nuestras cosas sólo para deleitar la vista y alegrar nuestros corazones como yerbas y flores.

Si te detienes en considerar lo íntimo de donde estas cosas salen, verás que no hay sino un horno de amor o mar de buena voluntad de parte de Dios hacia nosotros y una continua disposición ganosa de nos aprovechar. El que debidamente en estas cosas se ocupare sacará cuatro principios necesarios para alcanzar la perfección. El primero es que por estos ejercicios será amaestrado el pensamiento a se saltar de las imaginaciones corpóreas. El segundo, que descubre la espiritualidad escondida a los que no llevan este camino. El tercero es comienzo derecho de amar a Dios, porque no hay cosa que tan presto trabe el corazón como los dones muchos y muy frecuentados. El cuarto es verdadera confianza, la cual, para ser buena, ha de nacer del verdadero amor.

Como por la continua experiencia de su bondad y de la buena voluntad que en ellos nos enseña y que seamos venidos a lo amar. Así de allí nace interiormente escondida una gana de bien obrar y de hacer la voluntad de Dios con todas nuestras fuerzas, guardándonos de le desplacer con esta tal conversación, y no sin ella se comienza a criar una verdadera confianza en lo íntimo del corazón, que la da Dios por alta manera a quienes da el don del bien obrar. La pone en la fuente de los continuos deseos que suben a su preferencia. Hácese en esta manera que andando el alma a buscar la bondad de Dios en las obras siempre dejando la potencia tórnase a considerar la voluntad con que nos las comunica. Y como ve que nadie le fuerza a nos dar tantos beneficios y que nos los da pecando y durmiendo como cuando le servimos, viene a conocer una continua y buena voluntad en Dios acerca de nos.

En esta meditación se van entremetiendo unas inspiraciones y consolaciones en lo profundo del corazón que poquito a poquito destruyen los temerosos sentimientos. Dije poco a poco por que no pienses que en las cosas espirituales has de comenzar hoy y acabar mañana y que en no sentir dulzor has de desmayar, porque alcanzar verdadera experiencia y filial confianza en Dios treinta años no es mucho. Digo así, pues, que en lugar de aquellos temerosos sentimientos se injiere ensanchamiento del espíritu al conocimiento mezclado con dulzura que dispone el corazón a obrar con confianza y a la continua obra siguen multiplicación de alumbramientos espirituales y a ellos crecimiento de amor.

Con esto se acrecientan de nuevo las buenas obras y creciendo el fervor de bien obrar se aumenta el amor verdadero que destruye el temor servil y planta el filial, cuya propiedad es temer perder la preferencia paternal, mirando de todas artes qué cosas lo podrán apartar de tan caro padre. Así como los descuidados dan tiempo a que las ocasiones penetren su corazón oyéndolas y viéndolas, por el contrario a los avisados, por el temeroso cuidado que sobre sí tienen cuando se les ofrece ocasión, les da como un temblor que ya les parece ser apartados de lo que aman. Como saben que todo lo contrario al recogimiento les conviene huir, en todo lugar trabajan por llegar su pensamiento a Dios.

Así todas las veces que revocan su pensamiento de las vagueaciones y en cada cosa que resisten es como incienso ofrecido al Señor. Las almas de los tales es lugar en el cual de buena gana mora Dios y son templo suyo. Éste se ha de limpiar con dolor de las culpas y adornar con firmes propósitos y buenas obras, y guardar de toda suciedad con el sobredicho temor y amor filial. Con estas cosas es hecha el alma lugar quieto a Jesucristo. Ésta es la cama del verdadero Salomón, que la Escritura dice que está cercada de los fortísimos de Israel. Pónese en grado superlativo. Has de notar que la diligencia necesaria para espiritualmente aprovechar ha de ser grandísima, continua y cuidadosísima. Según la experiencia me ha demostrado, está puesta en lo último de todo cuanto el hombre puede hacer.

Así que si en el aprovechamiento espiritual dejas de lo que de tu parte puedas hacer no alcanzarás el fin. Cada día lo ven esto los que están en la oración buen espacio y por se salir un poco antes de tiempo se van sin verdadera visitación de Dios. Digo verdadera porque unas devocioncillas que vienen en poco espacio, falsas son y dan falso color al contemplativo para que contento con aquello no busque más. Esto es un engaño que a muchos priva de gran aprovechamiento, porque los que se aparejan media hora para comulgar aquello no es contemplación, sino examinación de su conciencia.

Debes otrosí notar que la Escritura dice los que guardaban la cama de Salomón eran diestrísimos en el pelear. En lo cual espiritualmente se significa que a los varones espirituales es necesario ser doctísimos en la contienda espiritual el saberse haber en las contrariedades. Porque a las veces se ofrecen cosas dificultosas de conocer y otras que ya que son conocidas es oculta la manera de pelear contra ellas. Para todo esto aprovecha la plática con cuidadosos de esta máxima negociación.

Capítulo VII

De la aniquilación espiritual

Todo nuestro intento es dar forma cómo podamos venir a ayuntarnos con Dios y para esto es necesaria la verdadera humildad y alcanzar de nuestras almas todas aquellas cosas que impiden la venida del Señor. Éstas son muchas, como está dicho en diversos lugares de este libro, y la más dañosa es la presunción que destruye la humildad y endurece el corazón.

Si no comenzamos de la humildad más secos salimos de la oración que entramos. Mas luego que comenzares a quitar de ti la presunción sentirás, si perseveras, una lumbre que, ablandando la aspereza que causó la presunción, ensancha el entendimiento y da confianza al corazón. Esto es indicio de la preferencia del Señor, que no menosprecia el corazón humillado. Esta obra de la aniquilación se hace quitando de sí, comenzando siempre a se amenguar diciendo entre sí: yo qué puedo de mí. Y porque la humildad ha de ser verdadera y no fingida, cuando pensares tus faltas no finjas cosa alguna. Mas debes ir con la verdad, escudriñando tus cosas así de parte del cuerpo como de parte del alma. Piensa, pues, cómo no eres señor de tu vida ni menos del movimiento de los miembros. Esto sentirás mirando que muchos son mancos y cojos y no pueden dejarlo de ser. Y otros que son ciegos y desean ver y no pueden. De aquí vendrás a renunciar a las habilidades naturales que en ti sientes.

Vuelve también tu consideración a las cosas del alma examinando bien tus inclinaciones y deseos, sintiendo según verdad cuán mezclados son de muchos torcimientos al bien y cuán fríos en el verdadero amor de Dios y del prójimo. Si consideras y examinares bien todas las cosas que en ti son, conociendo tus grandes faltas vendrás a sentir gran confusión, que nace del verdadero sentimiento de muchas enfermedades y ver que has de dar cuenta a Dios, que te está mirando así de los bienes dejados como de los males cometidos.

Torna, pues, a dar otra vuelta a sospechar que aún no conoces lo medio de lo que es, como se notó en el capítulo sexto del estado segundo, acerca de los cimientos y perdición en que ha venido el género humano. Porque con la muchedumbre de los flojos no hay personas en cuya comparación condenes tu vida, y así el poco bien que haces te parece mucho. Y las buenas obras que ahora comúnmente hacemos van tan mezcladas de mancillas, como son obrarlas por interés o por temor o con vanagloria y cosas semejantes, que así va nuestra obra confusa que lo que tenemos por muy bueno es abominable delante de Dios. No hay corazón con que pensando todo esto no tiemble no osando alzar los ojos delante de Dios, viendo no haber en sí cosa de que no deba temer.

A los que así se humillan consuela el Señor. Porque luego, en quitar el alma la presunción o estribamiento de sí misma y poniéndolo en solo Dios, luego el Señor hinche las partes inferiores que la humildad ha dejado vacío. Sepas, pues, que la aniquilación verdadera se alza todos los días en esta manera: que el primer tiempo de la oración mental es de expender en lo que habemos dicho, buscando tu nada por espacio a lo menos de hora y media. Dije todos los días, porque ninguno lo has de dejar y si tienes el tiempo concertado en tres partes y en cada una tomas nueva materia para pensar, y alguna vez estuvieres ocupado así que no puedas orar los tiempos sino solos dos, el uno y el primero sea aniquilación. Guarda, pues, que no te pongas a pensar ninguna cosa aunque estés en el cuarto estado, ni por experimentado que seas, si ya no fueses llevado por fuerza de buen espíritu que aquel día te hayas ejercitado en considerar los beneficios de Dios o tus defectos. Así que te veas totalmente consumido o en cosa que seas por otra vía satisfecho, conviene a saber, pensando en la bondad de Dios en una uva o garbanzo, no esperando más de que conociendo el cuidado que el Señor de nos tiene y tu ingratitud vengas a humillarte.

De esta consideración de Dios te levantarás a cosas nunca pensadas y esto basta entonces por aniquilación, pues de ella hubo nacimiento. El provecho que se sigue de las consideraciones ya dichas es grande, porque de tenerlas en costumbre venimos a que sin pensar en ello nos hallamos dentro de la humildad.

Capítulo VIII
De cómo debemos sentir espiritualmente y asosegar la sensualidad

Avisado, pues, ya en muchas cosas arriba dichas no ceses de buscar el espíritu hasta le hallar usando siempre de ejemplos espirituales como se notó en el sexto capítulo de este mismo estado. Y mira que todas las cosas y ceremonias son buenas como esta manera de ciencia. Conviene a saber de sentir y entender las cosas espiritualmente. Sin ésta quedarte has en desierto de sequedad. También has de mirar que no se endereza este estudio a saber hablar de las cosas, mas para saber sentir contemplando de Dios según el espíritu.

En esta manera y no en otra se gusta cuán suave es el Señor. Porque la devoción que sienten algunos en el pecho y corazón con ardor y deseo de abrazar al Señor corporalmente no es devoción, sino carnal pasión, y están atentos si quieren descubrir el engaño, que luego en aquel ardor se sigue ceguedad del entendimiento, que no penetramos de donde comenzó. Este fuego fatiga todo el hombre y detiene e impide al contemplativo para poder aprovechar algo según verdad. Aunque es dificultoso de conocer este engaño, el que con diligencia lo mirare bien le entenderá. Porque el sentimiento puramente espiritual es ensanchante de la inteligencia; con sosiego amansa los movimientos del cuerpo. Así como cuando estamos oyendo una cosa sutil y espiritual a persona que la sabe bien decir que estamos como fuera de nos. Y en callando quedamos amortiguados y pensativos y dentro consolados. Mas la obra mezclada con sensualidad es con movimientos arrebatados.

Si mirares bien en estas diferencias ligeramente sabrás hacer distinción entre la obra de la sensualidad y la del espíritu, porque su operación es con sosiego, y como su obra sea dentro, en lo más profundo de las entrañas y no con imaginación de cosa corpórea va destruyendo en su interior rumiamiento poco a poco todo ejercicio de los miembros y aprendiendo el contemplativo de obrar con la mente considera cuán ajeno de cuerpo es Dios, lo cual viene a conocer contemplando lo está en todo lugar, en todas las cosas dentro y fuera con cumplido señorío, dándoles el ser y orden con todo lo que ve. Pues cuando consideramos que en toda manera nos es Dios así provechoso sin cesar teniendo devoción y faltando, nos descuidamos de los gestos que la humana costumbre hace para satisfacer al bienhechor. Porque necesario es olvidar la humana conversación para dignamente conversar con Dios. El cual no tiene necesidad de nuestros estrechos modo, pues tiene en sí mismo cumplimiento de toda alabanza y perfección.

Para asosegar los mujeriles movimientos de la sensibilidad aprovecha mucho firmar el pensamiento en que Dios es libre en sus beneficios de todo interés y que lo que él quiere que hagamos es que trabajemos cuanto pudiéramos en lo conocer así como es. Y tanto cuanto más nos acercáremos a este conocimiento más aprovecharemos, porque de él nace todo buen sentir. A lo cual sigue enderezamiento cierto de bien obrar y sin ello todo lo que se obra va lleno de muchas y grandes mancillas.

Lo que has de hacer en tus contemplaciones es quitar de Dios toda manera de imperfección contemplándolo siempre que está dando y comunicando a sus criaturas las excelencias que cada uno es capaz quedándose lleno de bienes, sin alguna falta.

Guárdate también de pensar por agujero, que es tomar una criatura y seguirte por ella. Así como es dulce mirando cuánto más dulce es el que la creó. En tal manera te ocupes en ella que del todo cautives tu entendimiento que no se extienda a otras partes. Lo cual es grande engaño y lanzarle has si consideras que también hizo Dios las cosas amargas como las dulces y las blancas y las prietas; así las que tenemos delante como las detrás, arriba y abajo.

Esto, pues, debes notar: que cuando alguna cosa contemplares de Dios no envíes a lugar tasado tu entendimiento, sino que le ensanches a todas partes, así que vaya más arriba que abajo ni a un lado más que a otro. Mas entendiendo igualmente contempla una cumplida inmensidad, en la cual nos consideramos del todo inclusos y sumidos mucho más que estaría una gota en medio del mar. Pues digo en cuanto puedo sentir que sin esta forma de obrar con el entendimiento en cuadrada manera no hay de qué hacer cuenta de todas las devociones que vienen, porque así como las trae el aire, así se las torna a llevar.

CAPÍTULO IX

Que para andar en espíritu no habemos de retener forma corporal, y la solicitud que se requiere

Esta obra del puro espíritu es el fin de todo nuestro estudio en la vida religiosa y aun lo debería ser en toda alma cristiana, porque mediante su provechoso obrar somos ayuntados a nuestro verdadero principio y fin que es Dios. Y así como nos lleva al mayor bien, así para le alcanzar se requiere mayor cuidado que para alguna otra cosa. Pues la manera necesaria fue figurada en las muchas cosas de que Dios mandó hacer el tabernáculo y en muy curiosa manera, las cuales cosas deberían muy bien saber los que desean hacer templo a Dios en sus corazones notando lo que espiritualmente significan.

De éstos solamente apuntaré las vestiduras sacerdotales que manda nuestro Señor tejer de cosas preciosas y de diversos colores. Esto significa que el alma que desea llegar a Dios ha de ser confeccionada de muchas y preciosas virtudes. No te contentes con leer esto, mas con hacerte fuerza cuando lo contrario se ofreciere. Porque ser tejida de costosas cosas significa que ha de ser de lo que duele mucho. Esto es de quebrantamientos de la propia voluntad. De vencimientos de interiores pasiones y de muchas veces refrenar entrañables apetitos y amistades hasta perder la vergüenza con los mundanos amigos que quieren ser mundanamente satisfechos. Requiérese también que el corazón del contemplativo esté así apretado con el amor de la preferencia de Dios que por ninguna cosa torne atrás ni consienta ser corrompido su limpio pensamiento.

Es menester también contemplar en Dios en cuadrada manera como se dijo en el capítulo pasado. Porque de este modo queda el alma del todo satisfecha y así la consolación que entonces recibe es entera y con sosiego. Porque para que sea verdadera ha de venir de aquella parte que mana, y como Dios está en toda parte, así ella ha de venir a ser recibida de toda parte. Digo, pues, que la presencia de Dios ha de ser sentida, contemplada y entendida al derredor. Y en cada parte entonces siente el alma su divino amor cuando de cada parte así lo contempla todo bueno y que le está dando la vida, que querría verlo mucho más dispuesto para darle mayores dones, pues cuando el alma considera a Dios tan cercano y en derredor y dentro de sí misma y con tan continua voluntad vásele injiriendo y entretejiendo en sus entrañas poco a poco un muy cierto y muy verdadero amor de Dios y del todo pone su consideración en lo invisible.

Debes otrosí saber que el que es acostumbrado de andar en el espíritu ninguna forma corporal ha de retener, así como imaginar que Dios es muy grande o que está incluido en el término de los cielos y tierra, o que es como el viento, o que a tiempos se goza o enoja o que está más a una parte que a otra, o que tiene necesidad de nuestras obras, o que da algo por esperar de allí interés, o que si nos hace algunos beneficios es porque ya lo habemos merecido o que cuando hace algo trabaja haciéndolo.

De todas las imaginaciones ya dichas y otras semejantes conviene que te guardes y las deseches y con una sola te quedes, conviene a saber, contemplando ser Dios una infinidad tal que ninguna manera de aprehensión ni asenderamiento en nuestro entendimiento vaya formado porque cualquier cosa, por grande y hermosa que sea, si comparamos Dios a ella, nos impedirá. Y si quieres desechar el sobredicho error, que es imaginar que Dios cuando hace algo trabaja haciendo, has de notar que Dios es poder espiritual infinito, infatigable. Y aunque en Dios no cabe crecer ni menguar, bien podemos decir que así como el fuego mientras más obra hace mayor parece ante nos, que así nuestro Dios cuanto mayores obras hace tanto es a nos más manifestada su grandeza.

CAPÍTULO X

Que debemos usar los ejemplos que noten incomprehensibilidad para conocer a Dios

Para venir en conocimiento de la potencia de Dios y de sus infinitas bondades que noten su incomprensibilidad. Así como pensar cuán incomprensible parecería a uno y a muchos que les mandasen medir el mar por arrobas. Éstos no comenzando a medir estaríanse quedos, y sin trabajo se quedarían preñados de aquella grandeza del mar. Así tú, conociendo la inmensidad de Dios, no te pongas a tantear en poco ni en mucho ni a ir comparando, mas estate quedo refrenando los presuntuosos movimientos del entendimiento dentro de ti, y entiende con reverencia ser Dios infinito, y de reverenciar de infinita manera. Así gustarás sin fatiga y podrás durar largo tiempo en el lugar de la oración mental.

En este alargamiento de tiempo y con este arte de regir el entendimiento vendrán al alma como estilando ensanchamientos que con sabor la extenderán en el conocimiento de Dios, de donde luego comienza a más continuar el tal ejercicio y de allí le viene ir siempre en provechoso conocimiento. Digo provechoso, porque es limpio de error.

Debes, pues, hermano, para más te desvanecer de lo corpóreo, henchirte de Dios, comparar el mar con Dios. En esta manera considera que el mar es en Dios como un grano de mostaza puesto en la altura de la tierra quinientas lanzas, y piensa que tamaña parecería en comparación de la lumbre toda del sol, pues mucho menos es el mar en comparación de Dios. Considera también que si el mar fuese tan grande a las espaldas arriba y abajo y a los lados, como lo que ves delante, cuánto más parecería ser incomprensible.

Vuelve la consideración y contempla ser Dios sobre toda consideración y estimación infinitamente incomprensible. Luego torna a considerar en tu imaginación esta gran verdad, conviene a saber, que cuanto de Dios sientes es muy poco en comparación de lo que no ves y de lo que no ha venido en esta vida a nuestra noticia. Arrima tu fe a esta verdad. Porque la fe obra más que el entendimiento, y así como el entendimiento pasa más adelante que lo que el ojo corporal ve, así la fe trasciende el entendimiento.

Para más amaestrar el pensamiento, considera que así como si alguno comenzase a medir el mar quedaría cansado sin provecho, y el mar sin medir, así el que contemplare a Dios debajo de alguna estimación cuanto quier grande en tanto que sea circular, conviene a saber, tal que el entendimiento vaya sobre ella y quiera en alguna manera señorearla, todo se vuelve en daño del contemplante. Lo mismo si en los juicios quisiere comprehendiendo entremeterse a saber la causa de ellos. Pues si quieres venir a la familiaridad de Dios mira que en todo lo que de él hubieres de contemplar te pongas siempre conocimiento sin fingimiento que eres indigno de ser admitido a los divinos secretos. De aquí vendrá en tu estimativa una sosegada costumbre con descanso de pensamiento, y créeme que todos los trabajos que los principiantes sufren en los principios es por esfuerzo propio en la investigación de las cosas divinas, porque el que da lugar alguna confianza de que por su parte podrá alcanzar algo en este ejercicio es como el que para mejor cortar embotase con piedras el cuchillo.

Capítulo XI

Que enseña cómo ha de contemplar por vía de bondad el que Dios está con nosotros y nosotros con él

Alguno no debe pensar que así estamos en Dios como los peces en el mar, porque ellos hallan cabo en el mar y nosotros no en Dios, porque a dada parte lo hallamos infinito. El agua está alrededor de los peces y no dentro; mas Dios es en nos así en las venas como en todas las partes interiores y exteriores, dándonos la vida y forma, ordenando los colatorios por donde pa-

san los humores. Ésta es harto provechosa consideración. Privada, pues, el alma del conocimiento de la
infinita grandeza del Señor, torne atrás otra vez a
contemplarlo por vía de bondad en esta manera.

Considera con diligencia todas las cosas virtuosas
que a su noticia han venido, y, con reposo, tórnales a
ese mismo que las hizo, mirando que cuanto tienen de
bien no es sino una pequeña gota salida del mar de su
infinita virtuosidad y más que todo lo que vemos es
vilísimo en comparación de lo que poseyéremos aun
cuanto al cuerpo en estado de inocencia. El alma que
se llega a Dios fielmente, ella y no otra, vive en paz,
porque, según fue mostrado a un religioso en oración,
imposible es haber limpieza de mancillas culpables en
el alma que va fuera de la contemplación. Y no sólo le
dice esto de los que del todo van fuera, mas también
de los que en ella andan cojeando.

Allende de esto, los entrañables modos con que la
santa Escritura nos arrea a conocer nuestros profundos
males. Hácelo por que clamemos a Dios sin cesar y que
no estemos seguros. Informado en lo dicho, debes,
cuanto tu capacidad bastare, atribuir a Dios todas las
mayores excelencias que pudieras, así de bondad como
de grandeza, suavidad, infinidad, eternidad y todo lo
más que pudieras. Considerando que a toda virtuosidad y bondad, excelencia suya a todo lo que ves y
sientes es casi nada en comparación de lo que no ves.

Sepas que la contemplación fue figurada en la cueva
que estaba David escondido, donde entró Saúl a purgar
el vientre. David es el contemplativo, Saúl son todos
los que ignoraron esta obra de contemplación y la
estorban ocupando el tiempo que habrán de dar a Dios
en ofenderle, en derramamiento y otras cosas temporales. También hacen esto algunos grandes señores,
dejando de aprovechar la disposición que Dios les ha
dado para la contemplación, más que a la gente común,

pues los ha relevado de los trabajos de ellos. Y aun sobre esto añaden otro pecado y es cuando, menospreciando la vida espiritual, piensan que los religiosos están ociosos y por eso tienen en poco ocuparla en negocios temporales. Haciendo estas cosas ensucian la contemplación. Lo mismo y con mayor pecado hacen los religiosos cuando, usando mal de las disposiciones que Dios les ha dado, dejan la obra de espíritu y se dan a las ocupaciones y dicen que por no estar ociosos, como no haya mayor ociosidad que hacer lo que no es necesario.

El perdimiento de los religiosos es enfriarse el hervor de la oración mental y no deberían los prelados permitir andar los seglares entre los religiosos, porque son ocasión de enfriar el espíritu. Cuando los demonios andan a buscar tierras baldías en que sembrar, conviene a saber, almas bien ocupadas, la que tal hallan hínchenla de sus maldades, y si con tiempo no es socorrida con la entrañable examinación, del todo la destruyen. No entiendas que en estas cosas quiero significar pecados mortales, sino el mal que nos hace consentir vaguear el pensamiento fuera de Dios. Porque luego que nuestra alma consiente ser movida del conocimiento de su Dios, conviene a saber, de las cosas que nos muestran su bondad y nuestra frialdad y tibieza en su presencia, y cómo lo podremos remediar, luego sin más tardar es hecha enferma y va cojeando en su obra. Así los demonios procuran moverla de la presencia de Dios teniendo cierta después en lo demás la victoria y cuando lo quieren destruir, destruyen primero aquellas cosas con que el alma les ha de resistir. Por eso, le ponen olvido del aparejo que Dios le ha dado para lo buscar y se llegar a él, con lo cual de cada día fuera creciendo en virtuosa conversación, porque la conversación de los beneficios de Dios refrenan el alma y crían humildad a la cual es aneja santa simplicidad.

Estas cosas procura el demonio destruir en el primer combate. En el que es descuidado en la guarda de los interiores, profundos y primeros movimientos. A esto se sigue amortiguamientos y flojedad de los deseos a los cuales siguen muy ruines obras y disolución, y sensualidad y parlería. Porque de la sequedad de las entrañas sin amor divino se hinche la boca y las comunidades de palabras demasiadas y a veces peligrosas. De todo lo dicho viene cumplida predicción, pues los que tienen noticia del camino de perfección y saber que Dios quiere que se esfuercen en andar por él y conocen la mengua de sus almas. Así aman la sensualidad quienes desprecian al enseñador y lo que les manda. No pasan sin debida pena delante del eterno juez.

Capítulo XII

Que es necesaria la guarda del pensamiento

Es la causa general de la perdición de los que saben y no ponen en obra lo que conocen, dejar entrar en su pensamiento otra cosa extraña. Mira, pues, cuánta necesidad hay de la guarda del pensamiento, porque así como no pueden estar dos juntos en una silla, así en el corazón no puede estar cuidado y amor de Dios y del mundo. No desvanezcas esta verdad diciendo: No será tal como dicen, mas entrando en ti mismo trabaja de certificarte por experiencia mirando cuando tienes afección a alguna cosa. En sobreviniendo otra, luego aquélla se amengua. Visto qué es asumirá cuán malo es dar entrada a esa extraña en el pensamiento, pues basta a despojarlo de Dios.

Mucho es de doler de algunos que comienzan con hervor a vacar a la oración. Ofrecidas las ocasiones enfríanse y así se dan resueltamente a otras cosas que destruyen todos los pensamientos que antes tenían.

Pocos de éstos se remedian porque no se someten profundamente a consejos de otros ni tornan a comenzar con debido fervor. Creciendo la edad, crece la tibieza.

Mira ahora, pues, que no es menester menos remedio para guardar y observar lo ya ganado de este ejercicio que para lo ganar. Y junto con él debes notar que el alma que, después de comenzado el camino de perfección, da lugar en su pensamiento a algunas presunciones, será dejada en la frialdad de su enfriamiento y de ser floja en guardar que no se le mezcle afición o que no se enderece a buscar a solo Dios. Vendrá a ser inepta para el bien y caerá en todo mal.

Concluye, pues, que nos conviene guardar el corazón con toda diligencia, así que ninguna cosa se le entremeta que no sea Dios o por Dios. Por esto dice san Francisco en su regla que sus frailes ninguna cosa posean. Quiere decir que sean perfectos amadores de Dios y que no mezclen en su amor cosa chica ni grande, mas que solo Dios reine en sus apurados corazones.

Capítulo XIII

De qué manera se ha de guardar el corazón

Visto que en todas maneras es necesario guardar el corazón, que ninguna otra cosa se mezcle sino sólo el deseo de Dios, necesario es dar regla cómo esto pueda hacerse, pues digo que en esta limpieza y fineza del corazón ninguno la podría poseer con sólo pelear contra los ofrecimientos, así como huye de las parlerías y de que su afición se cautive en cosa alguna. Porque, aunque esto es necesario, no podrás perseverar en ello si no procuras poner tu pensamiento en Dios, porque, estando en paz por continua meditación, serte ha comunicada virtud con que no sólo no te canses, mas siempre vayas creciendo.

El módulo necesario para permanecer en Dios y Dios en nos es tener confianza en él. Esto es dificultoso porque el ingenio natural, que basta a desprender todas las otras cosas, para esto de venir al conocimiento de Dios impide mucho, aunque en algo nos ayuda. Porque como nuestro entendimiento sea criatura limitada e inclusa entre formas de tasada cantidad y calidad que la natural habilidad de todas las criaturas angélicas y humanas pueda formar, claro está que nuestro entendimiento no puede en poco ni en mucho alcanzar de sí o por mezclamiento de alguna imperfección, porque más lejos son de nos las cosas divinas para propiamente entenderlas que el volar del águila de la torpedad del sapo. Y aun esta comparación es harto disconforme, porque el sapo alguna semejanza tiene con el águila en el moverse, aunque poquito.

Quien quiere comparando venir en conocimiento de su poquedad y de la excelencia de Dios, conviénele poner ejemplo en las cosas que en su operación en nada son conformes, como es la imagen con el que la hace. Aun esta comparación es imperfecta, porque aunque él da la proporción no le da la materia, mas nosotros todo lo recibimos de Dios así en el ser como en el entender. Porque no podemos conocer, ni amar ni aprovechar algo sin Dios. Esta aniquilación debes arraigar en tus entrañas y serte la gran seguridad en lo que de Dios hubieres de pensar. Porque, pues sabes que en todo excede tu entendimiento, procederás en la consideración de sus misterios, juicios y obras con temor de errar, y suplicarle has con humildad te dé sentir lo que a él place y a ti conviene. Porque dije ser Dios lejos de nos, entiéndese como lo diría más de un gran letrado y de otro que no supiese nada, que aunque estuviesen juntos por la diferencia que entre sí hay se diría estar lejos.

La dificultad de venir al conocimiento de Dios es como cuando uno quiere conocer la condición y ciencia

de otro que poco a poco va sintiendo qué tal y cuánta
sea. Y mírese bien esto porque es cosa sutil y si es bien
alcanzada es muy provechosa. Así como conversando
con alguno un día nos parece defectuoso y después
perseverando en su compañía vamos perdiendo de
cada día aquella mala reputación y le tenemos en buena, así nos habemos en el conocimiento de Dios. Porque puestos en recogido lugar considerando sus juicios
y obras mirando la intención con que las hace, reglán-
dolo todo según la fe católica con humildad y deseo
de le conocer y de temerlo y amarlo cada día y cada
vez, si perseveramos nos es comunicado sentimiento
vivo de la bondad de Dios, no haciendo de nuestra
parte más de quitar de él mentalmente toda imperfección y atribuirle todo lo que se le debe como todo
poderoso y todo justo y todo bueno.

Para aprovechar en esto es menester mucho tiempo
y muy mucha quietud. Si ésta no faltare, con mucho
tiempo y continuación vendrás a la perfección. Debes
también notar que así como el que camina, si en comenzando yerra el camino, siempre va añadiendo en
mucho más, así en el conocimiento de Dios todo lo
que juzgáremos irá con mil torcimientos, si carece de
verdadero principio, siguiéndonos por las imaginaciones terminables formadas del entendimiento debajo de
alguna caridad.

Para escapar de estos errores conviene que en todo
lo que de Dios pensares te guardes de ir por vía de
aprehensión, queriendo con tu propio esfuerzo comprender cómo Dios hace esto o aquello, mas con reverencia y temor considera lo que se ofrece *per viam
receptionis*, buscando la bondad de Dios en las criaturas
y en el amor que allí nos muestra. Debes hacer esta
comparación: Representa a tu imaginación que Dios es
como la tierra y que así como ella está siempre produ-
ciendo de sí todo lo que vemos, así hallarte has siempre

incluido en medio de una continua bondad. Esta manera de contemplar por vía de recibir es muy descansada y sirve de libro en todo tiempo y lugar; porque este ejercicio para en el aprovechar nunca le has de dejar.

Encamina, pues, tu consideración pensando profundamente cómo todo cuanto tienes en cuerpo y alma has recibido y continuamente lo recibes. Para mejor sentir esto mira cuánta diligencia es menester para crear algo, y cómo las cosas chiquitas no hacen nada de su parte para su criamiento, mas sus madres lo hacen todo, sin proceder en los hijos cosa alguna de merecimiento. Esto con incomprensible mayor cantidad hace Dios con nosotros, porque sin lo sentir ni aun pensar nos abriga y reabriga. Siente, pues, hermano, que siempre eres creado y recreado, regido y sustentado de Dios. Y no olvides los beneficios espirituales que de él has recibido, como es el beneficio del llamamiento a la santa fe católica, que nos ha sido concedido sin lo desear ni pedir.

Otrosí el beneficio de la encarnación y redención que el Señor quiere que muy de raíz sintamos cuán necesario ejercicio es considerar sus beneficios; también es menester que tengamos conocimiento no fingido de nuestro nada, de la forma que ya hemos dicho. Y créanme todos que el que en este conocimiento aprovechare recibirá muchas veces clara inteligencia en la cual serán mostrados cada día de nuevo misterios muy claros tales que sobrepujando la intelectual especulación satisfarán su afición. Mas miren bien que se requiere todas las diligencias dichas y mucho tiempo y muy a menudo perseverar cada vez, muy a menudo.

CAPÍTULO XIV

En conclusión de este tercer estado puro espiritual

Para conclusión de este estado será bien poner qué manera tenga de encaminar su entendimiento el que en él quisiere aprovechar, lo cual es muy diferente de los pasados, porque en ellos con todo el hombre va considerando por ejemplos corporales, aunque se esfuerzan a los reducir a la honra de Dios, mas éste va por otra manera. Porque deja la sensualidad, y si quieres entender cómo, mira qué diferencia hay entre imaginación y entender.

En el imaginar obramos con la parte sensitiva y con el entendimiento. Esto es mezclar la sensualidad con el espíritu, y si miras en ello verás que en este modo de pensar sólo comprehende las cosas exteriores, trascendiendo poco de las sutiles e interiores; el efecto de esta obra es con ofuscación y fatiga de todo hombre. Al contrario es el acto del entender, con el cual, mientras más atentos estamos más trascendemos de las cosas invisibles y con suavidad quedamos satisfechos de lo que nos es presentado.

El modo, pues, que has de tener es que con el entendimiento desnudo te pongas a pensar en Dios buscando por ejemplo los espirituales. Así como si quieres contemplar cuánto sea Dios puro espíritu y cómo no lo impide cosa alguna por gruesa que sea. Para estar en todo lugar considera tu propio pensamiento y verás cómo, aunque estás encerrado entre gruesas paredes, lo puedes enviar a do quisieras, sin impedimento.

Asimismo considera la obediencia que tenemos al papa que, aunque él está lejos de nosotros, está en cada uno toda entera la obediencia. Trabaja, pues, de buscar semejantes ejemplos cuando quieres vacar en la contemplación de la sentencia divina. Y debes saber que los nuevos en esta arte caen en un engaño, y es que

hacia donde tienen la cara se les representa solamente
estar Dios, o arriba. Si quieres esto conocer cuando
tuvieres la cara hacia oriente y te envía tu espíritu
envuelto en ignorancia a contemplar hacia aquella parte así que no le puedas contemplar en todas partes,
vuelve el rostro a poniente, que lo mismo te sentirás y
allí harás a cualquier parte que te volvieras. Así vendrás
a entender cómo Dios está en todas partes así altas
como bajas y laterales. Sabrás contemplar en Dios en
cuadrada manera y por mejor decir redonda.

Nota, pues, que Dios quiere ser adorado en espíritu
y verdad. Dos maneras hay de adoración: la una corporal, que cumplimos cuando postrándonos en tierra
corporalmente adoramos a Dios. La segunda es mental
y tiene dos partes: la primera adorar en espíritu, que
es creer ser Dios puro espíritu, ensalzado en infinito
de toda gravedad corpórea, cumplido señorío sobre
todas las criaturas, y atribuirle toda excelencia de plenitud espiritual. La segunda parte es adorar en verdad,
que es atribuirle toda plenitud de verdad sometiendo
nuestro entendimiento a creer sus excelencias ser perfectas y sin alguna falta.

FIN DEL TERCER ESTADO, PURO ESPIRITUAL

SIGUE EL CUARTO ESTADO, SOBRENATURAL

CAPÍTULO I
Cómo este cuarto estado se llama sobrenatural

El alma que a este estado llega está en el último grado de la perfección, y sin ningún medio dispuesta para recibir los dones de Dios. De todo lo que en este estado se ha de obrar sólo Dios tiene la llave, llámase sobrenatural. En él el alma ninguna cosa obra más de recibir lo que le es dado. Y es de esta manera que el alma, perfectamente ejercitada en sobredichos ejercicios, le da Dios las veces que él quiere una luz clara en los ojos intelectuales, en la cual ve claramente las cosas que es imposible naturalmente ser sabidas. Es un enseñamiento que junto con su claridad trae una reformación del hombre interior con un sabor atrayente a amar, seguir y perseverar en todo bien y huir de todo mal. El alma negligente está en oscuridad, mas si vuelve sobre sí, desechadas todas mancillas, y aun veniales según pudiera y deseare de todo corazón llegarse a Dios, con se lo suplicar, crea que no tardará de venir a la presencia del Señor, si hace lo que es de su parte perseverando en buscar siempre la presencia divina, sin consentir que otra cosa se mezcle en su afecto. Estas visitaciones de que hice mención da el Señor muchas veces, si no faltamos en las cosas sobredichas, señaladamente en la larga oración mental, en manera que no permitamos enfriar nuestro espíritu, porque sin ello no se alcanza cosa buena y piérdese lo ya alcanzado.

Esta luz se representa en dos maneras. La una levantando el entendimiento sobre todo cuanto hace, oye y ve, así que comprehender cielos y tierra no se tiene en mucho. La segunda manera es cómo mostrarse Dios imprimido en el alma su presencia, como hace el amigo mirando atentamente largo espacio en la cara de su amigo. Muéstrase, pues, Dios mirando para los ojos de la cara del alma que ha sido por su amor largo tiempo fatigada, y a este mirar añade rayos de virtud atractiva que consuelan y llagan al alma imprimiendo un sello de su amor. Así que ya no le es cosa amarga sino la que interpone a tan suaves abrazos. Cuando ella conozca estar en este estado, lo más perfecto que ha de obrar es saber no obrar. Estos ríos que salen del mar de la divina bondad, pequeña presunción o confianza de sí los corta; el alma así tocada luego se esfuerza a hacer acto de sí cómo lo pueda detener. De aquí que viene cuando se levanta a ver quién viene y no lo halla.

Si Dios te hace llegar a tales negociaciones no hagas movimiento alguno de tu parte, alzando el entendimiento con esfuerzo del corazón, mas está quieto a manera de quien escucha. No de quien pregunta y arguye, mas como quien entiende. En esta quietud está el alma en perfecta disposición para todo lo que en ella quisiere poner Dios. Así que no has de hacer más de ver y entender, recibiendo lo que te es dado. La causa de aquellos levantamientos que dije es poca fe en Dios, pues juzgamos de según la estrechura de nuestro corazón en la manera que tenemos de comunicar nuestros bienes a otros y no es así en Dios, que él por su sola voluntad se comunica. Verdad es que quiere que nos dispongamos quitando los impedimentos, humillándonos perfectamente. Es también necesaria perfecta confianza del continuo cuidado y liberal gana que el Señor tiene de nos enriquecer.

Antes que te veas en estas cosas considera muchas veces las obras de Dios que de allí colegirás cómo te has de haber en sus visitaciones. Mira el sol, cómo por muchas diligencias que hiciésemos no saldría más tem-

prano y cómo Dios nos lo comunica sin lo demandar.
Lo mismo es de la tierra, lluvias y otras criaturas, y aun
de la vida, que de todo tiene cuidado, estando nosotros
durmiendo y envueltos en pecados.

Mira también que antes que nacieses proveyó en que
su hijo muriese. Así que cuando pecases estuviese ya
el precio pagado. Por la continua consideración de todo
esto venimos en gran confianza que también nos dará
su gracia. Así que cuando de él fuésemos visitados no
curemos de hacer admiraciones, mas sólo con sosegada
consideración estemos atentos a lo que nos es dado,
esperando a ver si nos dará más, creyendo que lo uno
y lo otro es de la suma bondad de Dios. Es necesario,
pues, para sabiamente conversar en la divina presencia,
tomar por costumbre en toda meditación, así de la vida
del Señor como otra cualquiera, que lo consideres *per
viam receptionis non autem comprehensionis* (acogiéndolo
en tu corazón, no por discurso del entendimiento).
Esto es, no queriendo comprender los juicios y potencia de partes. Si no lo saben remediar estarse han toda
su vida sin venir a la libertad, sin lo cual la caridad no
puede estar. Esta tal alma nunca medra porque no se
mantiene de su propio manjar, que es sentir, entender
y amar a Dios derechamente. Y creyéndolo así como
es, todo lo que queda del alma que no esté lleno de
Dios, por la influencia de su obra es espiritual desierto.
De ésta se levantará, ofrecida la ocasión, tempestad de
pasión y mal apetito. Y como lo desierto del alma sea
mucho, lo poblado poco, presto caerá la casa toda. De
aquí viene que algunos con pequeña ocasión de cosa
contraria pierden la paciencia y mansedumbre.

Debes también notar que así como se cría la oscuridad que dice, así de pensar en el amor particular de
sus beneficios para ti sólo se engendra encogimiento y
dureza de corazón con el prójimo, aunque para con
Dios y nosotros provechoso es esta consideración y se

debe usar muchas veces hase de acompañar con la general, pensando otras veces que el amor que Dios nos tiene es común a todos.

Para que comiences a sentir algún principio de esta arte, mira que fuese un padre muy rico y con muchos hijos y para todos tuviese abasto de bienes, y los amase, y alguno de ellos creyese él solo ser amado. Éste, en vez que su padre mostrase amor a otro, se turbaría y su corazón se encogería por opinión que tuvo que él solo era amado. Nota este ejemplo que así acaece en lo espiritual, y sin razón, porque en el bien que Dios hace al prójimo no perdemos nada, pues no le queda a Dios menos para dar. Seamos, pues, como buenos hermanos que, cuanto más son, más se gozan de ser muchos, porque tienen más alegre vida y del placer y pesar de uno participan todos por aplacer a su padre. Con esta consideración y otras semejantes si se continúan serás traído en aplazamiento del bien del prójimo.

Para mientes con diligencia en estas cosas, pues mucho va en acostumbrarse uno a comunicarse espiritualmente a todos entre sí. Esto es para pensar que quiere que todos sean santos y capaces de ser enriquecidos de gracias. Algunos hay que se descuidan en este ejercicio de pensar que Dios ama a otros, y conciben calladamente que ellos solos quedan en la presencia de Dios y que los otros van descuidados de él y él de ellos. Como han elegido el camino mejor, creen que no hay otra vía y no miran que la mano del Señor no está ligada debajo de los límites de la humana aprehensión. Mira que si tú no quieres errar que pienses que todos son buenos y que tú eres nada en comparación de otros y de esta manera echarás el desdén que alcanza de tu alma el caritativo caminar.

Afirma, pues, dentro de ti que a todos ama Dios y que no quiere que le seamos jueces. Así criarse ha en lo interior una creencia y amorosa conversación a Dios apacible y al prójimo amigable. Mira bien con diligencia sobre ti, porque el alma del verdadero contemplativo relimpia ha de ser hasta guardarse de una palabra ociosa y de hacer en poco ni en mucho su voluntad y de lastimar a su prójimo en burlas ni en veras más que a la lumbre de sus ojos.

Capítulo II
Que es necesario el ejercicio de la caridad para la alcanzar

Para alcanzar la caridad es también necesario el ejercicio de ella así corporal como mental. Éste ha de ser continuo, así que siempre que se ofreciere pensar algo del prójimo, luego lo eches a buena parte, y si es público ten compasión y mira que aunque tengas espíritu de profecía, si no va acompañado con temor de los juicios de Dios, cuando pienses estar mejor serás de él confundido.

Cuando hicieres oración, nunca o pocas veces la hagas por ti solo, ni te contentes con la hacer en general, mas señala personas en particular y no demandes para el prójimo fingidamente. Acuérdate que Dios ve tus entrañas. Si no sientes verdadero deseo del provecho del prójimo repréndete y pídelo corto a Dios; guarda que jamás entre en tu corazón mala opinión de nadie y no tengas esto en poco, porque sin esta entrañable obra entre ti y el prójimo, aunque andes muchos años en ejercicios espirituales, estarás enemistado con Dios.

Cuanto al ejercicio corporal de la caridad, lo que debes hacer es llevar siempre cuidado de consolar a alguno de palabra si no puedes con la obra. Si no amas al prójimo, señal es que no amas a Dios y más te debes escandalizar de este defecto tuyo que de cualquiera que veas en otro, pues en todas las cosas ha lugar la buena interpretación, salvo en la falta de amor a Dios. Para forzaros a tener de todos buena opinión, mucho aprovecha considerar los juicios de Dios, que muchas veces por su secreto mandamiento personas santas hacen cosas al parecer escandalosas, como aconteció a Judit. Dejado, pues, el juicio a Dios, pon mano a la obra y serte ha dada inteligencia de lo que debes hacer y entonces será esclarecida tu alma y no queriendo reprendieres al prójimo, como algunos piensan que siendo presto a esto dicen que lo hacen con caridad. Miren que la caridad benigna es y ajena de turbación. Por eso, con amorosa manera se ha de corregir a los hermanos con servicios y beneficios y cuando vieres hacer al prójimo lo que no te agrade a ti. Si yo hiciera aquello, si aquello fuera mío, cómo quisiera que todo pareciera bien.

Esta comparación aprovecha mucho para traer el corazón a amar a los prójimos. También considera lo que Cristo sufrió por cada uno de ellos y mira que unos de otros somos miembros y todos somos su cuerpo. Para mientes que Dios quiere que, pues somos hermanos, que comuniquemos lo que tenemos unos con otros. Esta ley puso el Señor a toda criatura y él la quiso guardar comunicándose a nosotros. Entra, pues, en tu corazón y gemirás y llorarás si te vieres despegado de esta hermandad. Ésta se conserva con amor entrañable y obras de piedad. Si el amor falta, suple con las obras. Allende de estas cosas debes notar que es menester contemplar la soberana majestad de tu parte ser infinita, esto es, que en ti mismo la conozcas y adores por tal y en cada uno de los prójimos has de sentir y gustar lo mismo.

Es también que a la ciudad gloriosa ninguno de nosotros quiera ir solo, mas cada uno vaya junto con todos, esto es, que desee y procure cuanto en sí fuere la salvación y bien de todos.

Trabaja, pues, de conocer a Dios en cada uno de tus prójimos según Jesucristo sintiendo la dignidad que nos es dada en le tener por hermano. Acostúmbrate a darte a todos en todas las cosas. En esta manera que en los ejercicios espirituales te hagas siempre común a todos. En los corporales cuando la necesidad te constriñe a andar entre los próximos examina lo que has de hacer, y mientras lo negocias guárdate de toda manera de logro de lisonja de modo engañoso.

Mas hazte fuerza a conversar con simplicidad y pureza no fingida y acabando vuelve a tu recogimiento sin tardar aunque te detengan, y no te entrometas en negocios, mas despídete con blandas palabras y ruega a Dios los socorra. Cuando se ofreciere ocasión de las que no enfrían el espíritu ten estudio en que no pase día que no hagas alguna señalada honra o revelamiento de fatigas a alguno según tu posibilidad, así como tomarle la carga de los hombros, convidar a comer, aunque tengas necesidad, y sentarte en el más bajo lugar. Y hacer cosas semejantes. De esta manera edificarás en ti la caridad y no la turbarás en otros. Es menester, pues, que seamos prudentes como las serpientes. Si no les parecemos en el huir, no seremos simples como las palomas, porque la interior limpieza se destruya en la conversación con los seglares. No quieren creer esto los que toman la parlería y glotonería por caridad, como sean cosas que la destruyen. Y debes notar que con tanto aviso habemos de salir a las obras de fuera como los que están cercados de los enemigos que cierran las puertas, y con temor de los tiros ocúltanse en el escondite de la fortaleza. Ten por cierto que si perseveras en los ejercicios en este tratado puestos y en otros que por semejanza de ellos podrás inventar, vendrás a andar en caridad y en disposición para que Dios ponga en tu entendimiento inteligencia clara, certeza en tu mente y sanidad en tus obras.

Capítulo III

Que es necesario rumiar e imitar la vida del Señor,
y de algunos puntos que tocan a su santa encarnación

Acerca del misterio de la encarnación debes saber que, mostrado en visión a un religioso, cómo todo lo criado estaba muy apartado del creador y el clamor de las criaturas razonables era muy fuerte demandando a Dios vida. En el clamor no sonaban voces; por eso era más intenso. Así como clama el edificio sin acabar al que lo comenzó. Y subía a Dios una fuerza de la necesidad del género humano mostrando que si Dios no hiciese criatura, que no podría la criatura ser hecha de Dios. Y vio la voluntad de Dios tan dispuesta en lo hacer cuanto era la necesidad que de su vida tenía la criatura. De esta venida quedamos tan ennoblecidos que Dios y el hombre una cosa son.

Necesario es rumiar los misterios de Cristo y tomarlos por espejo para enmendar nuestras faltas. Por cierto, cosa es de escarnio traer en la boca estos misterios y destruirlos con la vida, como lo hacen los que le contemplan nacido en frío y pobreza. Sobre lo necesario añaden lo superfluo y viéndolo en tanto menosprecio procuran oficios y lugares honrados. Mira, pues, tu corazón y si sientes en él algo que no sea Dios o por Dios sin duda eres malo, aunque la cosa en sí no sea mala, mas de llevar el amor tras sí y apartarle de Dios. Ten en él solo tu amor entero. De otra manera, cuanto bien haces se lo lleva el aire.

Lo que primero nos aparta de Dios es el amor de nuestra propia voluntad, pues no nos gloriemos de buenas obras si en ellas no resplandece la voluntad sola de Dios o si no tenemos remordimiento en la conciencia de alguna cosa que según la ley y ejemplos de Cristo no hayamos hecho. Y primero que nadie ofrezca a Dios oración o otra oblación, ponga los ojos en Cristo y mire cómo le enseña a vivir. Cuando se viere conforme a ello lléguese seguramente, y lo primero que debe contemplar es cómo debe reglar su voluntad por comparación de Cristo. Cuando las personas recogidas vieren a los mundanos reír y faltar, contemplen en las lágrimas del Señor; y cuando vieren sus cabezas ataviadas miren la que fue escarnecida y de espinas coronada. En todas las sensualidades que les vieren abrazar tornen presto apretando su corazón, miren aquella parte que la saeta del ejemplo mundano se esfuerza a llagar en qué manera el Señor la posee.

Este modo es necesario a los amigos de Cristo y si en ellos no son negligentes ténganse por seguros. Éstos son erizos, cuyo refugio es la verdadera piedra, Cristo, y encógense para que no entren los halagos mundanos y contra la curiosidad y ambición se defienden con los vituperios y deshonras del Señor. Contra las injurias toman por remedio la consideración de las pasiones y sufrimiento del Redentor y confiesan verdaderamente al Señor, porque confesar a Cristo propiamente es que su amor esté inmóvil en nuestras entrañas permaneciendo quietos así en lo próspero como en lo adverso.

La vida del Señor se ha de contemplar en esta manera: que por continua consideración metas en tus entrañas su ejemplo y por reverencia de tal huésped no consientas que otra cosa entre en tu corazón. Mira que su venida es para hacerte perfecto; no lo tengas en poco, mas imítale con todas tus fuerzas. Y sepas que aquel celebra el nacimiento de Cristo verdaderamente que por su ejemplo quita la afición de las criaturas y pone en Dios su amor y esperanza con lo cual anda el alma camino derecho, porque para ir a Dios no hay sino un camino que es amarle a él y al prójimo.

En ninguna cosa aprovecha saber la vida de Cristo si no anda la obra a la par del saber. Para mientes, pues, que hablar de las cosas divinas no lo debiera emprender ninguno si primero no fuere alimpiado perfectamente y libre de toda falsa imaginación en Dios. Por eso, el que seguramente quiere hablar de Dios alguna cosa pregunte primero a sus entrañas, si lo sabe por vivos sentimientos, concebidos de prolongadas vigilias y si allí según verdad lo hallare, hable, y no en otra manera.

Allende de las cosas dichas, debes mirar el ejemplo de obediencia que Cristo nos dio en su nacimiento, porque esta virtud es cimiento de la edificación espiritual y todo lo que sin ella se obrare se lo lleva el aire. No te pares a discernir la sabiduría de tu prelado: si lo que manda es grave o no, pues la sabiduría de Dios quiso obedecer a necios y perversos hombres en tan últimos trabajos. Concluyo, pues, que digo que si queremos gozar de la venida del Señor conviene con mucho cuidado contemplar y remedar su vida y la de su santa madre, que están puestos por espejos en que podamos aprender todo lo neceserio y son puestos en señal en que debemos mirar.

FIN DEL CUARTO Y ÚLTIMO TRATADO

C) PREGUNTAS Y RESPUESTAS

SÍGUENSE LAS RESPUESTAS QUE EL AUTOR HIZO A CIERTAS PREGUNTAS DE UN SU AMIGO

PREGUNTA I
Qué manera tendremos para andar continuamente en Dios

Respuesta. A nosotros conviene para andar siempre en Dios andar en nosotros mismos, siendo estudiosos a no dar entrada a otra cosa extraña. Hechas, pues, las diligencias en este libro dichas, conviene guardar el corazón y retener suavemente el entendimiento dentro de sí y ocuparlo de entender cómo solo Dios le da la vida y todo lo necesario para la conservación de ella y de sus sentidos mediante el misterio de sus criaturas. Este contemplar y entender a Dios en sí y en todas las otras cosas se puede hacer sin cansar y es la cosa más aparejada para andar siempre en Dios. Saber debes que hay diferencia entre saber y meditar. Meditar es hacernos fuerza con el pecho y con las sienes. Entender es a manera de quien chupa tras todas las cosas a nos, y, quitados aquellos trabajos, entender el provecho que de cada beneficio nos viene. Lo mismo puedes hacer entendiendo las misericordias que Dios nos ha hecho en la encarnación y redención. Considera, pues, con todo cuidado siempre ser Dios presente y dentro de ti, y cuando con él quieras hablar siempre habla como si le vieses con los ojos corporales. Las más hablas sean mostrarle necesidades habiéndote con él como el niño que muestra su necesidad con cumplida confianza a su madre sin señoríos ni encogimientos. Guárdate de representación corpórea, como pensar que Dios se entristece o cosas semejantes. Mas contémplale en todas las cosas una eternidad infinita, inmenso y presente a todas las cosas inmutablemente.

PREGUNTA II

Cómo se entiende que debemos alzar el espíritu al cielo como los doctores dicen

Respuesta. En el estado tercero del puro espíritu se dijo que gran impedimento es alzar el entendimiento al cielo haciéndose fuerza, porque lo que se ha de hacer es tener el entendimiento quieto, recogido todo el acto de pensar dentro de sí mismo, así que no consiente ser tu imaginación ocupada en otra cosa. Pon en tu estimación esta verdad: que Dios está en todo lugar, arriba, abajo y lados; y descuidarte has de ir a parte señalada. Para mejor entender esto, toma una cosa que quieras considerar y ponla lejos de ti a la parte delantera y después tómala y ponla junto a tus espaldas y verás cuán más suavemente gustarás de la que está junto a ti que de la otra. Alzar, pues, el espíritu al cielo no se entiende por distancia del lugar, mas por diferencia de la calidad. La más alta perfección del orden del contemplar es ésta: entrar el alma en sí y buscar a Dios dentro de sí. No se halla mayor libertad que en cielos ni tierra y como la inmensidad de este efecto sobrepuje al cielo empíreo, aunque el alma busque a Dios en sí misma en este valle, decirse ha estar más levantada que los cielos, pues está con Dios.

PREGUNTA III

Cómo se entiende cuadrar el entendimiento

Respuesta. Cuadrar el entendimiento es que entienda a todas partes, lo cual es cosa más fácil que cuantas

podemos hacer. La causa por qué esto parece dificultoso es por la costumbre que tenemos que cuando
queremos entender algo siempre acostumbramos nuestro entendimiento a la parte delantera, a lo alto. La
causa de lo alzar a lo alto es porque cuando nos hablan
de Dios dicen estar arriba, y la causa por qué le ende-
rezamos el entendimiento a la parte delante es porque
todo lo que recibimos mediante la vista es por aquella
vía. Así constreñimos los incomprensibles términos del
espíritu a los estrechos modos corporales medidos debajo de términos, de lo cual se nos siguen todos daños
e impedimentos arriba dichos en el estado del puro
espíritu. Pues para escapar de ellos debes procurar
cuadrar el entendimiento del modo que se dijo en el
tercer estado, en el cuarto y octavo capítulo.

Pregunta IV

Cuando el que ora se viere con pena por falta de devoción, qué hará

Respuesta. Los que se ejercitan en la contemplación
largamente sin ser avisados sienten dureza de corazón
que nace de dos cosas: la primera es falta de conocimiento propio y de Dios. De ésta sale la segunda, que
es presunción sutilmente escondida y no puede ser
conocida sino de personas espiritualmente avisadas,
mas quien perseverare descuidadamente en la oración
la conocerá y destruirá, pues como el hombre no conoce cosa sea Dios por la falta que tiene del conocimiento de su propia vileza y cómo ni es ni puede ser
más de cuanto recibe del Señor, no ve cuánta presunción sea quererse allí llegar del primer golpe a la presencia divina. De aquí viene a se hacer fuerza estribando en su estudio, a buscar lo que sobrepuja toda natural inquisición. El remedio para todo esto y para en
todo tiempo es que en todos los principios de tu ora-

ción comiences con diligencia examinación de todo lo que dentro de ti sientes, y si hallares alguna confianza, aunque poquita, de por industria alcanzar gusto de las cosas de Dios, certifícate que está tu adversario cerrado y recio en las entradas de tu alma por que no pueda recibir las suaves influencias del Señor. Cuando vieres ser llevado tu corazón de alguna vagueación no te turbes, mas torna sobre ti, y así te has de haber todas las veces cuando tal te hallares como si nada hubieres perdido, y sin hacer fuerza al corazón, torna suavemente a aquello en que te habías comenzado a ocupar. Cuando yo veo en mi alguna confianza mía, digo ninguna cosa tenemos y reprimo la imaginación. Y aunque el miserable me diga que me levante a contemplar esto, me quedo. Si lo sé estar, él desfallece como sombra. Así que para lo ahuyentar es suficiente la profunda consideración de ser dignos, sintiendo que todo lo que somos en cuerpo y espíritu lo hemos recibido y recibimos siempre del Señor.

PREGUNTA V

Qué es lo que de nuestra parte podemos o no podemos hacer

Respuesta. En el ejercicio espiritual aquel que mejor sabe dejar de obrar obra más. Obra, digo, el esforzarse a sacar sentimientos de lo que contempla. Lo que debes hacer es estarte sentado sobre el verdadero conocimiento de ti. Débeslo procurar por cuantas maneras pudieras y luego, sin te hacer fuerza, abre los ojos del entendimiento a considerar lo que eres por fe, cómo Dios es creador universal y está en todo lugar y en todas las cosas y en cada una, y nos tiene en sí mismo y está en nos y nosotros en él. Y sin comparación más cercano que el cuero de nuestra carne y más aparejado a se nos dar que la luz a entrar por las aberturas. Así como sería el que está en la lumbre del sol y la ha buscar a otra parte, quedaría sin fruto. Así el que envía su especulación fuera de sí no saca fruto, sino dureza y oscuridad. Así como el que quiere gozar de la luz no tiene necesidad sino de abrir los ojos. Así tú no has de hacer más de abrir los ojos del entendimiento con larga y profunda consideración, con sosiego de los interiores movimientos, ocuparte sólo en contemplar lo que recibes de Dios.

Conocerás que todas las cosas espirituales y corporales antes que las deseases las recibiste y por no las considerar no gozas de ellas. Mira cómo los misterios de la vida y pasión de Cristo y el santo sacramento, desde antes que nacieses y cuando duermes y siempre está entera su virtud y te es siempre comunicada. Conocerás en esto que no has menester enviar el pensamiento a la buscar fuera de ti, sino conocer cómo siempre te es ofrecida aquella soberana gracia. Y lo mismo es en todo lo creado en que se nos ofrece la bondad divina por sí y por sus criaturas sin cesar.

Así que no te quede otro quehacer sino lo que dice Dios: *Vacate et videte quoniam ego sum Deus* (¡Basta ya; sabed que soy Dios!: Sal 46,11), quiere decir, no tenéis necesidad para me conocer más de abrir los ojos del entendimiento y ver cómo en todas las cosas me comunico a vosotros. Y para esto *vacate,* reprimiendo los acometimientos no avisados. *Vacate* en saber llevando continuo freno a las ocupaciones corporales aun en tiempo de oración. Así que en nada se ocupen corporalmente ni con los sentidos. Y cuando en algo de esto por necesidad te hubieres de ocupar no ceses en la consideración de beneficios, que cada día recibimos como está dicho, porque no podrás en otra manera aprovechar en quietud de contemplación.

PREGUNTA VI

Qué modo tendremos en ejercitarnos en la aniquilación

El modo o vía por donde se alcanza más brevemente este lugar tan necesario e inexpugnable donde el alma debe siempre morar como en nido y de allí clamar y recibir es éste. Primero, formada mi intención y firme afición de llegar a la oración, cuyo fin es ayuntar el alma a Dios. Debes te fundar en esta verdad que tú no te hiciste ni cosa que en ti hay corporal ni espiritual.

Derramando tu pensamiento sobre ti, considera qué eras antes que nacieses. Detente aquí hasta sentir el nada verdaderamente; puedes comenzar en lo corporal, por ejemplo, de los acaecimientos de otros, como se dijo en el segundo y tercer estado, en los capítulos que tratan de la aniquilación, pensando que tú estás dispuesto a lo mismo que ellos, y si no lo estás es por bondad de Dios. Así que de tu parte salud ni vida tendrás si Dios no te lo diese, y en lo espiritual mucho menos. De aquí se siguen dos verdades. La una que ninguna confianza tengas en ti, mas toda esté en Dios. La segunda es atribuirle cualquier bien espiritual y corporal.

Cuanto al alma has de ver su fundamento cuál fue de su parte y hallarás que *nihil* (nada). Lo bueno que en ello hay de solo Dios vino; lo malo, del nihil. Procedió así que del nihilo somos y a nihil vamos. De cada parte hallaremos ser nada, especialmente en estas cosas, conviene a saber en el ser y permanecer, porque la criatura está sujeta a vanidad y nosotros no nos hacemos, mas Dios nos creó. Creas se define *de nihilo aliquid facere* (hacer algo de la nada). Y así como de nada somos tornaríamos en nada, si Dios no nos sustentase. Somos también nihil en el pensar. *Quia non sumus sufficientes cogitare aliquid ex nobis tamquam ex nobis* (No que por nosotros mismos seamos capaces de atribuirnos cosa alguna como propia: 2 Cor 3,5). Somos nihil en el querer. *Quia Deus est qui operatur in nobis velle et perficere* (Pues Dios es quien obra en nosotros el querer y el obrar: Flp 2,13). En el obrar somos también nihil. *Quia sine me nihil potestis facere* (Sin mí no podéis hacer nada: Jn 15,5). Conoce, pues, que nada puedes sino morir; cumple las obras de Dios.

Para ayuntar nuestra alma con Dios, lo cual es sobre toda cosa natural, necesario es que del todo desconfíes de ti. Si quieres conocer cuándo estás del todo deshecho, mira que mientras que en lo interior de la mente se halla algún esfuerzo de obra, o que obrado o que obrara algo de sí, es señal que no has comenzado según verdad. Será, pues, necesario siempre con muy gran estudio aniquilar a ti mismo de tal modo hasta que sin hacerte fuerza, mas *in promptu,* con muy entera creencia de todo en ti estés deshecho, conociendo con verdadero juicio de la razón que en cuerpo ni alma puedes vivir ni acrecentar algún bien, si Dios por su bondad no lo diere, sintiendo primero el nada antes de ser. Poniendo los ojos luego en Dios que nos hace, y luego con pía intención con que nos da el ser, el sentir, el alma racional.

A esta orden de aniquilación ha de preceder otra más común, porque ésta presupone almas aprovechadas. Para desposarte el alma con Dios es necesario que ella dé su consentimiento. Éste no consiste en multiplicados deseos, sino en pura simplicidad, y en obra verdadera que es destruir los vicios, negar nuestras inclinaciones y el pensamiento de nuestra sensualidad, aumentar en las virtudes y en la obediencia de Dios y de los hombres por Dios. Todo esto no basta si no fuere abrazado o dejado de obrar por no desplacer o aplacar a solo Dios nuestro Señor.

Pregunta VII

Qué es la causa que los contemplativos en comparación de la grandeza de Dios es tan poco lo que sienten y tan pocas veces

Respuesta. Tres son las causas de este trabajo. La primera es la indisposición que tenemos de ser Dios simplicísimo y nosotros compuestos de espíritu y barro. Dios visita en nos la parte que es pura espiritual y aun de ésta no puede enteramente el espíritu gozar, por la mezcla de la sensualidad de donde le vienen tantos desasosiegos cuantos son las inmundicias que por ella le son comunicadas. Éstas son cualquier liviandad, que es consentir en el entendimiento flojo, en todo acto del cuidado y apartado de fervor. Cata que seas animal puro, que parte la uña, y sepas hacer distinción entre la sensualidad, que es todo esfuerzo y deseo de satisfacer al placimiento corporal, y entre la operación del espíritu, que es la que sola se ocupa suavemente en las verdades.

La segunda causa nos viene por disposición divina. Porque conoce el Señor qué es lo que nosotros somos y para cuánto; y que si nos fuese dado poco a los principios y medios, mucho gusto espiritual nos sería causa de caer. Y no gustando qué cosa es necesidad, tendríamos en poco sus beneficios y la pérdida de ellos. Seríamos negligentes en guardar lo recibido y en la inquisición de mayores bienes.

La tercera causa es tener Dios esta costumbre con los que dispone para su reino, y es darles gusto espiritual por interposición. Dales en el principio por les animar y permite en medio pausa para los purificar de lo pasado, y disponer a recibir los dones fructuosos y después los torna a proveer con abundancia de pan celestial. De aquí sacarás que este modo que el Señor tiene nos conviene así y que todos estos sentimientos son de Dios. Así los primeros como los segundos y terceros. Y no habrá lugar en ti la duda si sean de Dios o no.

Pregunta VIII

Qué es la causa que cuanto con más fervor algunos se llegan a la contemplación, menos dispuestos se hallan y menos gustan espiritualmente

Respuesta. La causa de esto es no tener debida manera en tal acto, porque el que se quiere llegar al Señor, *ut intret in potentias ejus* (para entrar en sus dominios) ha de entrar por la puerta que es la verdad. Ésta nos enseña que de nos y por nos ningún bien podemos alcanzar, como parece en que nuestro cuerpo y alma no hay cosa buena por nuestra sola elección, mas según que la recibimos del Señor la tenemos. Esta verdad has de llevar firme en tu corazón cuando te llegues a la oración, que si algo has de recibir en ella te ha de ser dado graciosamente en todo y por todas maneras, y que no hay de alcanzar algo por vía de inquisición sino de redempción. Con ésta escaparás de la gran dureza del corazón y rudeza del entendimiento.

Así que la causa del sobredicho mal es falta del conocimiento de nuestra nada y de nuestra indignidad, porque si el que ora llevase bien considerados sus defectos (sin lo cual nadie debe llegarse a la contemplación), conociera aquel fervor ser presuntuoso apresuramiento, con gran tiento hemos de llegar a la presencia divina, cuando en todo el hombre dentro y de fuera fueren reglados los apetitos e inclinaciones dedicados al Señor, totalmente apartados de otra cosa extraña y con todas sus fuerzas y en todo tiempo a solo Dios quieran, a él solo desee y con él solo enteramente se contente. Así que hasta estar cada uno del todo pacífico, siempre está indispuesto a ofrecer sacrificio al Señor.

Qué cosa es propiamente ejercicio mental

Respuesta. Ejercicio mental es interiormente raciocinando buscar el conocimiento de Dios y de nosotros mismos. Este ejercicio es en diversas maneras según diversos estados de los obreros, porque el que comience a ser contemplativo, fuera de la humanidad ha de tener respecto a dos cosas. La primera hase de acostumbrar a este ejercicio. Esto se alcanza considerando a menudo y largamente los beneficios del Señor, no sólo los grandes, mas los que parecen pequeños. Porque no le hay tan pequeño que no sea acerca de nos, de incomprensible grandeza y aunque no sea sino sólo una uva, si bien la mirares verás que ni la angélica criatura la pudo crear. Y si consideramos cómo nos es dado del que es infinito y a nosotros, que no sólo no le merecemos mas somos deudores de grandes penas, no lo podemos poner precio. Si esto es en tan pequeña cosa, ¿qué será en las muy grandes? Esta manera de considerar debe tener el que se quiere llegar a Dios todos los días de su vida.

Debes, pues, hermano, ocuparte desde media noche hasta el día en la consideración de los beneficios a lo menos dos horas. Esto debes hacer profunda y particularmente en esta forma. Si consideras en el pan que comiste, mira por cuántas maneras ha venido a tener disposición de poder ser comido, esto es, mediante la sustancia de la tierra y el poder del sol y del agua, las cuales cosas nos sirven no sólo en el trigo, mas en todo lo que nos es necesario.

Nadie debe despreciar esta ocupación cada día en el tiempo ya dicho y sin éste, después también todos los tiempos que a cosas sutiles no pudieren vacar. Los que por esta puerta no entraren pierdan la esperanza de subir a cosas altas si este camino no llevan junto con lo que se dirá. Este modo, pues, de pensar los beneficios ha de tener en todo lo que el Señor ha hecho a nos y para nos, en todo lo que es propósito perseverar con fervor en los buscar hasta la muerte no cesarás. Mira tu conciencia e intención y guárdate no se mezcle otra cosa en tu interior caminar.

La segunda es que procures disposición para vacar largamente al ejercicio mental. La tercera, que sea continuamente, esto es, que en cuanto ordenares lo dispongas a que no impida la mente en su ejercicio y así como quitamos los peligros corporales procuremos los remedios. Así debes hacer en lo espiritual, que cuando hubieres de salir del monasterio, considerada la cualidad de los negocios, lleves un libro o algo con que pueda volver presto tu pensamiento a Dios y reformar la frialdad y distracción, y aunque no haya más tiempo de cuanto ponen la mesa. Si no tienes libro pon sin tardanza los ojos en alguna criatura buscando en ella al Creador hasta ser constreñido a la dejar y todo el día desde que te levantas trabaja sin cesar de dar a tu alma cosas espirituales. Así que no pase mengua.

Allende de la oración mental, que es la principal, nunca estés ocioso, pues hay tantas criaturas y todas y cada una dicen: *Ipse fecit nos* (Él mismo nos hizo: Sal 100,3) para ti, criatura racional. Esto será un libro para en todo lugar y tiempo. Así como el hierro es material al herrero para cuanto ha de hacer, así el vacar largamente en el ejercicio mental al que quiere alcanzar la amistad divina. Y no sólo eso, mas es necesario que Dios vea firme propósito de alargar y continuar el tiempo de la oración, para que el alma se harte de su amor y conocimiento.

Pregunta X

De algunas reglas acerca de este ejercicio mental

Respuesta. Lo primero debes ser avisado que no seas negligente en responder al llamamiento divino a este ejercicio. Teme cuán gran beneficio no te sea en condenación si no respondes con la obra a las inspiraciones divinas. Si quieres conocerla hallándola en disposición conforme a él. Para saber qué cosa es esta imagen y cómo se trata sólo Dios la ha de enseñar. Mas confiando de su largueza diré algo que sea disposición para recibir lo que se debe sentir y tener. Primeramente en esta consideración es necesario echar toda manera de formar en nuestra imaginación alguna cosa que sea según éstas: exteriores y corporales. Esto del todo y en todas maneras, libre ya la imaginación de estas formas que totalmente impiden la subida a esta unión sin mancilla.

Después por esta manera comenzar poco a poco y con suavidad, reverencia y confianza de la bondad del Señor así como si ahora tomases un beneficio y conociendo la necesidad que tienes de él consideres la buena obra y la intención con que te fue hecha. Acordándote del beneficio es cierto que seas movido a hacer gracias. Este movimiento es gran impedimento en este ejercicio, el cual es de tanta paz que no consiente trabajo. Sólo este movimiento llamo yo aquí trabajo cuando el alma es visitada de alguna consolación del Señor. Muchas veces es movida a hacer gracias y es por arte diabólico, poniéndole en la cabeza que Dios le da sus dones, por que se lo pague con sus hacimientos de gracias y no por su pura bondad. Hácelo el enemigo porque como nos ve ocupados en la consolación del Señor mediante la cual son ofrecidas al alma cosas santas y ve que no ha lugar de nos combatir con tentaciones torpes, tiene este engaño harto suficiente

para nos apartar de los pechos suaves de nuestra verdaderamente madre. Y es que dejemos aquello y con-
virtamos nuestro afecto en dar gracias a Dios. Y como
el alma sea una y no pueda estar atenta a muchas cosas,
es constreñida a se apartar del manjar de vida so color
de mejor, siendo muy dañoso.

Para que entiendas cuál deba ser el hacimiento de
gracias, que el alma encerrada dentro en sí ha de hacer
a su Dios, sepas que así como se gratifican los oficios
a los hombres con palabras compuestas, así para Dios
no hay tan grata manera como la perseverancia escondida de la secreta oración que no nace palabra y callando confiesa a Dios dignísimo de toda alabanza en
cuanto crió y conoce en verdad que todo lo recibe del
asilo corporal como lo espiritual y con este modo no
es el alma apartada de Dios, mas antes adjuntada a él.

Lo otro, pues, que se ofrece en el dar a Dios sus
beneficios es la intención con que los da. Volviendo,
pues, la consideración con suavidad a sentir la intención con que el Señor ha hecho tantos y tan grandes
beneficios a la naturaleza humana, veremos que sin
duda es para nuestro provecho. El que en esto se
ejercita aguarde; no ponga mancilla en la divina benevolencia, lo cual hace cuando concibe opinión que
estos beneficios hace por algún interés propio, esto es,
para que le sirvamos y amemos y le hagamos gracias y
que esto lo quiere para nuestro provecho y para que
conozcamos su bondad. No así, no así. Sea lejos de ti
esto. Lo que habemos de concebir verdaderamente en
nos es que la intención con que estos beneficios nos
hace es sólo por hacernos capaces de fruir y para siempre gozar de él, sin esperar de nos algún interés.

Querer comunicar la sola bondad de Dios, sus bienes, fue la causa por que creó la criatura racional, de
la cual quiere ser servido para que la honra y servicio
que ella hiciere le sea disposición al uso para que Dios

la creó: para hacerla capaz de los suaves tesoros que Dios le quiere poner. Cuando así morosamente te ocupares en esta limpieza de consideración, entonces plantas la imagen divina verdaderamente en tu alma como hace el sello en la cera dispuesta. Según la forma del sello tales impresiones hace en la cera. Así es imprimida en el alma la imagen divina, según la forma que le habemos pintado con nuestra opinión. Las impresiones falsas en el alma no son de su forma mas de nuestra falsa opinión. Es, pues, necesario que todos los beneficios que hace Dios son por su sola bondad. Esto hace disponer la cera del alma para que el sello de su presencia imprima sus formas. Purificando nuestra imaginación de toda opinión errónea y viniendo a la verdadera es a nos presente la imagen de Dios y haciendo lo contrario la turbamos enturbiando el entendimiento que no pueda conocer la serenidad de Dios.

Contra este reposo del alma pone el demonio muy grandes lazos y sutiles engaños. El primero es decir que la oración ha de ser con muy excesivo fervor, como el de los santos, y queriendo seguir estos pensamientos hace trabajar mucho y endurece el corazón. Y desde que pasan algún espacio en la oración y no alcanzan aquellas compunciones desasosiéganse. De manera que habrán de hacer con suave reposo y largo tiempo lo hagan dureza y turbación con algún miedo de tornar a comenzar. Digo que es esto engaño del demonio porque pone nombre a la cosa que no le conviene llamando fervor a los corporales movimientos, así como alzar los ojos, herir los pechos y cosas semejantes. Digo que no es malo el excesivo fervor si va por debido orden.

El fervor para esto necesario es con el deseo de aplacer la divina presencia, lanzar con deliberación y perseverancia todas las cosas que turban el reposo de la conciencia, y esto siempre con muy grande quietud.

Tomad, pues, aviso de aquí para en todas las tentaciones no pelear resistiendo derechamente contra ellos, mas disimulando, casi mostrando consentir. Trabajemos por echar el pensamiento en otra buena consideración y así lanzar al mal trayendo el bien.

El segundo engaño del enemigo es decir ser necesario tener lágrimas de compunción en la oración. A esto has de responder que no viniste a la oración a llorar y tener devoción, sino a considerar la bondad de Dios y la propia negligencia en conocer sus beneficios y pedir perdón de lo pasado y gracia de enmendar lo futuro. Junto con esto persevera en la consideración de la divina bondad y de sus beneficios y de tus faltas suavemente como si te fuese dicha cosa de poca importancia, por persona, digna de oír. Y esto todo por excusar de toda manera de afición.

Si quieres saber cuán grande impedimento sea para esto las lágrimas y compunción, has de mirar que como la sosegada consideración de la bondad del Señor y sus beneficios y el lagrimar son dos ocupaciones diversas, conviene tomar la más perfecta, que es la primera, porque la segunda para ser verdadera ha de ser su hija y no en pocos días brotada. Esto se entiende de lágrimas adquiridas y que vienen con alma quieta; éstas, sin hacer caso de ellas, son bienaventuradas notando que la causa de las lágrimas ha de preceder a quietud del alma. Acostúmbrate siempre a vacar cuando pudieras con la obra y cuando no con el deseo a la contemplación de la divina bondad y de sus continuos beneficios. Recibe con hacimiento de gracias, como arriba te avisé, destilamientos que de su infalible verdad descendieran a ti aprendiendo qué debas amar y aborrecer y cuánto y en qué manera ésta ha de ser una de tus peticiones generales a Dios.

Cuando te pareciere que has de llevar mucha contrición a la oración, has de haber, como arriba dije, en lágrimas y aunque la puerta ha de ser el conocimiento de nuestros pecados, el modo debe ser éste: que movida tu alma por el Espíritu Santo a esta obra, lo primero que has de hacer es desplacerte con verdad de haber ofendido a Dios, y no te detengas más de cuanto conozcas que del todo te pesa de haberle ofendido. Luego pide perdón y propón la enmienda y no pienses más en ello. Hecho esto, trabaja con cuanta serenidad pudieres exterior e interiormente por arrimarte con todas las potencias de tu alma a pensar las cosas ya dichas y las que hacen a Dios loable, amable y deseable, sin hacer fuerza a tu corazón.

Contra este reposo del alma hay de nuestra parte muchos impedimentos, como es todo apetito desordenado (no sólo de grave pecado), pues en este ejercicio las cosas grandes son matadoras y las pequeñas disipadoras. Tan grave es cualquier apetito de cumplir tu voluntad (aunque sea de cosa pequeña) como a los ojos el polvo. Así como querer hacer o procurar algo, que no te es mandado, por tu consolación carnal con importunación del prelado o escondidamente visitaciones de seglares derramados, y familiaridades. En fin, todo aquello que turba la entrañable paz de tu conciencia conoce serte impedimento en aprovechar en este ejercicio y desarraigado de ti. Sea el término de tus ocupaciones la perfecta obediencia sin procurártela, presuponiendo que lo que así te mandaren y según la voluntad de Dios y obrándolo con esta intención no pienses quebrar el hilo de la contemplación en poco ni en mucho. Séate regla general tener por engañoso todo lo que sale del propio esfuerzo y ser impedimento para venir a cosa buena el presumir que de ti o por ti puedes alcanzar algo bueno. Contra esta regla trabaja el demonio cuanto puede plantar en nuestra confianza sabiendo que en ser recibida de nuestro consentimiento lanzara del alma el Espíritu Santo suavísimo.

Cuando en la oración sentimos que toda aquella visitación es por la bondad de Dios sin mérito propio, trabaja el enemigo poner en el pensamiento que lo que entonces gustamos deberíamos gustar en todo tiempo y que lo debemos abrazar, la aprehensión del entendimiento estribando de allí adelante sobre ello. Esto hace para que, como cosa tuya, confíes poderlo retener, y usar de ello cuanto quisieres. A esto te debes santiguar y humillar diciéndole ser falso lo que dice, porque, así como por tu industria no lo puedes alcanzar, tampoco lo puedes retener por algún modo más de cuanto fuere la voluntad del que te lo pidió. Así sepas serte necesario sentir que quedarás libre de dureza con confianza de no perder aquello que renunciaste y cometiste al solo dador de ello. Allende de esto hay otro engaño y es éste: que cuando orando tienes algunos sentimientos parécete que debes moverte interiormente a alabar a Dios con todo corazón y decir palabras amorosas como «Dios y Señor mío». Lo hace el enemigo por que concibas poder ser de Dios, movido a darnos sus bienes por palabras de alabanza o por otros movimientos corporales como alzar las manos y otras cosas semejantes. Sentir algo de esto es falsísimo, porque el que esta suavidad le da no ha menester algo de esto y lo que quiere es sólo que gustes y reposes y duermas en suficiente regazo con toda paz y sosiego, alcanzando cualquier movimientos que desasosieguen este reposo. Cuando el alma empiece a se ejercitar con muy grande diligencia en los beneficios desciende un rayo sobre su razón culpándonos de ingratos hasta aquel estado, y somos constreñidos a enderezar los torcimientos que hasta allí sentimos haber tenido.

De aquí se siguen dos cosas. La primera, pesar de lo pasado. En esto te has de haber como arriba se dijo en la contrición. La segunda es firme propósito de se conformar con la voluntad de Dios en todas las cosas.

Entonces el enemigo procura que concibamos haber alcanzado estas dos cosas por nuestro estudio y que lo ofrezcamos a Dios como propio don haciéndonos sentir que nos lo debe agradecer. Esto vencerás si corres del todo a tu vileza acordándote de cuando estabas envuelto en pecados y cuanto tiempo no ejercitaste ni sentiste lo que ahora por tu negligencia. La intención del enemigo es siempre por hacernos confiar de nos, porque sabe que luego seremos privados de la suave visitación. Si de dos cosas te guardas sábete que poseerás aquella muy deseada presencia de Dios. La primera, de permitir reposar en el profundo de tu corazón alguna confianza de ti. La segunda, de la negligencia en te ejercitar, porque has de ser estudioso siempre, fuertemente continuo con extrema y perseverante diligencia en este ejercicio de buscar la divina bondad con sus beneficios por todos los modos, tiempos y lugares que pudieras con todo tu corazón y con todas tus fuerzas profundamente.

Digo profundamente, espaciosamente y con sosiego, no sólo considerándolo principal en lo que piensas, mas todas sus particularidades; y todo con serenidad del corazón. Contra esto tienta el demonio cuanto puede. Lo primero diciendo que para vacar a este ejercicio es menester mucho sosiego de ruido exterior, oportunidad de tiempo y mucha soledad. Hácelo por que esperando estas cosas dilate la oración y entre tanto resfríe el fervor. Procura cegar la claridad de nuestro entendimiento con polvos, y si no puede con gruesos ofrece muchedumbre de menudos. Tú, hermano, no esperes siempre oportunidad ni sosiego exterior, mas determina en todo lugar y tiempo no dejar este ejercicio según pudieras aunque debes procurar el sosiego cuanto en ti fuere cumplida la obediencia.

Después de haber el hombre recogido sus vanos pensamientos y sólo se ocupar en pensar los beneficios pasados y los impedimentos que parecían imposibles, y caminando por el destierro, que es la confianza de sola la ayuda divina, pone el demonio en el pensamiento que sería razón estar ya fijo en el gusto de los devotos sentimientos, y sin contradicción ni pelea perseverar en la obra comenzada. De aquí viene que no sintiendo esta tentación muy peligrosa empieza el hombre a dudar en lo pasado. O si tomara otro camino conviene que contra ella te armes con la Sagrada Escritura que nos enseña no esperar de descender de la contemplación confirmados, sino alumbrados y con cuernos armados para pelear. En todas estas cosas debes examinar siempre tus obras, y si en algo vieres no ser conformes a la voluntad del Señor, enderézales según su aplazamiento. Nota, pues, tres avisos para remedio de esta tentación. Lo primero, que hay muchos y fuertes enemigos contra este ejercicio que nos bastan a derribar de lo comenzado. Lo segundo, que estés avisado de una gran sequedad que sienten a tiempo en su espíritu los que con estudio perseveran que en tal manera agravian que casi traen desesperación de llegar a perfección a los no experimentados.

El tercer auxilio es hacer saber que el manjar de que los contemplativos son aquí reficionados es muy sutil, no del todo satisfaciente, porque lo que se gusta en la contemplación de lo que en sí es no es más que confites en comparación de muchos y buenos manjares. Cuando el alma no avisada comienza a gustar algo, espántase, y cuando se lo quitan viene a dudar si placen a Dios sus estudios.

Pues mira bien todas estas cosas así como necesarias y ten por cierto que ningún devoto pasará sin las experimentar y los que no las entienden son puestos en mucha fatiga.

Pregunta XI
De la forma general de orar

Respuesta. Primeramente debes te santiguar nombrando la Santísima Trinidad amorosamente. Luego, con velocidad, hinca tu pensamiento en el misterio que aquel día has elegido de te ocupar, formando interiormente que lo ves claro con los ojos del entendimiento. Tarda tanto hacer esta fuerza hasta que todos los pensamientos que desasosiegan el corazón sean destruidos. Hecho todo esto, la mayor fuerza que te has de hacer es no afligir tu corazón a intención buena ni mala, salvo si te fuere arrebatado a cosa dañosa, mas trabaja por todas las vías que pudieras. Esto ha de ser desconfiando de ti totalmente. Así que cuando sintieras ser movido tu espíritu por su propio esfuerzo totalmente lo refrenes, aunque te parezca asir de cosa devota o dolorosa. Así como si eliges el viernes de pensar en la pasión debes hacerte la fuerza que ya dije hasta que sosegadamente estés junto con el misterio. Si entonces te esfuerzas a trascender cosas sutiles por tu propia astucia, en lugar de consolación sacarás dureza de tal manera que no podrás perseverar sino breve espacio. Lo cual es señal que no has sido visitado del Señor impidiendo tus esfuerzos. Lo que debes hacer es que, puestos los ojos interiores en el misterio, te halles tan impotente para sacar de allí cosas buenas como lo es la tierra seca para atraer la lluvia y producir frutos. Así que no te conviene hacer sino lo que la tierra hace para ser regada.

El misterio que escoges para te ocupar cada día aprovecha mucho y es como quiciales, que estando tu alma hincada allí y echando de sí la presunción y con los deseos formados que se ponen en la adoración esperes la muy cierta consolación del Señor. Así que en lo ya dicho no te es enseñado a buscar cosa por tu propio esfuerzo, mas desear, suplicar y esperar lo demandado. Si no te parece conforme con el alma lo que dije de la tierra pide la gracia del Espíritu Santo y después trabaja de examinar para qué te fueron dadas las potencias y habilidades de tu alma y hallarás que sólo se enderezan a conocer que de ti nada puedes y que todo te es dado del Señor.

Necesario es para aprovechar que conozcas cuándo es movida tu alma por el espíritu de Dios o por propio esfuerzo y conocer lo tienes en que cuando sientes una suavidad que satisface el entendimiento reposándolo de toda parte sin alteración ni enojo, mas antes deseo de perseverar en aquel lugar largamente. Eso es cierta señal que es de Dios. Al contrario va cuando es de nuestro esfuerzo, pues aunque al principio parece que consuela acaba con dureza de corazón y turbación del entendimiento y gana de buscar consolaciones extrañas con miedo de volver a la oración.

Pregunta XII
De la forma de adorar a Dios cada día

Respuesta. La adoración que aquí se pondrá debes cada día hacer y antes de ella has de mirar que no haya en tu conciencia mancilla de pecado, ni propósito de hacer tu voluntad en obra no meritoria aunque sea en cosas pequeñas. Si te ocurrieren los pecados no te preocupes de ellos más de haberlos cometido. Debes, pues, postrarte en tierra del todo corporalmente y adorar a Dios con todas las cosas que en ti son corporales y espirituales con entrañable y pura afición diciendo mental o vocalmente la siguiente oración: Adórote, Dios y Creador mío, con todo mi ser y suplico a tu majestad tenga por bien de así me recibir. Si me falta algo para ser esta adoración perfecta, por tu infinita bondad ten por bien de lo suplir en tal manera que

ahora totalmente me recibas y para siempre del todo
me poseas. Haz conmigo, Padre amantísimo, esta misericordia de aquí adelante que en todas las cosas y que
cuanto poder en mí es, yo haga aquello que a ti solo
place. No con temor servil, mas con amor filial; no con
deseo de mi propio provecho, mas con entero deseo de
ti solo aplacer. Cualquier intención de movimiento que
en mi fuere o cualquier cosa a que deba ser movido
mediante la gracia del Espíritu Santo, todo sea a honra
de la divina majestad, y no permita ni dé lugar tu
misericordia que otra cosa se mezcle en mi pecho ni
tampoco en mi corazón.

Otrosí cualquier cosa que yo ahora o en algún otro
tiempo haya merecido o mereciere de bien lo ofrezco
a tu gloria y honra por todos mis prójimos vivos y
difuntos y así por cada uno de ellos como por mí
mismo. Suplico a tu infinita misericordia tenga por
bien de perdonar todos mis pecados y los de mis prójimos vivos y difuntos, y a todos los vivos. Y ayudar y
socorrer cumplidamente a todas sus necesidades corporales y espirituales en tal manera que ninguno sea
excluido de tu paternal bendición y consolación. En
especial suplico a tu larga liberalidad plegue de me
henchir de gracia colmada según tu bondad para en
verdad reconocer y amar perfectamente a ti y a todo
lo que amas, y aborrecer todo lo que me aparta de ti,
y darme todo lo que me allega a ti; inclinarme, atraer-
me y decidirme cumplidamente a obrar lo que te plazca
y me des a sentir lo que de mí y de ti debo sentir, en
especial en este misterio a que hoy mi intención se
endereza.

Cuán grande se muestra en él tu bondad, piedad,
misericordia y justicia para que cause en mi alma aquellos efectos y dé aquellas gracias que me sean necesarias
para en verdad andar y conversar en tu presencia interior y exteriormente conforme a tu santa voluntad.

(Aquí debes rogar por todos los estados de vivos y difuntos y luego decir: Suplico a la bienaventurada Virgen María, con los santos que tuvieres en devoción.) Universalmente suplico a todos los santos, así espíritus angélicos como humanos, tengan por bien de formar y presentar estas peticiones en la presencia de la divina majestad y ser intercesores por mí y por mis prójimos vivos y difuntos, por su amor y reverencia. Plegue a tu inmensa bondad, oh sacratísima Trinidad, estas cosas me conceder por los méritos de todos tus santos y *propter semetipsum* (por tu misma bondad), suplícote tengas por bien de formar las faltas que son en las potencias de mi alma por mi gran maldad y pecados, y poderosamente me torna todos los bienes y aprovechamientos que por esta causa perdí, desde que yo nací hasta la hora en que ahora estoy, y finalmente tengas por bien de me dar por padre a tu infinita bondad. *Per Christum Dominum nostrum.* Amen.

Esto hecho, pon término a todas las oraciones vocales, salvo las obligatorias y estaciones. Cuando no pudieras mentalmente, no será malo comenzar alguna oración para esperar la dicha visitación y no para más. Si antes de acabar la oración el Señor te visitare no cures de acabar, sino que te quedes allí.

Pregunta XIII
Cómo debe Dios ser amado

Respuesta. Nuestro Señor ha de ser amado sobre todas las cosas. El cómo es éste, que consideres profundamente las aficiones e inclinaciones del alma examinando si van conformes a lo que a Dios place, a la caridad del prójimo. Y cuando hallares algo que te fuerza de estos dos fines, si viéndolo trabajas con todas tus fuerzas de revocarlo, entonces amas a Dios sobre todas las cosas, porque contradices a ti mismo, que

tienes en más que todas las cosas, y te privas de consolación por no ofender el amor de Dios. Para saber
algo de qué cosa sea amar a Dios has primero de notar
que hay tanta diferencia del amor con que las criaturas
entre sí se aman y el amor con que Dios las ama, y
ellas a él, como de trabajo a descanso.

El amor de las criaturas es penoso. El divino lo
primero que obra en el alma es quitar los movimientos
en buscar y apasionar el corazón. Dios ama a la criatura
como una madre que tiene presente a su hijo: jamás le
perdió ni entró en su corazón el temor de perderle, mas
tiénele en grande y continuo amor entero, sin ondas
de turbación permanente, que nunca deja de ser perfecto ni puede ver el principio, medio ni fin. Mas
nosotros amamos a Dios como la madre que perdió su
hijo y después lo halló y gozándose con el ausente
parece no tenerlo; así que no carece de sosiego, mas el
diligente amador debe mirar qué tal es el amor que
Dios tiene a la criatura como diré, y a semejanza de
aquél ordenar su amor, por que hasta que sienta aquella manera de amar sepa que está muy lejos de la
perfección de amor cuando al reposo cumplido a que
debe esperar que vean (aun en esta vida) con la ayuda
de Dios, lo cual debe procurar con diligencia.

Pregunta XIV

Qué diferencia hay entre las consolaciones espirituales y corporales

Respuesta.   Los no avisados toman las consolaciones
corporales por espirituales y acaban sus días sin fruto.
La consolación corporal que muchas veces engaña es
de muchas maneras. Así como cuando te pones en cruz
o tomas disciplinas y otros diferentes actos corporales,
que siempre queda alguna consolación y es del ejercicio
que has hecho y de haber desechado el acidia. Esto más

es un contento que de ti mismo tienes que no de la grosura del espíritu. Lo mismo es de la consolación que sienten algunos leyendo o rezando vocalmente que a las veces es de inclinación natural que aquéllos tienen. Estos ejercicios buenos son hasta desechar tibieza, mas no den satisfacción a tu deseo, sino que pases por ellos al fin para que son buenos, deseando, demandando y buscando los que edifican en ti el conocimiento, reverencia y amor divino.

Las consolaciones espirituales son satisfacción mansa que viene a nuestro espíritu, no afirmada sobre cosa corpórea tal que reposa el entendimiento aunque no lo enciende a entender cosas muy altas. Esta trae muy gran provecho a quien la supiere guardar. Otra consolación espiritual hay, y es cuando de las cosas entendidas nace un gozo en el alma con mayor hervor que en la primera aunque con mezcla de duda, con lo cual te debes sosegar cuanto pudieras y echar la duda, porque es puerta para venir a la tercera consolación, que es un recibimiento de sosiego espiritual ajeno de temor servil incitante al amor filial con toda seguridad y confianza de Dios y desecha de sí toda imaginación que puede formar en el entendimiento, porque sobre lo que ella se estriba es ajeno de forma.

Pregunta XV

Cómo se entiende aquello del Pater noster: Fiat voluntas tua

Respuesta. Por mejor entender esto has de mirar que es Dios como un padre que ama en extremo a su hijo y su deseo es enriquecerle y honrarle según toda su posibilidad. Esto no se puede cumplir en nos sin nuestra disposición; ni la podemos tener sin la ayuda de Dios, padre nuestro. Considerando, pues, la gran voluntad y hambre que este padre tiene entenderemos con qué intención nos aconseja que principalmente le pidamos que se haga su voluntad. Y para mejor conocer la que tiene de nos dar grandes dones mira lo que acaeció en Adán, que de ser criado lo sacó de tierra trabajosa y púsolo en deleites. Si él perseverara, de cada día fueran creciendo los beneficios aun cuanto a lo corporal. Pongamos, pues, todo nuestro estudio en las obras y decir con palabras siempre *fiat voluntas tua*, porque esto es lo que Dios quiere y a nosotros conviene. Esto entenderás mejor si del todo sacares al aconsejador de propio interés.

PREGUNTA XVI
Qué cosa es unión sobrenatural

Respuesta. Unión sobrenatural es aquella en que nos es dado a conocer alguna cosa en modo extraño de lo que nuestro entendimiento por sí puede alcanzar, mas totalmente no es ofrecido sin nuestra inquisición. Acerca de esto tenemos cierta ciencia que a lo que nos es dado y por manera que nos es dado nuestra inquisición no puede llegar.

Para que mejor lo entiendas debes notar que cuando de nuestra parte obramos, lo que alcanzamos siempre es con trabajo. Cuando Dios nos quiere visitar no sólo es sin nuestro trabajo, mas si alguno tenemos lo quita, y abriendo los ojos del entendimiento representa lo que a él place. Así que lo que es visto bien lo podemos juzgar y hablar, mas lo que allí es entendido es inefable. Después de esto ninguna fatiga queda en las fuerzas corporales, mas queda una riqueza en el alma con posesión segura, así como si sacasen a uno que estuviese en grande oscuridad y pusiesen de súbido en la claridad del mediodía. Esto sin ningún ejercicio suyo y no sólo lo procurando, más aún, no lo esperando.

Para mejor sentir esto, has de notar que cualquier sentimiento en cualquier manera que venga, si al fin deja en el alma inclinaciones a bien, es bueno. Mucho aviso se debe tener acerca de los sentimientos porque muchas veces son mezclados de grandes y sutiles engaños que impiden en él aprovechar. Todo sentimiento que estriba sobre lo corpóreo es sospechoso, mayormente si viene sin preceder antes largo ejercicio cerca de los beneficios, y ni aun por éstos deben ser tenidos por seguros.

Mi parecer es que tales sentimientos que en alguna manera alteran el cuerpo deben ser reprimidos del que vaca a la oración, deseando ayuntar su alma, que es espíritu con su Creador, entre los cuales no se consiente cosa extraña ni muy pequeña. Esta reprehensión no ha de ser con violencia, sino con serenidad y por que pueda el alma perseverar en la presencia del Señor con liberalidad debe tener esta manera acerca de las visiones sobrenaturales: primero, mirar bien que lo que así le es demostrado sea conforme a la fe católica y con esto mirar sobre qué se funda o de qué ha nacimiento.

Los profetas a veces veían cosas corporales y debajo de aquéllas entendían lo que era espiritual y que en ello les era significado. En esta manera podrás examinar todas las visiones que en la sobredicha lumbre te fueren presentadas, esto es, que aunque el entendimiento vea por formas corpóreas, en ellas le sean dados a entender los beneficios que Dios ha dado o quiere dar al género humano o a ti o a otra persona en manera que de allí siempre resulte gran fruto.

Si algunas otras vinieren sin este fundamento, ni las dejes ni las apruebes, mas espera en el Señor que purificándolas las traerá a cosas altas y perfectas. Si ya no sientes que te dejen cosa sospechosa, como deseo de no comer ni dormir o resistir a la obediencia, entonces, aunque vengan cubiertas de buen color, no se debe hacer cuenta de ellas.

Pregunta XVII

Qué modo tendrá el religioso en su monasterio

Respuesta.　Dos cosas principalmente son necesarias a todo religioso que vive en congregación. La primera es perfecta obediencia. La segunda continua oración mental. La obediencia debes guardar en extremada manera. Porque todos los extremos tengan vicio esto no se entiende en la oración mental ni en la obediencia, cuando no manda ofender al Señor. Este modo has de tener en obedecer: que en todas las cosas creas verdaderamente que en Dios, por cuyo amor te sometes al hombre, tendrá cuidado de poner en su corazón qué te deba mandar y le dará a conocer a qué oficio eres más hábil y en qué podrás más aprovechar.

Esto has de afirmar así en tu corazón que en ningún tiempo des lugar a lo contrario, mas muy fijo en esto, descuídate de ti cerca del regimiento de tu vida en las obras corporales. Presta la oreja a lo que te fuere mandado y cúmplelo enteramente. No te entremetas en cosa que la obediencia no te pusiera. No sólo te has de dar pronto a lo que el prelado te mandare, mas has te de guardar de no darle a entender qué oficio deseas ni a qué eres más inclinado, por que todo lo que te mandare sea según la inspiración del Señor, al cual debes alzar a menudo tu corazón presentándole puros deseos de hacer su santa voluntad.

La segunda cosa necesaria, sin la cual el religioso no podrá vivir consolado, es el ejercicio mental en la manera que por todo este libro se trata. Así como el cuerpo vive por comer y participar de las cosas conformes a su criamiento, y quitadas éstas morirás, así el alma no vive sino participando de Dios. Esta comunicación del soberano bien, que se procura mediante el ejercicio mental, tiene muchos grados. Esto no escribiré, mas sólo pondré algunos puntos que te serán materia de aprovechar.

Primero, sepas ser necesaria disposición de lugar, tiempo y continuación. El lugar ha de ser el más remoto, sosegado y oscuro que pudiera ser. El tiempo se ha de ordenar por todos los días, así que en el principio lo primero que has de hacer es ocuparte hora y media en la aniquilación de la forma que ya es dicho pensando cómo no podemos y somos nada. Mas que todo bien espiritual y corporal habemos recibido de aquel de quien recibimos el ser, porque lo que de sí es nada en ninguna manera puede dar ser a otra cosa. Encomienda, pues, esta consideración a tu memoria y preceda a todas tus ocupaciones, como raíz de todo buen fundamento. Entre día no dejes de traer muchas veces a tu memoria la misma consideración. Si estudiosamente lo hicieres te guiará por camino dulce.

La continuación otrosí es necesaria. Sin ésta nada aprovechares aunque tengas todas las cosas que para este ejercicio se requieren. En las ocupaciones de la obediencia ten intención y deseo firme de en acabando, sin tardanza, ocurrir en este santo ejercicio y perseverar allí. Esto has de hacer aunque no sientas devoción perseverante en la presencia de Dios. Cuando más no pudieras, hazle reverencia corporalmente deseándolo traer a tus entrañas con todas las fuerzas de tu corazón y guarda. No dudes de su visitación, mas trabaja siempre en buscar su presencia en todo lo que vieres y aun comiendo. Cuando en ocupación se enderezare la beatísima visitación, antes de todas las cosas la contempla invisible, incomparable, inestimable y sin medida.

Para esto es muy necesario hacer distinción entre las obras de la sensualidad y del entendimiento y la afición. Esto has de pedir con firme fe al Señor. Ten aviso en todas tus meditaciones considerar las cosas divinas por vía de recepción y no aprehensión. No es forzándote a querer comprehender cómo es ni en qué manera, mas con reverencia considerar lo que te es dado y cuán misericordiosamente. En las obras de la humanidad ten estas dos maneras de te ocupar. La primera, que las sientas para las mirar. La segunda, conocer el amor que en la esencia divina de nosotros está, lo cual se manifiesta en lo que nuestro Salvador obró y obra por nos. Así que los misterios del Señor debes contemplar en la oración mental profundamente, con toda su vida, pasión y resurrección. Cuando los contemples finge tenerlos junto contigo y mirando con diligencia en cada uno todo lo que se obró. Entiendo que todo se hace por ejemplo nuestro donde tenemos de sacar regla cierta para formar nuestra vida interior y exteriormente.

Para escapar del engaño de la sensualidad has de conocer que la devoción de las cosas espirituales siéntese en el entendimiento o a manera de cuando oímos y entendemos una cosa bien dicha que el entendimiento queda satisfecho y con apetito de oír cosas semejantes. Al contrario es de las corporales, porque la que parece de devoción es pasión y siéntese en las partes del cuerpo y no más; quedan las penosidades arriba dichas. De aquí se conoce cuán grande error es el de algunos, que se fatigan mucho si no sienten fervor en el corazón de carne y piensan ser señal que no aman a Dios. Es falso, porque si no le amasen no le desearían ni tomarían pena por no lo entender y la pena de no sentirse inflamados en el amor del Señor es señal que le aman. El amor de Dios es por el entendimiento puesto en la afición, la cual es hecha firme en proponer de guardarse de toda ofensa de Dios y poner en obra todo lo que a él place.

Sobre todo es necesario el continuo (ejercicio mental) al que desea guardar limpieza corporal y espiritual y con esto el regimiento de los sentidos exteriores y evitar las hablas no necesarias con cualquier personas aunque parezcan ser conformes.

Cuando te pusieres a contemplar no desees sentir más de aquello que al Señor pluguiere darte. Debes mirar aquello que pertenece a la creencia y abrazarlo con firme fe, y lo que pertenece a la obra mirando lo que se manda, y cumplirlo con diligencia. Especialmente el precepto *Dilige Dominum Deum tuum et proximum sicut te ipsum* (Ama al Señor tu Dios y al prójimo como a ti mismo: Mt 22,27-38). Esto es claro de entender y necesario de cumplir. No sólo somos obligados a no dañar al prójimo, mas de le procurar todo el bien que pudiéramos.

De aquí sacarás doctrina cierta cómo debes haber en hablar y oír hablar del prójimo, y así de las otras cosas que a él pertenecen. Ten por regla general que el primer tiempo de la oración siempre has de ocupar en considerar los pecados y examinar tus inclinaciones y en condenarte a ti mismo, pensando también las otras consideraciones que ya se pusieron en la aniquilación, y cómo el Señor te creó a su imagen y semejanza. Con esto mira la misericordia del Señor en proveer de remedio a tus faltas por la muerte de su Hijo, y viendo que en lugar de amor le has en tantas maneras ofendido, entenderás ser tú digno del infierno, lo cual es necesario sentir a toda persona espiritual y conocerlo con verdad.

Pregunta XVIII

Qué modo tendremos para ejercitarnos en la caridad

Respuesta. Presupuestas todas las cosas que están arriba escritas para la oración mental es el camino para venir a la caridad de Dios éste: que cuando te pusieres a orar mires con diligencia en lo que has ofendido a Dios y al prójimo en tu conversación. Esto no se entiende de lo pasado, que ya ha de estar hecho, sino de lo que traes entre manos. Debes, pues, mirar lo que

Dios manda y lo que toca al prójimo y a la obediencia de la Iglesia y de su prelado. Si hallares haber hecho en palabra o de obra al prójimo lo que no querrías que te hiciesen, o haber dejado de hacer lo que querías que contigo fuese hecho, imitando esto según espiritual y verdadero juicio, duélete de ello. Si has injuriado pide perdón, y si no puedes pídelo a Dios. Si te sientes rebelde contra la obediencia de tu mayor enmiéndalo y disponte a lo que te mandaren y de lo pasado te arrepiente.

Hecho todo esto, llega a la oración con confianza usando de los modos arriba puestos. Con estas maneras de purificación, siendo hechas por aplacar a Dios, es el alma limpia y hecha digna de visitaciones, las cuales siempre y de cada día la avivan y hacen más sensible en los entrañables remordimientos. Se acrecienta cada día su deseo y mediante su buena disposición y continuación es hecha digna que le sean acreditadas las gracias, si en tales ejercicios no aflojaren teniendo los modos escritos en este libro. Y vendrá a embebecerse en el amor de la presencia divina. Así que ya no le sea mayor pena que hacer lo que le agrada.

En tres puntos está este ejercicio. El primero, de la aniquilación. A éste sirven muchas cosas puestas en diversas partes de este libro para que te conozcas ser nada o malo. El segundo es santidad, que consiste en pureza de la voluntad conforme a la divina en unidad de todas las aficiones, quitados los derramamientos en diversas cosas y haciendo lo que a Dios place. Guárdese de lo contrario.

Esto es santidad y a esto se enderezan todas las cosas puestas en este libro para atraer el alma con cautelas y con halagos a conocer y aborrecer el niel y para que conociendo la bondad del Señor lo amemos. En esto no tiene parte el cuerpo más de ser traído casi por fuerza y por el sentimiento de estas cosas refrenando sus movimientos apasionados con continuos propósitos de la enmienda y de no injuriar ni acusar ni murmurar del prójimo.

Por resistir a las pasiones exteriores como son honras, oficios, impaciencias, gula, lujuria y cosas semejantes, aprovecha actuar la voluntad con las virtudes contrarias y más con la vida y ejemplos de Cristo. Para los apetitos interiores como son salidas voluntarias, aprovecha pensar que estás muerto y privado de tu libertad. El tercer punto es la justicia, que te debe acompañar en todo tiempo y lugar, y tornando sobre ti tomar cuenta de ti mismo, como si fueses acusado en juicio de lo que toca a lo exterior con palabras y obras. Y de lo interior examinando los pensamientos cuáles son y cuáles deberían ser en presencia de Dios para atraer a él a ti y a ti a él. Ítem examinar la intención: si es para buscar a Dios conformándote a su voluntad. Ésta debes tener delante, que es la guarda de la ley y de tu regla, y en la mutación de la mente para satisfacer por lo pasado con arrepentimiento y confesión. Y para poner en obra el bien con toda el alma, toda en voluntad, toda en deseo, toda en propósito, toda en la intención y pensamiento y toda en verdad. Así que ande la justicia recta en hacer todo bien y apartar todo mal, dentro y fuera. Y nunca te pongas a orar hasta haber hecho justicia verdadera. Quiere Dios que tanta diligencia pongamos nosotros en nuestra propia examinación cuanta requiere el más sutil oficio de cuantos hay en el mundo. También en escudriñar las palabras y cosas que de su majestad han procedido y venido a nuestra noticia, para en ella conocer cómo le debemos amar y reverenciar. Todo lo sobredicho es necesario para entrar en lo puro espiritual.

PREGUNTA XIX

Qué forma se tendrá para aprovechar en todo lo escrito en este libro

Respuesta. La respuesta que se pide acerca de la forma que se debe tener en aprovechar en el presente libro has de notar la siguiente comparación y es que el amor de Dios se causa en el alma, y se pierde el temor mediante los continuos beneficios que de su majestad recibimos, como acaece en los animales bravos, que con halagos se tornan domésticos a su señor.

Si el alma con la continua consideración de los beneficios divinos, conocido en cada uno el amor que Dios le tiene, viene a tal estado que es sacada de todo temor y recibida en la región del amor. Para que se entienda cómo se ha de ejercitar esto y todo lo escrito en este libro has de saber que hay un engaño que a muchos fatiga y es: como no ven el provecho que se les sigue de la oración porque solamente es en el espíritu de cuyo conocimiento carecen, desmayan y tornan atrás o no se cuidan de acrecentar en cosa que tan poca ganancia hallan.

De este engaño serás libre si miras el modo que se tiene en domesticar los animales, lo cual no se alcanza en el primer beneficio que les hacen ni su dueño siente a los principios que en algo se amansen. Mas con la esperanza que tiene de esto continúa siempre los beneficios y antes de mucho tiempo halla su bestia doméstica y que antes huía de él va tras él. Esto le causó al animal la confianza que ha cobrado de su amor por los muchos beneficios.

Así debes saber que nuestra alma está atemorizada, de temor desordenado por el alejamiento que de Dios tiene, el cual le vino del descuido envejecido de muchos años y años y no puede asentar en sus turbadas entrañas creencia de la suavidad y benevolencia divina, mas si volviendo sobre sí considera con diligente continuación el amor que Dios nos muestra en cada beneficio, así en general como en particular, cada vez queda en el hombre interior simiente al parecer pequeña y en virtud grande, contraria a las turbaciones ya dichas que en alguna manera ablanda y sosiega la interior conversación entre él y su Dios.

El que en ésta fuere más estudioso, más presto vendrá a perfecta confianza y verdadera creencia en Dios, lo que lo inflamará en su amor. Debes también notar que este crecer es tan escondido a los principiantes, cuanto a los nidos el crecer corporal que sin sentirlo se hallan varones perfectos si no faltan en tomar lo necesario.

Esto querría mucho anotases, porque es necesario al principiante tener este modo para reformar los grandes caimientos en que por nuestros pecados somos venidos, lo cual podrás aprender en la manera que se crían los cuerpos, porque así como no basta a la madre envolver una vez a su niño y darle leche y otras cosas necesarias, así tú no pienses que basta darte un tiempo a mucha oración y otros a parlería y floja conversación. Mas debes andar con gran vigilancia para que crezcas en lo espiritual como va creciendo el niño en lo corporal. Así que recogiéndote a menudo y no hablando palabras ociosas sino de edificación y no consintiendo que tu memoria sea llena de nuevas mundanas, de las cosas que acaecen cuando quier grandes, como guerras y cosas semejantes, mas que sólo des el oído a lo que sientes ser digno de ser hablado, hallarte has en poco tiempo en una disposición tal que te parezca mal todo aquel que en tales cosas vieres ocupado. Debes, pues, volver sobre ti, que esto es gran principio de aprovechar en quieto recogimiento, porque no hay cosa que más imprima en el hombre interior la pureza de la verdad que el rumiamiento y examinación de todas las

cosas con las potencias y habilidades que Dios puso en
el alma. Todo esto se alcanza en el recogimiento. Es
menester, pues, esperar el aprovechamiento del espíritu como el crecer del cuerpo que no es súbito, mas
poco a poco, y esto has de entender para toda cosa,
conviene a saber, para el recogimiento, para la pura
espiritualidad, para el amor de Dios, para alcanzar
cualquier virtud y buen talante.

PREGUNTA XX
Cómo se halla el recogimiento del alma

Respuesta.   El recogimiento del alma se halla hallando a Dios, antes no. Pues viéndose el alma no presente
tener a Dios presente, porque no siente de él, y conociendo su flaqueza e ignorancia y que no siente la
presencia de Dios, trabaja por la buscar quitando primero los impedimentos de las ocupaciones. Lo segundo, buscándolo por los beneficios en los cuales luego
halla a Dios presente así en las criaturas como en su
propio ser. Para mientes, pues, hermano, y trabaja en
poner siempre tu alma en disposición para que Dios se
le comunique estribando siempre en lo que no se ve o
en lo puro espiritual para que ella se ensanche en su
natural y después de purificada el alma de las cosas
corpóreas, no hallando a qué se asir, debe luego considerar su pobreza, que es tanta que no hallada está la
plenitud que es la espiritualidad, y hallado está todo
vacíamente que es lo corpóreo y sensual.

Sentido esto de tu parte, debes por otra considerar
la potencia infinita del Señor para la reverenciar, y
puesto entero sosiego sin movimiento alguno de tu
parte interior torne la inteligencia sobre sí entendiendo
cómo recibes el ser continuamente de Dios y cómo te
lo está dando estando presente. Debes detenerte en
esto hasta ver esta verdad con tu inteligencia comuni-

cándote la bondad divina, de la cual no se conoce nada
según verdad, sino por iluminaciones sobrenaturales.

Para recogerte dentro debes comenzar por lo de
fuera así como tomando una criatura para considerar
al que la crió y para quien de aquí comienza el alma a
sentir interiormente el amor de Dios y lo mismo es
comenzando por uno de los sentidos ver y oír. Si
quieres conocer tus pasiones interiores comienza en
obligación del amor del prójimo y luego el alma torna
adentro sintiendo lo contrario, como ira, envidia, etc.
Lo primero que viene a nuestra alma mediante los
sentidos exteriores es la noticia de las cosas, las cuales
el entendimiento discierne. Es, pues, necesario purificar y amaestrar el entendimiento porque tales cuales
cosas ya examinadas ofrece a la voluntad; tales ella las
ama, y si van con error con aquél se está y es peor de
sacar de allí que fuera antes de informar en la simple
verdad. Mas cuando el entendimiento ofrece ocupación sin mancilla de error a la voluntad y que sea tal
cual le conviene aquedarse asida a ella y anda siempre
casi suspensa y levantada de lo extraño a la verdad y
trae todo el hombre casi por fuerza a esta virtuosa obra.

De aquí se sigue que cada día va más aprovechando
en el amor suave de esta ocupación. Si deseas saber
qué es lo que debe presentar el entendimiento a la
voluntad, digo que esta ocupación ha de ser solo Dios.
Para esto has de notar que Dios vive en sí y de sí, sin
tener necesidad de buscar algo fuera de sí. Nuestra
alma vive por Dios, en Dios su creador, no en sí misma,
mas dejándose y poniéndose en Dios. Esto es, considerando y atribuyendo a Dios y en Dios todas las
perfecciones que en cualquier manera pudiera alcanzar.
Así viene a despreciar todo lo que de fuera es y a poner
su amor en sola la esencia divina. Así como la vida de
la divina esencia es entenderse y amarse con cumplido
contentamiento de su perfección, así el alma vive en la

divina esencia mediante el rumiar o comer con la inteligencia y amor al que llegó con continuado ejercicio
de venir en conocimiento de la perfección de nuestro
Señor, porque aquello que dice la Escritura que Dios
hizo el hombre a su imagen y semejanza quiere decir
que le hizo hábil para ser mantenido de los mismos
manjares que él, aunque por otra manera, porque Dios
por natural esencia y nosotros por comunicación a nos
hecha por su bondad. Así que vivimos en él mediante
las operaciones de las potencias del alma siendo guiada
derechamente. Así como el cuerpo vive comiendo el
pan material, así nuestra alma entendiendo y amando
a Dios vive por su virtud, pues el alma es mantenida
por Dios. Su vida será tal cual es Dios, quiere decir,
cual es la voluntad de Dios, el cual es perfectamente
bueno y quiere que la criatura racional se mantenga
siempre de él, por que viva en él, pues tiene vida por
él y así se entiende aquello del evangelio: *Sicut misit me
vivens Pater, et ego vivo propter Patrem... et qui manducat
me vivet propter me* (Lo mismo que me ha enviado el
Padre, que vive, y yo vivo por el Padre... el que me
coma vivirá por mí: Jn 6,57). Y porque esta materia en
breves palabras no se puede explanar, ocurran a las
exposiciones de los santos doctores aprobados por la
Iglesia que, según mi parecer y consejo, nadie debe
dejar de se informar de esta materia lo mejor que
pudiere.

Esta concesión de vivir nuestra alma en Dios nos
viene mediante la misión de Cristo con Dios, así que
seamos apacentados del mismo Dios. Pues miren cuán
malo sea consentir que el alma que ha de ser apta a tal
pasto sea detenida en vanidades que la conviertan en
vanidad, lo cual es gran pecado y desprecio de Dios.
Vanidades digo oír y hablar cosas ociosas y sin provecho. Recoge, pues, tu espíritu apartándolo de toda cosa
criada y de toda falsedad, esto es, de contemplar a Dios

en una sola parte y no en todas. Debes, pues, deshacer todas las cosas. No hallando la inteligencia a qué se asir tórnase sobre sí. Entonces débesla mover a que se ejercite y traiga dentro de sí alguna cosa, así como el olor o hermosura de alguna criatura o cosa semejante, considerándolo según la forma que dio en el tercer estado, en el capítulo cuarto. La primera, de estar con gran sosiego. La segunda, que sea con intención de esperando recibir lo que el Señor te quiera comunicar. La tercera, que la voluntad esté queda hasta que la inteligencia lo presente entero, puro y verdadero. Sepas que entre tanto que el alma espera pasa mucha tribulación, porque no sabe a qué asir, a lo que se debe arrimar. Entre tanto es a su nada, y la más principal ocupación es considerar cómo el Señor le está dando vida.

Pregunta XXI
Cómo se levanta el alma sobre sí misma

Respuesta. Para saber algo de esto has de notar que el hombre es alma y cuerpo; es criado para recibir deleite. No lo tiene de sí, mas esle comunicado de otro; tiene aptitud para lo recibir. El alma, pues, esta propiedad tiene de recibir deleite cuando le es comunicado, así como cuando le es dicha una cosa maravillosa. En tocándole se ensancha; así es dicha levantada de Dios, cuando es tocada de él por todas partes. Entonces tiene ella disposición para este tocamiento, cuando está del todo humillada y con verdadero y entero conocimiento de su nada y vileza. En este levantamiento son abiertos sus ojos espirituales para ver cosas maravillosas o que toquen a la verdad de la fe o a conocimiento de la bondad divina o conocimiento de sí misma, pues en otra manera sería sospechosa la visión. Es ésta vista así como cuando un letrado quiere disputar con un simple; el ignorante no osa porque ve la sabiduría del otro. Con esta manera de verse considera la presencia de Dios comparándola a la justicia que siempre está en un ser, como se dijo en el estado tercero.

De esta consideración se siguen muchos provechos. El primero es una serenidad continua a semejanza de Dios; es perseverante por no ser violenta. El segundo es conformidad con la voluntad divina en lo próspero y adverso estando siempre firme en la fe y observancia de la ley y de la regla y en la imitación de Cristo. El tercero es venir a perfección que consiste en el conocimiento de Dios y de nosotros mismos. Para esto conviene tener de nuestra parte de deseo entera confianza, no fingida, en el Señor. El alma cuanto más se quisiere llegar a Dios por conformidad tanto le conviene más sosegarse con toda serenidad. Para todo esto es necesario la rectitud de la justicia y de la verdad. Buscar a Dios con verdad es sentir que es inaccesible, incomprensible, inmenso. Todo lo contrario es buscarlo con mentira. Para andar el alma libre de falsedades aprovecha mucho considerar todas las cosas presentes cuanto son de tener en poco y de aborrecer como cosa vana y dañosa. Son vanas porque los hombres cuidadosos en lo temporal y las hozadas, juegos, parlerías y cosas semejantes todo acaba en nada. Digo que son dañosas porque impiden el aprovechar en las espirituales.

PREGUNTA XXII
Qué vía hay para venir a Dios

Respuesta. Esta vía para venir al Señor debes notar que es considerar cómo Dios creó al hombre para deleites según el cuerpo como arriba se apuntó y vemos por experiencia ser criado apto para recibir delectación en extraña manera de los otros animales, porque el hombre es liso en manera que los pies se deleitan en hollar y las manos en palpar, y así en las otras partes del cuerpo. Considerando, pues, esto mira que todo lo que sucede en contrario son penalidades que por sentencia de Dios le son impuestas. Como considerares que son muchas y tan penosas, alza tus ojos a Dios como quien está puesto en penoso destierro suplicando le tenga por bien satisfacerse ya con lo pasado. De aquí se saca un provechoso modo de caminar en el cual se descubren muchos y grandes errores que fácilmente están incorporados en la conversación humana, que las penalidades que Dios da tienen por beneficios. No llamo penalidades sino a las cosas que parecen deleitables en este mundo; el que en éstas se contenta desplace a Dios. Porque él no querría sino que conociendo las aficiones que tenemos anduviésemos siempre suspirando por venir a su deseada presencia. Pues por eso nos da Dios nuestro Señor las cosas tan faltamente por que no seamos detenidos en ellas.

PREGUNTA XXIII
Qué cosa es verdad

Respuesta. La verdad es en dos maneras, una de nuestra parte y otra de parte de Dios. La primera cumplimos cuando nos estimamos cuáles somos y según verdad. Esto es, que somos en todo y en todas maneras hechura y obra de Dios. De aquí venimos a le atribuir todo nuestro poder, saber y obrar y, fundados en perfecta humildad, somos hechos hijos de la verdad. La segunda, que es de parte de Dios, es que sintamos de él siempre toda perfección por todas las maneras que de él quisiéramos pensar, hablar o tratar por una manera alta que es un ser no limitado, una bondad no medible, principio que no se comienza, fin que no se acaba, henchimiento que no deja nada vacío, una fuerza invencible, un saber que nada ignora, en tal manera que cuando nos acordáremos de Dios y le pusiéremos algún nombre, luego habemos de generalizar el tal nombre, quitándole todo lo que pueda sonar limitación o imperfección. Así como diciendo que es maestro, añadir universal, que no puede errar, majestad que no puede ser definida.

Contra esto hace el que en su imaginación pone algunas formas lineales o circulares o modos contemplativos así como decir que es Dios claro como el sol y cosa semejante, o poniendo en él pasiones como que se alegra o se turba o desea algo, o que tiene rostro o miembros corporales en su divinidad, o cosas semejantes. Lo que has de sentir es que en todas y por todas las cosas es Dios ajeno de todo lo que el sentir humano puede imaginar.

Cuando el alma trabaja de purificarse de todos estos errores viene a sentir a Dios dentro de sí y encima de sí, atrás y delante y en todas partes, y siempre de una manera como dije cuando le comparo a la justicia. Si debidamente te acostumbras a estos ejercicios vendrás a transformarte en esa misma serenidad y firmeza. Cuando el alma se comienza a deleitar en tales verdades es reformada en ella la imagen divina para la cual le conviene tener esta manera que, estando perfectamente purificada de los errores ya dichos, recoja su entendimiento dentro de sí, considerando cómo Dios le está dando la vida y lo demás que creó para su servicio.

Considera la bondad de Dios que esto hace cuando duerme y luego estando quieto imagine que ve y oye lo que se trata en el consejo divino, porque, según verdad, puede imaginar que siempre se trata de lo que nos cumple. De aquí viene clarificarse la inteligencia en verdaderos sentires de Dios y desconfianza de sí y pone su firmeza en solo Dios. De las sobredichas consideraciones vendréis a perfecta humildad y a sentir dentro de ti y por todo ti mismo la presencia divina. Notar debes que el tercer ejercicio mental ha de ser en último en todo, en especial en la aniquilación y en la remoción de todas las ocasiones y ocupaciones y en buscar a Dios por oración continua. Debes también siempre y en todas las cosas hacer Juicio del cual procede la justicia y la verdad.

Pregunta XXIV

Por qué quiso el Señor que estuviese el mar bermejo primero que el desierto, y el río Jordán antes de la tierra de promisión

Lo que Dios obró en el pueblo hebreo no lo hacía tanto por ellos como por dar avisos a aquellos del estado de la ley evangélica que procurasen venir a la verdadera tierra de promisión que es la conversación discreta y sin mancilla de los ojos divinos, porque, si consideramos que la tierra de promisión estaba cercada de enemigos, no diremos que cuanto a esto significaba la gloria, porque en ella no hay contradicciones. Pues como caminar por el desierto no podía ser sin contradicciones, claro está que si no hubiera impedimento, aquella gente se volviera a Egipto y aunque le había lo propusieron de hacer muchas veces, y así no quiso Dios llevarlos por otro camino, por que viendo levantar las guerras contra sí, no se volviesen a Egipto.

Por las contradicciones y batallas que éstos padecieron se significó la horrible fatiga que de necesidad han de sufrir todos aquellos que por soledad y verdadero desprecio de las cosas presentes se esfuerzan en alcanzar la perfección. En este camino son contrarios los demonios, las conversaciones mundanas, nuestros propios compañeros y el hombre de abajo que traemos a cuestas. El mar bermejo que nos defiende es Cristo con su propia sangre rubricado, al cual es necesario mirar, porque sus trabajos son nuestro remedio y esfuerzo, porque las aguas de las pasiones de Cristo son muro contra las impaciencias, ambiciones y flojedades, de lo cual quitado el hombre carnal tiene lugar de obrar el hombre espiritual.

Fue, pues, el mar bermejo necesario al principio del camino por las causas ya dichas, y fue también necesario el Jordán al fin para dar enseñamientos espirituales, porque Jordán se interpreta río de juicio, en lo cual se significa que nadie entrará al reposo de la perfección si primero no pasare los términos de su pobre sentir. Porque proceder según su juicio en las cosas de la incomprensible ciencia divina pone impedimento suficiente, y hacer esto es resistir al que le crió, porque solo Dios puede comprehender a sí y a sus obras. Y el que con buena o mala intención se pone a investigar qué cosa es Dios, por qué hace esto o aquello así, quiere igualarse con el Señor. Tenga, pues, el que al reposo quiere entrar, dos cosas siempre delante, que son: conocerse a sí mismo, y luego vendrá a la segunda que es conocer a Dios.

Conocernos es conocer en verdad que ningún bien tenemos de nosotros mismos. Pensar esto es muy necesario, porque todos los que han ofendido a Dios ha sido por no se ocupar rectamente en pensar cómo de sí ningún bien pueden haber, mas que de solo Dios viene y es. Cuanto más nos aniquilamos y deshacemos, tanto más ensalzamos a Dios. Y esto es propiamente alabarle, porque confesamos, aunque tácitamente, que todo lo que habemos recibido y esperamos recibir es de su mano. El fin e intento que el demonio tiene cuando nos tienta es por nos echar de la oración mental. Pues si quisieres quedar libre de todas sus artes date a la oración. Y si te viene un desabrimiento, que te parezca que lo que haces es sin fruto, y que en otra cosa aprovecharías más, y junto con esto sintieras desconfianza de la visitación del Señor, no hagas caso de nada de esto.

Mas debes corporalmente dar un apretón recio y apresurado y meterte en el lugar de la oración. Ponte allí con humildad, no queriendo trascender cosas muy altas, mas piensa sin fingimiento las faltas que tienes en el amor de Dios y del prójimo y en el celo de la honra de Dios y en el fervor de bien obrar y en mortificar las pasiones, como son: gula, ambición y cosas semejantes. Si todavía persevera la batalla y penosidad, así que no puedas perseverar en el lugar de la oración sin gran tormento, créeme que no le vencerás sino determinándote de no salir de la oración. Por más que crezcan las cosas ya dichas, añadiendo a esto el conocimiento de tu vileza y de los beneficios de Dios, y si a ti te pareciere que no tienes mucha devoción ni sentimientos vivos, di al enemigo: yo no soy digno de devoción, mas quiérome estar en la presencia de mi Dios corporalmente una hora y todo lo demás que pudiera. Esta manera debes tener en todas las fantasías que vinieran humillándote y darte han lugar para pensar en la bondad de Dios, y si te guardas de dar lugar a los ímpetus del pecho y aprendes a obrar entendimiento, y no pensando, podrás pensar en la oración largamente.

PREGUNTA XXV
Qué tal ha de ser la obediencia

Respuesta. Muchas son las razones que nos traen a conocer cómo la obediencia es acepta a Dios. De éstas se pondrán aquí algunas y para mejor entender las debes primero notar, que así como el fin de infra negociación es sin comparación más fructuoso que el de los mundanos, así las vías por donde se alcanzan son muy desemejantes. Los mundanos se piensan enriquecer haciendo fuerza a los otros y procurando su propia estimación y libertad, mas nosotros andamos al

contrario de esto que es deshaciendo en todo a nosotros mismos y dando la mano en toda obra sólo a
Dios. Mira, pues, cuán acepta es a Dios la obediencia.
Quia Christus factus est pro nobis obediens usque ad mortem
(Cristo se hizo obediente por nosotros hasta la muerte:
Flp 2,8), y por eso fue ensalzado. La razón de esto es
la del perfecto obediente. Verdadera humildad llamo
yo a la que viene al alma por muy continuas consideraciones de sus muchas faltas y cómo de sí nada puede
obrar sin la divina ayuda. Porque así como cuando
vemos andar el carro necesariamente inferimos que
alguno le mueve, así cuando consideras que tú vives y
andas y comes, y lo mismo ves todas las criaturas, cada
una a su manera, necesario te es abrir todas estas
operaciones a alguno y éste es solo Dios.

De aquí se sigue que verdadera y no fantásticamente
halles estar en Dios y que él está en ti tan continua y
provechosamente cuanto es menester para darte la vida
y así se experimenta la vida divina mediante la entera
sujeción. Los que creen que de sí algo pueden experi-
mentan dureza de corazón. Por otra razón también se
muestra ser la obediencia acepta a mí: es porque el que
resiste a la obra en lo que le es mandado cabe en caso
de presunción, porque confía en su arte y discreción,
lo cual es contra la humildad derechamente. Tiénese
el tal por tan bueno que piensa que se pondrá a hacer
grandes obras por amor de Dios y cree que el Señor no
tendrá cuidado del que por su amor niega a sí mismo.

Es la obediencia tan cierta manera de conversar que
el verdadero obediente no debe dudar ponerse por ella
a nuevas grandes cosas, y sin ella ni grandes ni chicas,
porque el mantenimiento con que el alma se sustenta
está cerrado con la llave de la voluntad divina, de
donde claro parece ser vano todo trabajo para entrar
en aquellos tesoros si falta conformidad con la voluntad de Dios, que es el dador.

Así que para venir a tanto bien sepan los religiosos que de necesidad les conviene creer que la voluntad de su prelado es la de Dios. Y así no tendrán necesidad de andar cuidadosos en saber qué es lo que Dios quiere, mas mirar lo que les manda su prelado y hacer lo mejor que pudieren y supieren guardando en extremo dos enseñamientos. El primero, no dejar de hacer cosa alguna, grande ni pequeña, más de lo que les es mandado. El que hiciere lo primero echa la carga a cuestas de su prelado, y el que cumple lo segundo se hace perfectamente lugar solitario para la contemplación mediante la perfecta mortificación de los interiores apetitos muy mejor que yéndose al yermo sin la mortificación, porque en la perfecta renunciación de sí mismo se halla la paz más que en apartamiento de lugar y más que careciendo de oficios. Puesta, pues, el alma en tal estado, todas las veces que vuelve la consideración a examinar las obras que hace y con qué intención, y conoce que en todas hace la voluntad de Dios, pues son por verdadera obediencia sin ningún error, puede imaginar que está junto a Dios, pues no contradice en algo a su santa voluntad, ni pone entre sí y Dios cosa alguna, mas libre, sin embargo, se da siempre a lo que a Dios place.

El oficio del alma amiga de Dios es velar sobre sí que no se mezcle en su ferviente obra alguna intención siniestra, pues cuando tú estuvieres quedo dos cosas principalmente debes hacer. La primera es que mirándote con diligencia dentro y de fuera te justifiques así que no haya en ti cosa que ofenda a los ojos divinos. La segunda es que mirando con verdad tu poquedad consideres la operación divina actual y continua de todo tu ser corporal y espiritual. Haz que siempre tengas tu poquedad delante y a Dios obrando en todas las cosas. Entendiendo este obrar divino entenderás mucha parte de la santa Escritura, y gozarás de gran

reposo de tu alma, andando siempre por este camino
que es deshacerte con todas las cosas y que obre Dios
siempre no excluyendo el ayuda que con tu obra vo-
luntaria quiere Dios que le ofrezcas con la libertad del
libre albedrío que para esto te comunicó.

PREGUNTA XXVI

Qué modo tendrá para andar con Dios

Respuesta.   El modo seguro, descontado y provechoso para andar con Dios es que con atenta diligencia
andes siempre examinando a ti mismo. Esto ha de ser
con tanta solicitud y continuación que veas tan claramente las faltas y aprovechamientos de tu alma como
las vestiduras de que vas vestido. Conociendo tus faltas
conocerás tener necesidad de aquel cuya mano las
puede suplir. Hacer esto es tener los ojos puestos en el
Señor, que es desconfiando de nosotros mismos; poner
en él solo nuestra confianza, si la negligencia no se
interpone en esto. Sin duda vendrá Dios a enriquecer
el alma que en ello se ejercitare. Esto lo causa la fuerza
que hace el sentir y mostrar el alma sus necesidades a
nuestro Padre Dios. Entre el alma que tales caminos
anda y entre Dios ningún medio hay, mas siempre
están juntos. De este conocimiento ha de comenzar el
alma a obrar. Antes no.

Debes, pues, mirar lo que en ti hallares y si son
menguas manifiéstalas a tu Dios, y humillándote espera en él. Si hallares algún bien guárdate de creer que
te vino por algún buen estudio propio, mas conoce que
Dios lo ha puesto en tu alma. Habiéndote de este
modo crecerá en ti lo que te ha sido dado en los
tiempos que parece que el Señor se aparte de nuestra
presencia. Y que, como olvidados, no nos incita con
sentimientos tales como conviene al derecho caminar;
lo que se debe hacer es mirar con vigilancia si en la

conversación interior y exterior hay algo que displace al Señor, por lo cual tarde venir años, guardándonos también de la negligencia y hablar vano y ocioso. Pues si el que mira sólo lo que siente para consolarse en Dios usará de esto largamente y el texto será contrario al de aquellos que fingen dentro de sí que sienten algo de Dios, en lo cual es malo lo que parece bueno, porque por la mayor parte nuestra destruida opinión está engañada y así procede en todas las imaginaciones si no fuere socorrida de la misericordia divina.

Dos maneras debes tener en considerar las obras de Dios. La primera entendiendo y no pensando, como arriba está dicho, y también considerando las particularidades en cada cosa, como se puso en el tercer estado. Porque no te debes contentar de pasar en general por las obras del Señor, porque en los principios esto poca impresión haría en tu alma. La segunda manera de considerar las obras del Señor es que en todas profundamente consideres que el fin para que las ha hecho y hace es el hombre. En esto tampoco has de proceder generalmente, mas si el tiempo bastare toma cada una por sí, y después, cuando el Señor pluguiere alumbrar tu entendimiento debes las ayuntar todas y de allí coger con sereno corazón y profunda investigación cuánta debe ser la fuerza del amor que nos tiene, el que tantas y tales cosas ha hecho y hace por consolación, porque son tan muchas que no las puede nuestro entendimiento comprender. Digo tales por la gran suavidad y los muchos provechos que en ellas hallamos. Entre las cuales hay una principal, tanto que las otras son nada en su comparación. Y es que gravemente ofendimos a su divina majestad, como por esto mereciésemos de él ser aborrecidos y puestos en grandes tormentos y privados de su amor y beneficios.

En lugar de buscar venganza entendió en nos remediar ayudándonos así, tomando nuestra humanidad, así que ya somos una misma cosa, porque nosotros somos hombres y él hombre como de nuestra carne y hueso de nuestros huesos, amador y amado nuestro. No contento aún con esto determinó enseñarnos en su humanidad, con propios trabajos y sudores, la forma de vivir a nos necesaria, y para más nos mostrar su inmenso y suavísimo amor quiso morir muerte crudelísima por que nosotros no muriésemos muerte perpetua. Considera, pues, y rumia con toda diligencia las cosas sobredichas y guarda que haciendo lo contrario no incurras en la maldición dada del eterno juez al animal que no rumia.

Allende de esto debes mirar la forma que tiene este amador en nos amar, porque no se contentó con lo ya dicho, mas después de resucitado quiso muchas y diversas veces ir y volver, hablar y visitar, conversar y informar a sus discípulos que entonces recibían estas cosas en persona de nosotros. No hay quien todo esto pueda pensar que no sea tu corazón inflamado a amar y a hacer gracias al Señor, el cual, aun no satisfecho con estos beneficios, para que más se manifieste la firmeza de su amor, se quiere estar siempre con nosotros en el santo sacramento del altar y nos convida a le recibir. No señala las veces por que entendamos que cuantas más fueren le haremos más placer. En todo lo sobredicho en esta segunda manera de considerar las obras de Dios venimos en conocimiento de cuán amable es.

Queda ahora de ver en qué cosas conocemos ser deseable. Débelas con atención el lector notar y con su meditación y continua consideración suplir lo que en cada cosa faltare por pasarse aquí con brevedad. Las cosas en que se muestra el Señor ser deseable son dos: la primera, la gana que tiene en dar sus beneficios. Está claro parece en la diligencia que pone en nos incitar a le pedir dones, así que ya parece más rogar que es amonestar, pues no contento con aconsejarnos muchas veces que pidamos; ni de darnos la forma y modo de pedir; más aún ha querido incitarnos a ello en otra manera asaz necesaria; esto es, quitándonos el miedo con los ejemplos que pone en el evangelio del hijo que pide pan y pez y huevo a su padre. Para más mostrar la pronta voluntad que tiene de nos dar añade diciendo: *Si vos cum sitis mali nostris bono data* (sic), *quanto magis pater vester dabit spiritum bonum petentibus se* (Si pues vosotros, siendo malos, sabéis dar cosas buenas a vuestros hijos, ¡cuánto más el Padre del Cielo dará el Espíritu Santo a los que se lo pidan!: Lc 11,13). Pues como por un justo juicio y para nuestro provecho él dilate muchas veces lo que le pedimos para nos certificar que aunque algo tarde, al fin nos lo ha de dar si perseveramos, pone la semejanza de aquel que alcanzó los panes por la importunación que tuvo en no cesar de llamar a la puerta del amigo. Así, como Cristo sea sabiduría de Dios, sabe bien cómo estas cosas se tractan y quiere en esto darnos a entender que es necesario para alcanzar lo que justamente pedimos que sea muy muchas veces y con perseverancia hasta lo alcanzar.

Alza tu entendimiento suavemente a considerar tan grandes incitamentos y considera en lo arriba dicho la suavidad del Señor y si bien lo pensares vendrás en perfecto conocimiento de cuánto sea Dios deseable.

La segunda cosa en que esto se conoce es la manera que su majestad tiene en nos dar sus dones. Si esto profunda y suavemente consideras no quedarás sin recibir parte en sus dádivas. El modo que Dios nuestro Señor tiene en darnos sus dones, que no deja cosa por dar, porque todas las criaturas terrestres sometió a nuestros pies; y no sólo esto, mas aún, a sí mismo se nos dio.

Este modo, pues, tan intensivo tuvo el Señor y éste es el que dijo san Juan: *Sic Deus diligit mundum ut filium suum unigenitum daret, ut omnis qui credit in illum non pereat sed habeat vitam aeternam* (Tanto ama Dios al mundo que dio a su Hijo único, para que el que crea en él no perezca, sino que tenga vida eterna: Jn 3,16). Último, por cierto, y postrero digo es este modo de bien hacer, porque si tenemos en mucho que alguno dé las cosas propias, en más tendremos que dé a sí mismo. Y si se da por vía trabajosa excede a todos los modos ya dichos. Y si por vía de muerte, esto sobrepuja toda manera de sentir, y cuando el tal don es dado a los que merecían la muerte ya no tiene comparación.

Abreviando, pues, esta dulce materia digo que el Padre eterno no da los dones con medida, antes mira a los que han de recibir y sólo entiende en colmarles sus medidas, porque arriba se dijo que debes considerar profundamente y buscar a Dios con todo corazón, y servirle con todas fuerzas, quiere decir que con el asosiego que ya está dicho consideres no sólo lo principal de la cosa, mas todas las particularidades. Como se dijo en la respuesta de la nona pregunta, esto se debe hacer con fervor. Este fervor es el que se declaró arriba en la respuesta de la décima pregunta.

Todo esto se ha de hacer con quietud interior, pues cuando vieres o tomares aquella cosa que has de considerar particularmente, guárdate de un engaño del enemigo, y será aconsejarte que te muevas a gran admiración. Conocerás ser del demonio en que luego se te endurecerá el corazón con turbación del entendimiento, lo cual es causa que quedes seco y sin consolación, y esto viene de su malvada sugestión con que te hace presumir que entiendes lo que allí debe ser entendido y sentido, no sin harta soberbia de santidad y presunción.

Debes, pues, tener este modo en la consideración generalmente de las obras de Dios. Y es que primero te muevas con recta intención de solamente conocer cuándo se ha de loar y amar para lo bendecir y amar. Lo segundo que debes hacer es que después de tomada la cosa comiences a considerarla sosegadamente, así que no añadas algo de ti mismo, mas puestos en ella los ojos, estate quedo mirando con atención y en alguna admiración, mas de la manera que consideres otra obra hecha de hombre mortal. Pues considera aquella cosa así como si un tu amigo te la hubiese dado y entonces comienza a hablar con el que la crió, aunque sea sin palabras vocales, diciendo: Oh, bendito seas tú, Señor, que tales cosas quisiste crear por tan maravillosa manera. Y así, hincando la consideración en todas sus particularidades, entra en lo interior de ti mismo y, dejando en alguna manera lo corporal, considera lo invisible de la forma que se dio en el tercer estado en el capítulo quinto.

Con esto añade las otras consideraciones que en el mismo estado del puro espíritu se ponen acerca de la forma que se da en contemplar a Dios, en sus criaturas y beneficios. Y por cuanto arriba hablando de ellos dije que es tanta la muchedumbre de los beneficios que el Señor nos hace que nuestro entendimiento no basta a los comprender, podría alguno decir que como ser incomprensible a solo Dios convenga, por qué se pone este título a otra cosa fuera de Dios. A esto respondo y digo que es verdad que sólo Dios nuestro Señor es infinito e incomprensible en toda manera y por todas las vías que pensar se puedan. Mas la razón por qué yo puse otra manera de incomprehensibilidad fue porque desde que tú conocieres con profunda consideración no poder comprehender lo creado, de aquí seas ensanchado suavemente a conocer cuánto más incomprensible es a ti el creador, regidor y conservador de todo ello.

Para sacar fruto de aquí debes proceder en esta manera: que dejada la muchedumbre de todas las cosas tomes una sola y sea de las más chicas; entonces trabaja con toda la fuerza de tu investigación en considerarla atenta y profundamente. Aunque hayas todo esto y por mucho espacio, ni por mucho estudio ni por cuantos modos tuvieres aunque sea leyendo, preguntando, en ninguna manera la podrás comprehender. Pues cuando en cosa tan pequeña ves tanta incomprensibilidad, considera luego cuánto más será en dos cosas tales como aquélla. O en tres o diez o diez mil y en muchas más. De aquí levanta tu entendimiento de grado en grado a considerar las mayores hasta subir a los intelectuales que son nuestra alma y los espíritus angélicos.

Las sobredichas cosas se han de considerar en esta manera: que estando en una de ellas, sin partirte de allí vuelvas tu entendimiento suavemente ensanchando cuanto pudieras, así que traigas a tu memoria juntamente cuanta mayor parte de criaturas pudieras, pues si de esta manera te vieres vencido, claro está que te perderás totalmente en la inmensidad del creador viendo ser tal la muchedumbre, cantidad, calidad, y grandeza de las criaturas y por ellas ayudando entenderás que no tiene medida el que las creó. Y que no hay manera de poder pensar en él por vía de forma y sobre toda manera de proceder por investigación de nuestra razón. Debes presuponer y tener por cierto que según su grandeza es su bondad, porque es infinitamente bueno. Debes tener otra cosa por tan cierta como la dicha y es de tanto cuanto es grande, tanta es la gana que tiene que ayudar a cualquier que quisiere esforzar a le buscar para que halle y posea.

Cuando puesto en esta ocupación sintieras algunos movimientos presuntuosos débeslos desechar, porque son de parte del demonio; conocerlo has en que causan dureza de corazón y miedo de se alegrar al tal ejercicio. En toda cosa que te fuere dicha o presentada por hombre visiblemente o por ángel o de tu propio movimiento, debes notar que si fueren de Dios las tales cosas serán con mucha confianza en el Señor, con disposición blanda y gana de bien obrar. Y si es del demonio irá por el contrario.

Allende de las cosas dichas debas notar una regla, que si en ella tuvieres aviso ninguna vez te pongas en oración que no salgas consolado, y es que siempre tengas manera de atraer a Dios a hacer tu voluntad. Esto harás si tú nunca te apartas de su querer, en esta manera que si en la visitación te visitare con dulcedumbre has de decir: Bendito sea el Señor que hace como quien es. Cuando te privare de ella debes también darle gracias de que no deja olvidar aquello que mereces y es a ti propio. Así que Dios nuestro Señor nunca deja de hacer lo que el hombre quiere, si nunca el hombre se aparta de su divina voluntad. En esta conformidad está la firma y sello de esta contratación.

Pregunta XXVII

Qué tanto tiempo es menester para el aprovechamiento espiritual

Respuesta. Desde que en la contemplación quieren aprovechar débense aparejar con gran cuidado, porque larga jornada tienen. Deben también andar delante del Señor con humildad y reverencia, no se alzando más de lo que conocieren ser voluntad de Dios. Porque si sintiéramos alguna lumbre en el entendimiento o fervor en el corazón no debemos esforzarnos a pasar algo más adelante, así como desvergonzados no mirando que todo lo que nos ha sido dado es sin lo merecer, mas miremos que no lo poseeremos más de cuanto fuere la voluntad del que nos lo dio y no lo abracemos como cosa propia, mas demandemos gracia al Señor y sigamos con obra lo que nos fuere mostrado. Aunque conozcamos que Dios nos llama a la lumbre de su

conocimiento, no por eso nos habemos de entremeter
como si ya fuésemos sus amigos. Esta ciencia nadie la
podrá entender sino el que la obra de continuo ejercicio en la oración mental. Debes, pues, hermano, notar
que él quiere que no busquemos otra cosa sino su
presencia, demandándonos también que no queramos
sino lo que él tuviere por bien hacer de nosotros.

Pues antes que nos pongamos a orar supliquemos a
su divina majestad nos dé a sentir lo que a él place y
dispongámonos a sufrir muchos trabajos, y a la perseverancia de muchos años, porque la obra que habemos
comenzado no se puede perfeccionar sino en mucho
tiempo. Porque así como el alma por largo tiempo ha
ido desviándose de su primer principio, así es necesario
que torne a se allegar por aquella misma manera poco
a poco. Antes de que tan grandes quebrantamientos
puedan ser restaurados, de necesidad ha de pasar mucho tiempo, y no crea nadie que cuando Dios llama a
la tal alma a la contemplación que luego ella conoce la
grandeza de sus pérdidas por que sólo se duela de lo
que conoce ser malo. El juicio para discernir esto tó-
melo en comparación de lo que entonces siente. Y
como tenga la inteligencia turbada por el largo desaso-
siego, todo lo que juzga va errado hasta que con el
deseo de lo comenzado comience a se recoger.

En este sosiego comienza el entendimiento a estar
claro como agua reposada y entonces ve el alma sus
muchas faltas mediante la quietud, y cuanto más va
creciendo en el recogimiento, tanto más crece en el
propio conocimiento hasta venir a la perfección. Mas
hasta que sea bien purificada no conviene que sea
puesta en ella cosa preciosa, porque antes que haya
arrancado de sí los vicios por fuerza ha de sufrir turbaciones. De aquí le vendría derramar el precioso licor
que en el sosiego habrá recibido. Conviene, pues, que
primero afirme sus caminos interiores de que ha de ser

recibido a los dones superiores y que se ejercite la penitencia en tal manera que la carne esté tan sojuzgada que apenas vivan en ella los movimientos torpes. Quiero decir que la magrez del cuerpo sea tanta que poca turbación causa.

Muy mucha preparación es sin duda necesaria al alma para que esté dispuesta a ser metida en la conversación de su esposo Jesucristo. Por esto debe mirar de toda parte que no le falte algo de lo que ha menester para ser ayudada con él. Mira, pues, oh alma, con diligencia en la paz de Cristo. Mira la limpieza de su vida, y mira que no se trataba delicadamente ni estaba cargado de cuidados temporales ni tenía rencor a los que mal le trataban. Pues si estas cosas aborreció viviendo en la tierra, no las amará reinando en el cielo.

No traigas vestiduras que le descontenten, mas si a su presencia quieres entrar vístete de dolor y tristeza, no sólo por tus pecados, mas por los del pueblo, dando en tu corazón voces devotas y oraciones continuas hasta ser oído del Señor. No hay quien mejor llame que el que conociéndose por pecador clama con pesar de lo pasado, demandando remedio por lo porvenir. Mas no basta para entrar en la presencia de Jesucristo sola la penitencia corporal, si primero por ella ejercitado y purificado el hombre no fuere abierto el camino para entrar en él sosegado el espíritu. Estas dos cosas no se pueden hacer sino por largo tiempo y debes notar que no hay alguno que clame al Señor con dolor de sus culpas si primero no viene en conocimiento de la fealdad de ellas, a lo cual no se puede venir sino considerando quién es el ofendido o mal servido y quién el que ofendió, porque, considerando la voluntad de Dios y la propia malicia, viene el hombre en perfecta contrición y de ésta viene perfecto pesar.

De estas dos cosas se sigue fatiga y angustia. Como sabemos que nuestro refugio es Dios, volvamos a él.

Así que es necesario trabajar antes que vengamos a la perfección porque quitar las corrompidas costumbres, sanar lo que ellas han destruido y sustentarse en no tornar a caer hacen tan virtuosas obras que tornan a hermosear lo perdido. Claro está que no sólo es menester mucho tiempo, mas de nuestra parte es dudoso si en toda nuestra vida lo podremos alcanzar mayormente por un mal grande que se sigue de las pérdidas espirituales, que es perder el apetito de tornar a cobrar lo perdido. El cual daño es tan peligroso que sólo Dios le puede curar. Y aún se añade otro sobre éste y es aborrecer a los médicos del alma y varones espirituales, a los cuales pido se animen y guarnezcan con el escudo de la paciencia en el acto de enseñar y tengan celoso cuidado del aprovechamiento de las almas, aprovechando a las que menos supieren, pues a cada uno le es encargado el cuidado de su prójimo.

En lo que más en esto se ha de aprovechar es en pedir con ferviente caridad el socorro de las almas al que las creó y con su preciosa sangre redimió, a quien sea dada gloria y alabanza por todas sus criaturas, in saecula saeculorum. Amen. *Omnis spiritus laudet Dominum* (Alabe todo espíritu al Señor).

FUE IMPRESA LA PRESENTE OBRA EN LA IMPERIAL
CIUDAD DE TOLEDO, POR JUAN FERRER,
IMPRESOR DE LIBROS

Acabóse a doce días del mes de febrero. Año del nacimiento de nuestro Redentor Jesucristo M.D.LIII.

SEGUNDA PARTE

SUBIDA DEL MONTE SIÓN

PROEMIO Y RELACIÓN DE AQUESTE TERCERO LIBRO

Iesus Christus vivit, Iesus Christus imperat,
per infinita saeculorum saecula.

COMIENZA LA PARTE TERCERA, LA CUAL LLAMA EL ALMA A
SE ENCERRAR DENTRO EN SÍ A LA CONTEMPLACIÓN QUIETA

Los labradores sabios tienen conocidos los tiempos y lo que en las diferencias de ellos deben hacer; y así, con los fríos y lluvias del invierno siembran, con la esperanza de coger alegremente al verano. Y de aquí es que porque los labradores espirituales saben que está escrito que los que siembran en lágrimas siegan y cogen en alegría, esfuérzanse a traer la tierra de estos sus cuerpos en trabajosa labor, y arándola, la revuelven con ásperas penitencias y pronta examinación, y arrancan de la tal tierra los cardos de la conversación bronca y las espinas de inclinaciones viciosas, cortan las raíces de la presunción y culpas; y así crecen y florecen y dan fruto las virtudes por la gran bondad de Dios. Y porque la orden de esta sementera en sus principios es penosa, dícese ser en el frío del invierno. Y porque muchas y muy muchas veces en tal sementera hay lágrimas, por esto dice que siembran en tiempo de lluvias, y porque con estas lágrimas así toma sazón nuestra sementera que fructifica muy mucho, dice que si en lágrimas sembrasteis, en lágrimas cogeréis (Sal 126,5).

Es, empero, de saber que antes que el labrador se encierre con su trigo en su perfecta satisfacción, se requiere haber segado y trillado y haber macerado el

trigo para poderlo alimpiar. Aquesto quiere decir que
el espiritual labrador, cuidadoso de dar rejas a su cuerpo, si se acuerda que está escrito que ha de ser muy
limpio el trigo y apartado de la paja para el aholí [1] del
Rey, nunca cesa de alimpiar muy bien su simiente
purificando su intento y enderezando su intención.
Habéis aquí de entender que vos sois el labrador, y la
tierra es vuestro cuerpo; el invierno, el tiempo de los
trabajos. Los fríos os muestra las sequedades y falta de
devoción; las lágrimas ya está dicho que son las lluvias;
el revolver de la tierra es vuestra aniquilación.

Pues si esto habéis hecho bien, conforme al libro
primero, y si tenéis, según el libro segundo, bien trillado vuestro trigo en la escuela de Cristo e imitación de
su cruz, sabed que la lectura de aqueste libro tercero
os representa el aholí del gran Rey, donde es puesto el
grano puro y alimpiado de la paja. Y así, en la quietud
y alegría de vuestro espíritu cogeréis en este tercer libro
lo que en el primero y segundo pudisteis sembrar con
lágrimas; mas mucho habéis de notar que, puesto caso
que os parezca que muchos capítulos de este libro
tercero os conviden a reposada quietud, y aunque os
acordéis que en el primero y segundo labrasteis bien
vuestra tierra, no por eso os habéis de descuidar de
darle más y más rejas, porque cuanto más la labráredes,
tanto más fruto os dará, y si tuvierdes descuido, donde
vos cogisteis trigo, ella os producirá espinas, porque
ésta es su condición. ¿Habéis entendido bien?

Conclúyase ahora de aquí que, cuanto quiera que el
alma sea puesta en quieta contemplación, en tanto que
está en la tierra de este cuerpo, nunca se debe olvidar
del conocimiento propio y seguir la cruz de Cristo,
porque éste es principio y medio para venir a este fin.
Y si la felicidad del alma está más en su quietud, la
entrada de aquesta felicidad requiere aquestos princi-

---

[1] Granero.

pios. Y si aquello es principal, aquesto es lo más común y lo que se ha de enseñar. Hase de tener aviso en esta parte tercera a que las materias van de poco en poco y por espacios subiendo; y cuando en algunos capítulos parece dar obra al entendimiento, entiéndase que es dar reglas y maneras a los poco ejercitados para adquirir la quietud. Y Dios sea en nuestro favor.

CAPÍTULO I
De la substancia y autoridad de aqueste tercer libro

Va mudado casi aqueste libro tercero de la substancia que tuvo en la primera impresión [1]; porque como la parte primera procede por nuestro conocimiento, subiendo a la segunda parte, del seguimiento de Cristo. Es así que la primera es como vía purgativa, y la segunda corresponde a la vía iluminativa; de manera que por estas dos vías digamos que sube el alma a la vía unitiva. Pues como sea así que la unión o juntamiento del alma con su Dios haya de ser por atadura de amor, pareció ser cosa muy convenible mudar aqueste tercer libro en más amorosos enseñamientos; porque como las dos partes pasadas tienen consonancia al título, *Subida del Monte Sión,* por ir, como dicho está, subiendo, purgando el alma, e iluminando el espíritu, así esta parte tercera no significa subir, mas haber subido y estar ya en lo alto de quieta contemplación, mediante el juntamiento de amor, que se llama vía unitiva.

Por esto podría aquesta parte tercera intitularse por sí la *Cumbre del Monte Sión,* así como la primera y la

---

[1] Los 35 primeros capítulos de esta tercera parte están inspirados en el *Directorio de contemplativos* (E. Herp). En esta su segunda edición, B. Laredo cambió sustancialmente la primera, editada tres años antes (1535).

segunda se intitulan la *Subida*. Y es de notar que, por exceder aqueste tercer libro las fuerzas y disposición del autor, va tomado y copilado de los sentimientos y sentencias de los Doctores contemplativos, y vinculado a figuras de la Escritura sagrada; pero a gran gloria de Dios y confusión de nuestra relajada conversación y a incitamiento de los que quisieren despertarse a aprovechar, digo que no entiendo en estas materias escribir sólo un renglón antes que tenga sabido, por la clemencia divina, que tiene entera verdad todo cuanto aquí escribiera; y así, se procede a la obra en el nombre de Jesús.

Habiendo sido mudado, como está dicho, casi de todo en todo aqueste tercer libro, es bien que se sepa estar muy particularmente mandado examinar y aprobado por el muy reverendo señor el licenciado Tremiño, provisor, prior y canónigo de esta santa Iglesia de Sevilla, y por el muy reverendo señor licenciado Del Corro, canónigo e inquisidor en este arzobispado y en su partido.

DECLARANDO LA EXCELENCIA DEL TÍTULO, «MONTE SIÓN», MUESTRA LA SUBLIMIDAD DE LA CONTEMPLACIÓN QUIETA

Como la contemplación que en este nombre *Sión* se significa excede a todas las otras operaciones, por testimonio de la verdad, que a la Magdalena favorece diciendo que escogió la mejor parte (Lc 10,42). Así, la sublimidad del monte Sión excede a todos los montes, porque de él dijo Isaías en el capítulo 2 que había de ser preparado de Dios sobre el alteza de todos los montes y que sobrepujaría a todos los collados (Is 2,3). Así es que escogió Dios este monte para obrar en él los altos misterios que obró en la tierra, y para memoria de todas sus maravillas, y para le sublimar sobre cuanta tierra crió.

Donde es de saber que en este monte ofreció Melquisedech pan y vino en sacrificio y en él edificó Abrahán el altar de su obediencia, para en él sacrificar a Isaac, su hijo amantísimo. En aquel mismo lugar se durmió Jacob y vio la escala que llegaba al cielo y descendían y subían los ángeles por ella. Allí se ofreció a sí mismo, debajo de las especies de pan y vino, el pan vivo, aquel sacerdote altísimo según la orden de Melquisedech. Allí edificó el altar de la cruz y se ofreció de su propia voluntad nuestro suavísimo Cristo, figurado por Isaac. Allí se durmió la humanidad de mi Dios, figurado por Jacob, y por la escala, la cruz. Allí, y en aquel circuito y dentro del mismo monte, obró Cristo Jesús todos los misterios altísimos de su sagrada pasión, y en él, y muy dentro de él, se visitan todos los lugares santos y sagradas estaciones que se pueden numerar desde la cena de Cristo hasta su resurrección. Porque es de saber que toma tanto circuito este monte de Sión, que no solamente tiene en sí toda la ciudad de Jerusalén, ahora que hay en ella cuatro mil vecinos, mas aun la cercaba muy dentro en sí cuando en los antiguos tiempos tenía ciento y cincuenta mil moradores. Así que contiene en sí la dignidad, en la cual la estableció Dios con la sangre de Cisto y lágrimas de la Virgen, y con todos los misterios que no se pueden pensar. Y para comprehender qué cosa es, cuanto a su significado, este monte de Sión, se entienda que antes de Abrahán se llamaba monte Moria, que quiere decir *tierra alta,* por la alteza de la dignidad que le estaba aparejada; y después de Abrahán se llamó el monte del Señor veerá [1].

Y porque en la una parte de este monte fue después edificada una muy suntuosa y muy señalada torre,

---

[1] Verá, en sentido de proveerá.

llamáronla en lengua hebraica *Sión,* que en nuestra
lengua quiere decir *atalaya;* y de la suntuosidad de la
torre, y de la suavidad del nombre, y de la dignidad
del significado quedóse todo el monte con el nombre
monte Sión. Y así, la misma ciudad de Jerusalén se
llama *Sión.* Y tanto vale decir salid, ved vuestro Rey,
hijas de Sión (Is 62,11), como decir *hijas de Jerusalén;*
y tanto es decir que lloran las *vías de Sión* como los
caminos de Jerusalén, o decir los hebreos, que en los ríos
de Babilonia se sentaban a llorar acordándose de Sión
(Sal 137); como si dijeran que lloraban por la memoria de su ciudad, donde fueron cativados. Así que la
subida del monte Sión tanto es como subida de Jerusalén.

Y esta temporal Jerusalén nos significa la eterna y
soberana ciudad, para donde nos crió Dios, a la cual
no iremos si no subimos del conocimiento nuestro al
seguimiento de Cristo. Este modo de subir nos ha
mostrado la parte primera y segunda de este libro, que
está leída hasta aquí, por que entendamos que aquesta
tercera parte nos muestra irnos llegando por la vía de
perfección a la alterza de este monte, para reposar en
él, en quietud de vivo amor por la contemplación
quieta. Y si es mi confusión lo que he escrito y lo que
escribo, confío en la bondad de Dios, que me puede
remediar. Los ángeles le den gloria.

CAPÍTULO II

Que la contemplación pura es más alta perfección.
Por qué se llama oración mental y qué significa Sión

En el capítulo 6 del Levítico se escribe que mandó
nuestro inmenso Dios que en el altar de su sacrificio
estuviese vivo fuego, y encarece tanto aquesto, que en
este mismo capítulo lo repite tres veces, acrecentando
cada una vez la manera del mandar. Dice la primera

vez: *El fuego será en este altar,* etc. La segunda vez dice: *El fuego, en el altar arde siempre.* En la tercera vez dice: *Este fuego sea perpetuo y nunca falte* (Lev 6,9.12.13). En muy grande estima tiene este fuego nuestro Dios, pues que tanto le encarece con tanta repetición; por lo cual conviene considerar profunda y radicalmente la inmensa bondad de Dios, que tan afectuosamente se aficiona a nuestros bienes, dándonos tantas y tales maneras, que nos vamos a él sin habernos menester; tampoco como a las más bajas criaturas ni más altos serafines, porque de la perfección infinita de su divina esencia es no haber menester a nadie. ¿Quién no entiende que este fuego es el que el Espíritu Santo hace que arda en el altar del humano corazón, cuyas llamas se levantan al brasero sempiterno mediante nuestra afectiva por la vía de aspiración?

Y es de notar que con tres acrecentamientos, así como está mostrado, dice que arda aqueste fuego en su altar, por que entendamos bien tres distintas diferencias de contemplación, es a saber: principiantes, en cuyo corazón ha de estar este fuego; no, empero, arde todas veces, porque no siempre le ceban. La diferencia segunda muestra los aprovechantes, en los cuales se acrecienta la dicción, añadiendo que arde siempre; esto es, que siempre se cebe con los deseos del amor y que siempre se acreciente dándole siempre que queme, cebándole el sacerdote de Dios, que es la pronta voluntad, que se ocupa siempre en él y en sólo su amor. La tercera distinción habla con los más perfectos, en los cuales dice que este fuego es perpetuo y que nunca desfallece en el altar. Donde habemos de entender que corresponde la diferencia primera a nuestro conocimiento, en el cual consiste la manera más segura y muy mejor de los que comienzan a amar. La diferencia segunda de aqueste fuego de amor se determina en los que contemplan en los misterios altísimos de nuestro

remediador, los cuales también, por las perfecciones
que en las criaturas conocen, se incitan en amor de su
infinito Creador. De aquestas dos diferencias es cuanto
habéis leído en la parte primera y segunda. Mas la
distinción tercera de aqueste fuego divino que la divina
bondad enciende en su altar, conviene a saber, el amor
que su clemencia infinita aviva en el corazón de las
entrañas de las almas que le aman, éste es el fuego que
nunca faltó o que nunca desfallece y es perpetuo.

Para que podamos entender que cuando aquí, mediante quieta y perfecta contemplación, en la cual y no
sin ella puede continuarse el incendio de este enamorado fuego, él mismo hace al alma camino, por el cual
la lleva hasta meterla en el centro sempiterno, de donde procedió el fuego. Así que hemos de saber que el
escuela de este amor y el brasero de aquel fuego es
quieta contemplación, y el fin de donde este amor se
determina es el amor sempiterno. Por manera que
comienza este fuego a encenderse en esta vida por
quieta contemplación, y nunca cesa de arder hasta ir
a la vida eterna, donde es el amor perpetuo, como a la
letra lo dice la autoridad. De aquí es también que dice
el profeta Isaías en las últimas palabras del capítulo 31,9. En Sión, que es la Iglesia militante, está el
fuego del Señor, y el cumplimiento de su incendio en
Jerusalén, que es la Iglesia triunfante; así como si muy
a la clara dijese: En la contemplación quieta y perfecta
es donde el ánima se apacienta en el amor; con el cual
y por el cual no cesa de caminar hasta la ciudad de
Jerusalén, que es la patria celestial, donde es el fin
perdurable del amor.

Hemos aquí de saber que aquesta palabra *Sión* es
equívoca a diversas determinaciones, quiero decir, que
se entienden por ella diversas cosas, todas, empero, al
propósito de contemplación o especulación. Y dice el
Ricardo en el quinto libro *De arca mystica,* capítulo 15,

estas palabras: No embargante que la Escritura a las veces entre aquestas dos dicciones, conviene a saber, especulación y contemplación, hace poca diferencia, y toma la una por la otra. Empero, muy más propia y ciertamente se entiende por especulación cuando vemos por espejo; esto es querer darnos a sentir que cuando meditando en las criaturas nos despertamos por lo que vemos en ellas al amor del Señor nuestro; entonces diremos que especulamos o miramos en espejo, porque espejo es la criatura cuando en ella miramos a nuestro Criador. Y la contemplación, dice él, entendida en puro significado es cuando estas ánimas se levantan en el amor de nuestro Dios y Señor pura y absolutamente, sin algún envolvimiento, o nublado, u obscuridad, o espejo de cualesquiera criaturas, mayormente de las que son inferiores al alma racional, mas que absoluta, pura y momentáneamente se quiete el alma en Dios por puro y desnudo amor. Pues, como esto nos convenga conocer que tiene más perfección, es necesrio saber verdaderamente que esto es lo más elegible o lo que hemos de escoger, porque nos conviene más. Y como no podamos perfectamente alcanzarlo fuera de quieta contemplación absoluta por vía de aspiración y alcanzamiento de afectiva, no hay quien deba ni pueda negar ser la contemplación pura la más alta perfección que es posible que se alcance en esta mortalidad. Ahora, pues, dice Isaías, el fuego del Señor es en Sión, es a saber, en las ánimas dadas a la contemplación quieta, en la cual el Espíritu Santo las inflama en vivo amor.

Y porque tanto cuanto es la contemplación más pura, tanto más propiamente se llama *Sión,* entended que cuanto más el contemplativo se va cebando en quietud por la vía de aspiración, tanto más conoce el ánima ir aprovechando en los incendios del amor que inflama su corazón de aquel fuego que Dios quiere que

arda siempre y no falte y sea perpetuo en su altar, así
como en la autoridad del Levítico se ha dicho. De
manera que decir el profeta que está en Sión el fuego
del Señor y decir la autoridad del Levítico que este
fuego sea perpetuo en el altar, tanto es como si dijese
en el alma contemplativa es donde más permanecen
las flamas del vivo fuego del divino amor. Y es de notar
que aquesta perpetuidad que dice la autoridad del
Levítico que ha de tener el fuego del sacrificio que ha
de arder en el altar tiene gran conformidad aquí con
lo que ha dicho Isaías diciendo ser su cumplimiento en
Jerusalén, que es la ciudad celestial, así como que ha
dicho donde nunca tiene fin el fuego que se comienza
a encender en los altares de Dios, que son estas nuestras almas; en las cuales se conserva el incendio del
amor en tanto que están en Sión, que es la contemplación quieta, la cual comienza en aquesta vida y tiene
la perfección en la vida advenidera.

Así que el fuego del Señor está en Sión, porque las
almas contemplativas lo poseen en esta vida, y, finalmente, se perfeccionan en Jerusalén, porque aquestas
tales ánimas, que aquí comienzan a amar con perseverancia, caminando el curso de este destierro, van creciendo en el amor, hasta que este amor mismo, por el
camino ancho, y llano, y alegrísimo de la contemplación quieta, los mete en la ciudad celestial, en la alta
Jerusalén, en la cual aquel fuego comenzado en este
nuestro destierro arde indeficientemente. Y porque no
tendrá fin en los siglos de los siglos ni cesaremos de
amar por un punto ni un cuadrante a nuestro amor
verdadero, por esto dice la autoridad del Levítico que
el fuego que ha de arder en el altar ha de ser fuego
perpetuo. Y es así que, según dicen los que en este vivo
amor están muy ejercitados, los cuales, por la divina
bondad, son algunos, y por la miseria nuestra pocos en
comparación de los que no le alcanzamos, es posible y

puede ser cierto, y verdaderamente ser así, durable el fuego que enciende el Espíritu Santo en el altar del humano corazón, que, después que está en él vivificado el amor, no se disminuye y se va siempre inflamando.

Y lo que es más de estimar: que si el incendio del amor es vivamente inflamado tanto cuanto caen sobre él tempestades y aguas de contradicciones, tanto es el fuego mayor; ni se deja de aumentar tanto en las tribulaciones cuanto en la prosperidad, hasta que en las mismas flamas en los incendios y viveza del amor son levantadas las ánimas a la gloria celestial.

De este alcanzamiento de las ánimas en el amor a su Dios está una figura tan pronta cuanto graciosa en el capítulo 13 del libro de los Jueces, donde se lee que, como el ángel del Señor apareciese dos veces a la madre de Sansón antes que le concibiese, acaeció que como Manuel, su padre, por consejo angélico ofreciese sacrificio a Dios, siendo encendido el sacrificio sobre una piedra, el fuego del sacrificio aceptable subió al cielo, y en la misma llama se metió el ángel, y así en medio de ella se alzó y se subió a la presencia de Dios incorporado en el fuego (Jue 13,20). Veis cuán graciosa y cuán propria nos cae esta sagrada figura, que entenderemos que quiere significar que los padres de Sansón ofrecieron sacrificio. Ciertamente, muestran las almas justas, sacrificadas a Dios con la tolerancia de aquesta mortalidad, entre los vivos deseos que la levantan a amar, mediante los cuales deseos sabe decir con san Pablo que es crucificado al mundo sufriéndole con trabajo y queriéndole con muy pronta voluntad, por sólo el amor de Dios; y dice también que el mundo le sufre a él así como crucifijo, entendiendo que le tiene con trabajo y que le sustenta en sí, deseándole desechar. Porque aquestas tales almas traen puesto todo su estudio en menospreciar el mundo, y el mundo menospreciado siempre desea echar de sí a su menospreciador. ¿Qué cosa es levantarse de la piedra el fuego del sacrificio, salvo alzarse el amor que en las ánimas cría Dios? Y que este alzamiento suyo es de la piedra angular, Cristo Jesús, nuestro pedernal vivísimo, el cual nunca es tocado con el eslabón espiritual, que es la muy viva afición, sin que dé fuego de sí; en él, cual en la vivísima flama, se metió y se alzó el ángel del Señor y subió al cielo; porque en el fuego del amor que Dios vivo cría en el ánima agraciada es levantado el espíritu y es presentado a su Dios.

Y es de notar que la misma ánima en quien es criado o es infundido el amor, cuando con la flama y viveza de aquel fuego que la inflama vuela así como ángel, para quietarse en su Dios, volando se llama *espíritu.* Y el mismo espíritu que ha volado, cuando se reposa en quieta contemplación, llámase *mente.* Y de aquí viene que la contemplación quietísima, y reposada, y muy pura llámase *oración mental,* que quiere decir oración de sola el ánima en su pura substancia esencial, ajena de sus potencias inferiores. Donde es de saber que oración mental absoluta y puramente, muy solamente es aquella en la cual el ánima, encerrada en su quietud, no entiende en lo que contempla. Y porque contempla en Dios solo, y Dios es bondad incomprehensible; y así, cuando el ánima, puesta en su estrecha quietud, está empleada en sólo amor, no sabe entender en aquel su esencial encerramiento otra cosa sino amar. Y es menester que sepamos que en aqueste recogimiento del ánima que contempla consiste la mayor satisfacción, y mayor contentamiento, y más gran felicidad que cualquier contemplativo puede tener en esta vida.

Y porque a una sola alma, según diversas operaciones, convienen estos tres nombres, es a saber, *ánima, espíritu* y *mente,* por eso nuestra muy gran Señora, en su cántico suavísimo de *Magníficat,* hace memoria de estas tres distintas dicciones, diciendo en el primer verso: *Mi ánima engrandece al Señor; y en mi Dios, salvación mía, es muy alegre mi espíritu.* Y después dice: *De la mente del corazón alcanzó a los soberbios, y levantados en la mente de su corazón* (Lc 1,46.47.51). Así que su divina ánima engrandecida, y su espíritu santísimo levantado en alegría, y la mente felicísima que desecha los soberbios, esto es, que no los recibe en su sosiego y quietud, todos aquestos tres nombres significan sola una alma, la cual también nos ha mostrados Isaías en aqueste nombre Sión, siendo ánima contemplativa; y lo mismo nos figura la autoridad del Levítico en el fuego del altar del sacrificio de Dios. Y de esta alma entendemos la figura angelical que se alzó en flama de fuego. Y el fuego del altar, y el fuego de Isaías, y el fuego del sacrificio de aquestas autoridades, todo nos muestra el amor que nuestro Dios y Señor cría y acrecienta, y hace que sea perpetuo en aquestas nuestras almas y sea siempre en nuestro amparo por su infinita bondad.

CAPÍTULO III

De los crecimientos espirituales hasta edad de perfección

Así como en el proceso del tiempo que vivimos pasa cada uno por cuatro edades antes que sea perfecto varón, bien así, para venir a la edad espiritual que llega a la perfección, ha cada uno de pasar por cuatro distintos tiempos, creciendo en aprovechar. Las cuatro edades del tiempo son: *infancia,* que llega hasta siete años, y *puericia,* que crece siete sobre ellos; de manera que serán dos veces siete. La tercera edad decimos *adolescencia:* crece otras dos veces siete, así que llega a veinte y ocho, y de allí comienza la *juventud,* y pasa más que a cuarenta, y es edad en perfección. Ahora, pues, en el espiritual intento diremos que alguno está en la infancia cuando en su conocimiento y en su propia humillación emplea su aprovechamiento. Donde se note que así como aquesta primera edad en lo material es comienzo de aquestas otras edades, o si ésta falta o se acaba antes de su henchimiento no es posible que preceda a las otras edades, así se entienda ser cierto que, si la edad espiritual no se funda en nuestro conocimiento y humillación, no será cosa durable, antes será edificar sin cimiento. Y como la edad segunda, que es puericia, tiene ya más gracia y disposición y razón más ordenada, bien así la segunda edad del espíritu aprovechado será cuando aquel que ha entendido en conocerse se ocupa en los misterios altísimos de nuestro Redentor, Cristo, también en su imitación como en su meditación, como quiera que se entienda que estas dos distintas edades espirituales pueden tomar junto el tiempo. Quiero decir que, sin inconveniente y sin impedimento, puede alguno ocuparse en un día mismo y en el proceso de un tiempo en el conocerse a sí y en seguir los misterios altísimos imitando y meditando.

Ítem, como la edad de la adolescencia tiene ya manera de hombre dispuesto para más aprovechar en cualquier ejercicio, así los que pasan a esta edad espiritual, de más aprovechamiento, se extienden y alargan más a mirar en cualquier criaturas las excelencias de nuestro Dios y Señor, discurriendo discreta y tasadamente con razón y entendimiento, hasta que muy muchas veces la meditación se les convierte en quieta contemplación. Porque así como a veces los tales se allegan por las criaturas al amor de su hacedor, así a veces del mismo amor sacan gozo para emplear en las criaturas, como en cosas que son criadas por su Dios; por manera que aquel que por las criaturas venía en conocimiento del criador de todas ellas, viene ya de la fe de su criador a conocerlas. Así que primero comenzaba en ellas y levantaba el espíritu incitado; y agora, ya que está más aprovechado, súbitamente se alza por sola afectiva al amor del hacedor de cualesquier cosas criadas; y cuando desciende el rayo contemplativo a ver esto que parece, ámalo, en cuanto es obra de la mano de su amor; y vuélvese a alzar de lo criado a su mismo amor, y en lo demás, pequeña afición le tiene. Esto es ya crecer en adolescencia y allegarse a la edad de perfección; mas sabe que aún no está en ella.

Pues como la cuarta edad de este cuerpo es juventud, es edad perfecta y llena de cualquier varón, así la cuarta edad de los espirituales constituye mansedumbre de sosegada quietud en quieta contemplación de la inaccesible e incomprehensible divinidad, en cuya nominación habían de tremer los cielos. Y en aquesta mansedumbre y quietud consiste el fin y la perfección de la edad espiritual. Y a esta edad llama sobrenatural el autor, de venerable memoria, del libro que se llama *Vía o camino del espíritu* [1], donde es de saber que cuando se escribe en el Génesis, capítulo 29,25, que Jacob sirvió a Labán siete años, por la paga de los cuales le dio por mujer a Lía, que no era hermosa, quiso mostrar esta edad de nuestra infancia en la vía espiritual, la cual se humilla en el conocimiento de nuestra vida no limpia y de nuestra flojedad. Y cuando en el mismo capítulo hallamos que otros siete años sirvió por casar con Raquel, que era mujer muy hermosa, significa aquesta segunda edad de los siete años doblados, que es ya hermosa en los misterios de Cristo.

Ítem, en el capítulo 31 versículo 38 del mismo Génesis se lee que en el servir y trabajar en las fiestas y en los fríos y el velar con grande solicitud de este patriarca Jacob se extendió hasta veinte años, siete y siete por las hijas, y otros seis para cobrar los ganados. Por manera que se entienda que acrecentó en virtudes

---

[1] BERNABÉ DE PALMA, *Via Spiritus*.

y en hacienda, con la cual y sus mujeres e hijos se
volvió a su tierra por divina inspiración. De aquí habemos de entender que sirvió siete y siete años por
casar con Raquel, que es figura de contemplación derecha, o para más propriamente hablar, es figura de
perfecta meditación, porque la contemplación perfecta
tiene más profundidad, como se parecerá. Los catorce
años del servicio de Jacob por alcanzar lo que su ánima
deseó pocos son, y los veinte años que cumplió de buen
servicio para cobrar la abundancia de las suntuosas
riquezas no son muchos.

De manera que entendamos que la edad de nuestra
infancia y puericia, que son los siete y siete años, no
los queráis para más de vuestro conocimiento y la
imitación de nuestro Redentor, Cristo, cuyo servir es
reinar. Ahora, pues, decimos que en los catorce años
del servicio de Jacob, partidos de siete en siete, entendemos la distinción de dos edades del aprovechado
espíritu, es a saber: principiantes, en nuestra aniquilación, de los cuales se dice ser figura Lía, primera mujer
de Jacob, cobrada por los siete años primeros que
sirvió. La segunda edad que aquí entendéis del espíritu
es de los aprovechantes, conviene a saber, de los que
aprovechan mucho en el seguimiento de nuestro Redentor por ferviente imitación y cuidadosa meditación.
En los seis años que sirvió sobre catorce Jacob para
cobrar la abundancia de riquezas se significa (como ya
queda apuntado) la edad tercera de cualquier contemplativo, que ya por larga costumbre se allega a la perfección, la cual es ya cuarta edad, que consiste en tener
la posesión con sosegada quietud de cuanto antes tra-
bajó; y esta cuarta edad y perfecta de quietos contemplativos se muestra o se significa en que poseyó Jacob,
después de los muchos años de su trabajo y servicio,
con entero señorío, todo aquello que como es dicho
ganó.

Y es de notar que ya el patriarca Jacob estaba en la cuarta edad de sus materiales años, que se llama juventud, y pasa de cuarenta años o llega a los cincuenta; por lo cual se note con muy entera atención que dice el Enrique Herp, contemplativo quietísimo, que nuestra natural inclinación, comúnmente o por la mayor parte o casi de todo en todo, hasta llegar a la edad de cuarenta años, es avarienta y codiciosa de sus propias ganancias y apenas sabe servir sin codicia de interese, aunque este codiciar en los mancebos contemplativos es tan delgado, que apenas se sabe determinar. Aquesto quiere decir: que los que no somos viejos, tengamos muy grande recatamiento de servir a nuestro Dios por más que por solo amor, porque es infinitamente bueno, y con tanta libertad se ha de servir, que el incendio del amor con que servimos corresponda al servicio de Jacob, el cual dice que el amor que había tomado a Raquel le hacía que los años del servicio le pareciesen tiempo abreviado. Y es de notar que los siete años primeros, por los cuales recibió a Lía, él los sirvió por Raquel, y casi como engañado recibió muy menos que codiciaba; mas no dejó de perseverar, sirviendo con la lealtad y fervor otra vez doblados años, y cobró lo que quería y más lo que le habían dado, y aun lo que no supo querer.

Pues como cuanto está escrito es para nuestra doctrina, dícenos claro aquí que hay muchos que, oyendo decir los bienes acrecentados que hay en la contemplación, se enamoraron y vienen en su codicia a manera de Jacob codicioso de Raquel; mas si éstos supiesen cuando comienzan que han de ser engañados con Lía, conviene a saber, que no han de cobrar en breve y con menores trabajos consolaciones y libertades de espíritu, que es lo que los más desean en sus principios, aun menos comenzarían.

Pero es de notar que Jacob aceptó con alegre voluntad el servir otros siete años por cobrar lo que

quería. Esto es, que los que comienzan a servir al
Señor nuestro por codicia de sus provechos, así
como van sirviendo, van cobrando más fervor para
servir, hasta que vienen a tanto conocimiento de la
perfecta bondad y de la gran libertad de la contemplación quieta, que todo lo trabajado y cuanto hay
que trabajar les parece ser descanso y brevedad.
Mas, aun en los catorce años, no alcanzó el santo
patriarca con su servicio y trabajo a tener posesión
de su hacienda, sino hijos y mujer, porque en la edad
de adolescencia no alcanza el contemplativo a la
perfección de sosegada quietud, y por esto no se dice
que Jacob cobró siervos y ganados y acrecentada
hacienda hasta que llegó su servicio a los veinte
años, para mostrarnos en el contemplativo que persevera cuánto le dura la vida en la lealtad del servir
a su Dios por puro amor; viene a poseer, por matri-
monio de verdadera quietud, el sosiego por mujer en
la contemplación quieta, y muy más que Raquel
hermosa, y que cobra tantos hijos cuantos por su
buen ejemplo se han allegado a la virtud, y tiene
tanta hacienda en el mundo cuanta en él tiene menospreciada, por la fuerza del amor, que ocupa su
afición toda.

Porque en la verdad, no hay quien sea absoluto
poseedor de todo el mundo tanto ni en tanta manera
cuanto aquel que lo menosprecia todo por sólo el amor
de Dios, el cual dice con el apóstol san Pablo en la
primera Epístola a Timoteo: *Si tuviéremos con qué cubrir
estos cuerpos y con qué los mantener, con esto somos contentos*
(1 Tim 6,8); y cierto es que lo demás no es menester,
siendo así que nos baste esto. Y debe cualquiera contemplativo tener tanta discreción, que de esta tasada
necesidad nada deje de tomar; y por puro amor de
Dios, que quiere que esto tomemos, todo lo demás
dejarlo por puro amor. Éstos son de quien el mismo

san Pablo dice en la segunda Epístola a los Corintios: *Que son poseedores de todas las cosas, como si ninguna tuviesen* (2 Cor 6,10).

Ésta es muy gran libertad, en la cual enteramente consiste la más alta perfección de los más pobres de espíritu, la cual, con aquesta condición, muy cierto podrán poseer esta bienaventuranza de esta pobreza de espíritu, aun los que poseen hacienda: y más y más propiamente aquellos que por gozar de esta evangelical bienaventuranza dejaren lo que tuvieren y lo dieren a los pobres, haciéndose pobres de espíritu por sólo el amor de Dios; a los cuales, no solamente se les toma en cuenta de su alto merecimiento aquello que dejaron, mas aun en cuanto en este mundo les fue posible desear. De manera que osen aquéstos, con el apóstol san Pedro, decir que en el evangelio a nuestro Redentor, Cristo Jesús, con una confianza grandísima, nacida de un vivo amor: ¡Oh muy dulce Señor nuestro!, y ¿qué es lo que habéis de dar a los que por vuestro amor y por seguiros con libertad dejamos todas las cosas?, como se escribe por san Mateo en su evangelio (Mt 19,27) que aquesto dijo san Pedro, el cual (sabemos) que dejó poquitas cosas, porque muy pocas tenía; pero porque con gran voluntad y con muy viva afición tenía en todo menosprecio todo cuanto está en el mundo que sea heredad temporal, decía él haberlo dejado todo para ser pobre de espíritu y recibir tan gran remuneración como Cristo en su evangelio a los tales les promete. Y procede la materia de la autoridad tocada. Sea por todo gloria a Dios.

Capítulo IV

Procediendo las edades del espíritu, dice en qué consiste orar en espíritu y ser el alma criada a semejanza de Dios

Dicho se ha que cuando Jacob tuvo su aventajada hacienda con entera voluntad, con divina inspiración se fue con todo a su tierra. Porque cuando el contemplativo diestro, muy cebado en el amor, con aquel cebo pasa la brevedad de esta prolija vida, y con él se va a la presencia de Dios, a la vida advenidera, donde es nuestra propia tierra o nuestra patria o ciudad. De manera que queda entendido en el capítulo pasado que por estas cuatro edades de nuestro espíritu viene el hombre a la edad perfecta de quieta contemplación. Siendo la primera edad de nuestro conocimiento, que es edad de principiante; y la segunda, en la imitación y meditación de los misterios altísimos de nuestro Cristo Jesús, nuestro benignísimo espejo, diciendo que esta segunda es edad de aprovechantes; y así la tercera edad, donde cualesquier criaturas se levantan libremente en amor de su criador, y cuando ha crecido más por la fe, reconoce las criaturas y las ama por solo aquel que las crió; y aquesta tercera edad es de los que ya se acercan muy más a la perfección, pero que aún no están en ella, porque pertenecen a la cuarta edad, en la cual ya el ánima libremente se levanta por la vía de aspiración con la muy pronta afectiva, y para servir a su Dios cuantas veces le pluguiere ya no ha menester criaturas ni cosa que no sea Dios, porque sólo el amor demanda levantarse a ser unido al amado, del cual procede; y aquesta ciencia se aprende por mística teología en esta cuarta edad de los espirituales.

Así que la primera de aquestas cuatro edades corresponde a la infancia del material crecimiento de estos abreviados cuerpos; la segunda, a la puericia; la tercera, a la adolescencia; la cuarta, a la juventud, creciendo cada vez más, hasta venir al fin de esta cuarta edad, donde es la perfección llena en esto material, porque dende allí estos cuerpos comienzan a decrecer, como sea así que dende la edad primera hasta aquesta perfección cada vez crecieron más. Y desde este perfeccionado crecimiento comienza la senectud, y va hasta ser decrépito, y cuanto se va alargando decrecen estos cuerpos y con trabajo y dolor, como lo dice David (Sal 90,10). Pero en esta cuarta edad, en aquesta edad perfecta del espíritu, no es así; no comienza a decrecer, mas ya se perfeccionando contino, y cada vez más, hasta que llegan a tan alta perfección como es la que se alcanza en la gloria, que creciendo hasta allí, ya no puede más crecer.

Esto está muy bien, graciosa y delicadamente figurado en Ezequiel (Ez 47,3), el cual, estando delante de muchas aguas, vio un ángel con una cuerda en la mano, con la cual midió mil codos, que serán como mil pasos, por aquel agua adelante, y llevó al profeta porque lo tenía medido, y dice que el agua le daba no más que a los calcañares. Midió otros mil, y llevó al profeta por ellos, y estaba crecida el agua, y dábale a las rodillas. Y otros mil codos midió, y llevó por ellos al profeta, y el agua habíase más levantado, y llegábale a los renes o a los riñores o lomos. Otros mil codos midió, y fue tan crecida y tan aumentada el agua, que no se puedo vadear, y así se paró en la ribera por no poderle pasar. Ahora, pues, queda dicho en el capítulo antes de éste que los años repartidos que sirvió Jacob a Labán significan cuatro edades de los más contemplativos que alcanzan la perfección. Los años primeros, ya queda bien entendido que muestran el conocimiento de nuestra aniquilación. Aquesta primera edad responde derechamente a estos mil pasos primeros, porque así como el agua nadaba en ellos más alta que a los calcaños, aqueste conocimiento nuestro poco se alza de la tierra, pues está fundado en ella; y del lodo somos criados, en tierra vamos a ser, y aun tal, que sea nuestro amparo Dios.

Mas porque no conviene al que desea aprovechar parar en este conocimiento, dice ahora la autoridad que luego midió otros mil, por los cuales llevó al profeta. El agua de esta segunda medida dice que le daba a las rodillas para mostrar que el ánima va creciendo en la edad espiritual. El ánima que los mil codos primeros no pasaba del propio conocimiento, ahora ya está acrecentada en la imitación y meditación de Cristo y de sus altos misterios. Donde es de notar que a estas aguas de Ezequiel que daban a las rodillas corresponden las palabras de san Pablo, el cual dice: *En el nombre de Jesús se doble toda rodilla* (Flp 2,10), etc. Así que darle a las rodillas el agua de la segunda medida y los segundos siete años del servicio que dio Jacob a Labán para casar con Raquel, lo uno y lo otro nos significa y figura la crecida, y hermosa, y aumentada edad segunda, que sobre nuestra humillación se alza a la imitación y meditación de los misterios de Cristo Jesús, en cuyo nombre se hinque toda rodilla, así como queda dicho. Pero por qué no es la perfección de los contemplativos en las cosas que se alcanzan en esta segunda edad, en la autoridad se sigue. Y el ángel midió otros mil, y por ellos llevó al profeta, y síguese: el agua ya le daba a los renes, ya se acercaba a edad de entero varón, conocida en el genuir o engendrar, y por eso se ve en la autoridad del patriarca Jacob que tenía mujer e hijos, porque ya era casi perfecto varón o muy mucho se acercaba a la edad de perfección.

Y porque más conviene que pasen los que han más de aprovechar, por esto no les conviene pasar en la meditación e imitación de los misterios, porque, cuanto quiera que son de grandes merecimientos, no está allí la perfección del amor, lo cual en el sagrado evangelio mostró el suavísimo Jesús a sus amados discípulos, poniéndoles argumento de poca fuerza de amor diciendo: *Si me amásedes, en verdad os gozaríades, porque voy al Padre eterno* (Jn 14,28). Como si dijera: La perfección del amor no busca lo que al amador conviene; y porque os gozáis en ver esta divina presencia, no querríades carecer de aqueste provecho propio de vuestra consolación. Por lo cual es necesario saber que al amador verdadero no le basta amar y orar en verdad; mas si habéis de perfeccionar vuestro amor, en espíritu habéis de amar, esto es, en espíritu y en verdad. En sola verdad amáis con vuestra meditación cuando sólo os ocupáis en cosas que tienen cuerpo; quiero decir, cuando ocupáis vuestro amor en los misterios altísimos de sola la humanidad y como personas cebadas en sola esta divina presencia; porque me parto de vos, por aquesto os mostráis tristes.

Mas acrecentad el amor, y pase de la perfecta verdad que tenéis en los misterios de la humanidad sagrada a la bondad perfecta de la divinidad increada, y entonces amaréis con voluntad quietísima y sosegada en espíritu lo que ahora amáis con inquieto entendimiento en verdad. Así que la verdadera oración y adoración consiste en adorar en espíritu y en verdad. Y la perfección y la fuerza del amor consiste en toda la voluntad empleada en solo el espíritu, porque como san Juan en el cuarto capítulo de su evangelio lo dice: *El Padre espíritu es,* y tales quiere sus adoradores; es a saber, quiere que le conozcáis en mí [porque quien me ha visto a mí, a mi Padre eterno ha visto (Jn 14,9)], le poseáis y le gocéis en espíritu increado y inaccesible. De manera que hemos entendido aquí que el amar en perfección no está en la meditación de la sagrada humanidad, antes consiste en la quieta y perfeccionada contemplación de la inaccesible divinidad. Y así, nuestro suavísimo amor a su Colegio decía: *Gozaríades os por cierto, porque voy al Padre eterno* (Jn 14,28), porque necesario os es para vuestra perfección carecer de mi corporal presencia, para que más se levante y avive vuestra afección.

Muy bien corresponde a aquesto lo que san Jerónimo dice en la homilía sobre el capítulo 16 de san Mateo cerca de aquella palabra que a Cristo Jesús, bien nuestro, respondió el glorioso san Pedro siendo preguntado de él, es a saber: *Tú eres Cristo, Hijo de Dios vivo* (Mt 16,16), etc., donde dice: Los que hablan en el Hijo de la Virgen hombres son; mas los que contemplan en su divinidad, no hombres, mas dioses se han de llamar; correspondiendo san Jerónimo en aquesto al profeta David, el cual comenta: *Yo dije que sois dioses y hijos de nuestro altísimo Dios* (Sal 82,6). Cerca de lo cual se ha de entender que estas almas creó Dios a su semejanza; y consiste este serle semejantes en tener mi voluntad puesta en la suya y no más; por lo cual, cierto, entended que tanto le es más semejante alguna alma cuanto más viva, y más pura, y más simplemente le ama, porque como él es infinito amor e infinitamente amable, infinitamente se ama. Así que el ánima que en esta obra felicísima fuere más continua, y más pura, y más viva, le será más semejable. Y el amor increado que crió el alma tal que siempre pudiese amar, siempre le dará abundancia de amor criado; quiero decir que infundirá o criará amor vivo en las entrañas del ánima, por que no deje de amar, si siempre se dispusiere a recebir el amor, haciendo de parte suya todo lo que fuere en sí.

Y notad que si dijéremos que no podemos ayunar y hacer otras cosas como ésta, es justo que seamos creídos; pero si dijéremos que no podemos amar de todo en todo, no seremos creídos. Dicho es de san Agustín en un sermón de muchos mártires. Y tiene muy gran razón; porque siendo Dios infinitamente amable, y siendo el alma criada a semejanza de amor (si siempre se dispusiere), cierto podrá siempre amar. Y porque la perfección de nuestra ley sin mancilla nos está puesta en el primero de los diez mandamientos, que es amar a solo Dios, porque este amor es la propia operación que le pertenece al alma y porque amándonos Cristo puso la vida por nosotros sin alguna condición, bien así nos pide la fuerza del vivo amor que estemos aparejados para morir por quien tanto nos amó; porque dice el infalible evangelio por san Juan: *Ninguno tiene mayor caridad que poner su ánima,* conviene a saber, su vida, por amar a tan verdadero amor (Jn 15,13).

Y otra vez dice por san Mateo: El que perdiere la vida por su amor, hallarla ha en la patria celestial (Mt 16,25). Ahora, pues, los que aman de esta manera tienen verdadero y vivo amor, y para conservarle en sus entrañas y por conservarse en él hacen cuanto puede ser posible a su poquito poder; y la gran bondad de Dios háceles que puedan mucho, por que le sean semejantes en esta obra perfecta, que es amar en cuanto les es posible, y con gran perseverancia, y vivísima afección al que es piélago de amor infinitamente amable. De manera que entenderemos de aquí que estos que aman de esta manera sin alguna condición a nuestro Dios incomprehensible son a los que David dice en la autoridad tocada: *Ya os he dicho que sois dioses* (Sal 82,6). Así como si dijese: Sois criados a imagen y semejanza de nuestro Dios y Señor, y empleáis os en el amor para el cual os quiere Dios y tenéis con su querer no más que una voluntad.

CAPÍTULO V

De la alta dignidad de la contemplación que es pura, simple y quietísima

Dice san Jerónimo en la homilía señalada que no se han de llamar hombres, sino dioses, los que contemplan en la inaccesible divinidad, porque los quietos contemplativos, perfeccionados en la sublimidad del sosiego de pura contemplación, no entienden en cosa criada; más aún, ni entienden en sí los tiempos de verdadera quietud. Y entended que en esto que digo no entienden en sí, os quiero significar que, aunque entienden, no pueden saber decir cómo es aquello que entienden, mas es satisfecha el ánima con mucha sublimidad. Y porque la quieta contemplación comprehende tocando y no penetra entendiendo, por ser incomprehensible el perfectísimo objeto de su santa operación, por esto dijo el glorioso san Jerónimo, como quien bien lo entendía, no hombres, sino dioses, se llaman los que contemplan pura y absolutamente en la incomprehensible divinidad, así como si dijese: En aquestos tales perfectos contemplativos, en los cuales no obra ya el entendimiento ni la razón natural, es menester que entendamos que obra en ellos solo Dios, por la cual obra perfecta el obrador perfectísimo da este inefable favor a los más perfectos contemplativos.

Y volviendo nuestro intento a la autoridad que tratamos de Ezequiel, notarse ha que darle a los renes el agua de la medida tercera es pasar la edad y aprovechamiento de cualquiera espiritual hasta cerca de la edad de contemplación perfecta. Mas, porque está dicho que la mayor perfección de cualquier varón perfecto se acaba en la cuarta edad, midió el ángel la cuarta vez otros mil codos y llevó al profeta por ellos; y estaba un arroyo tal y de tanto crecimiento y de tanta elevación, que no se pudo vadear. Por que entendamos que, llegadas las contemplativas ánimas a la perfecta quietud, en la cual y no sin ella llega a la perfecta edad el ánima que contempla, no hay ya más que trabajar, ni hay discurso ni vivez de entendimiento, ni se funda sobre natural razón. No hay más aguas por donde pase el profeta. Y ya pacíficamente, sin trabajo y con gran felicidad, por divina inspiración, se llega hacia su tierra, y posee todos sus bienes el gran patriarca Jacob, el cual (como dicho está) pasó por grandes trabajos y por mucho frío y calor en servicio de veinte años.

Donde es de notar particularmente que él dice: Muchas veces de mis ojos huyó el sueño durante estos veinte años (Gén 31,40); por que entendamos que en este propósito de la alta contemplación se han muy mucho de estimar las prontísimas vigilias, que es el dejar de dormir medidas con discreción, porque así como es necesario no dar a estos nuestros corpezuelos más de lo que han de menester, negándoles lo que les es demasiado por sólo el amor de Dios, así por sólo este amor no les hemos de quitar aquello que han menester, por que nos puedan llevar por el camino del amor. Así que dice Ezequiel: Las aguas del arroyo no se pudieron vadear, porque como dice san Gregorio en la exposición moral sobre el capítulo 31 de Job: La misma sabiduría que levanta al ánima a su conocimiento, niega al entendimiento su comprehensión; por que tocando la sabiduría la guste; con condición que, pasándola, no la penetre. De manera que entendamos que es incomprehensible y incogitable y inaccesible nuestro investigable Dios; por lo cual la más alta perfección de los más contemplativos puede tocar de la sabiduría eterna aquello que la dignación divina quiere servirse que gusten las tales almas, con condición que en la más sublimada perfección hallen tan altas las aguas, que no las puedan vadear; y a todos ampare Dios.

CAPÍTULO VI

De dos diferentes crecimientos de contemplación perfecta

Así que los acrecentamientos de los años del servicio del patriarca se doblan de siete en siete, porque es número perfecto. Y crecen de mil en mil las medidas del profeta porque cualquier número aumentado puede llegar hasta allí, porque en los siete doblados entendamos la virtud del crecer de las edades que se van criando en la vía contemplativa. Y porque este crecimiento es subido en mucho grado, figúrase en el número de mil, y dóblase cuatro veces por los cuatro crecimientos de cualquier contemplativo que alcanza a la perfección así como queda dicho. Y es de saber que ningún contemplativo viene a la sublimidad de sosegada quietud en contemplación perfecta sin que pase por la orden de estas edades y por distancia del tiempo, criándose así como niño, y hallándose crecido sin verse su crecimiento, por la orden que aquéstos vemos en el crecer natural. De manera que, comiendo cada día, vanse aumentando estos cuerpos y no los vemos crecer, mas vémoslos que han crecido.

Bien así, si a aquestas almas se les da continuo mantenimiento, crecen de bien en virtud y de mejor en mejor; y la humildad en las tales no puede verlas crecer; pero hállanse crecidas y pasan de edad a edad, y llegan a perfección siguiendo su vía. Digo así porque no siempre va por una medida esto, como sea cosa muy cierta que las obras de nuestro Dios y Señor nunca se tasan con medida de algún tiempo, y quien pone tasa en ellas será muy reprehensible. Esto está vivamente figurado en el capítulo 8 de Judith, donde se lee que los moradores de una ciudad de Israel, molestados de Holofernes, concertaron entre sí de entregarle la ciudad si pasasen cinco días sin que Dios los socorriese.

Por lo cual despertó Dios el espíritu vivificado de Judith, mujercica delicada, la cual con ánimo varonil llamó a aquellos hombres barbados y les dijo: Vosotros, ¿quién sois, que osasteis tentar al Señor?; vuestro concierto no es hábil para provocar misericordia, mas para despertar ira; y para mostrarles la culpa de su manifiesto yerro, les dijo: Pusisteis vosotros tiempo tasado, según el arbitrio vuestro, a las misericordias de Dios, y señalásteisle día en el cual pudiese obrar lo que vosotros queríades, y esto es grave confusión. De manera que a nuestro propósito diremos que aquesta santa mujer Judith es figura de cualquiera alma fortalecida de fe, porque su interpretación quiere decir la que confía y glorifica; lo cual más cierta y derechamente tiene el alma que aquí queda señalada reprehendedora del pueblo o del ayuntamiento de nuestras inferiores y flacas concupiscencias y flojas inclinaciones y poquedad natural; la cual no sabe entender más que lo que le representan los sentidos corporales cercados de nuestra sensualidad, que es figura del caudillo de Holofernes, avivada del demonio, que derechamente aqueste Holofernes es. Por lo cual se entienda de aquí que decir en estas tales materias es totalmente necesario que pasen por tiempo de este crecimiento cualquier aprovechados en vía de contemplación, sería tasar tiempo y como señalar día a las obras potentísimas de nuestro Dios y Señor, el cual hace cuanto, y como, y cuando quiere por que sea glorificado.

Mas esto que queda dicho es por la vía más común y camino ordinario, y en la teología escolástica, que en vía de contemplación es la ciencia que los hombres unos a otros podemos comunicar. No, empero, es la sabiduría o ciencia sabrosa o mística teología, que enseña Dios en el ánima con la brevedad que quiere y la levanta en instante por la vía de aspiración. Y cerca de este obrar Dios, diré aquí dos o tres cosas para le

glorificar. La una es que conozco una ánima, que aún
se está en esta vida, la cual, siendo en edad muy
delicada, de la más tierna niñez, obró nuestro Dios en
ella tres o cuatro maravillas, que no caben en papel, y
cuando era de menos que de cinco años tenía grande
amor a Dios, y sin saber entender qué es aquello que
quería. Y tenía por costumbre de rezar tres avemarías,
y ofrecerlas a una imagen que estaba en una pared, la
cual tenía en los brazos su ñiñico, y no podía ella
pensar que había otra santa María sino aquélla, ni otro
Dios sino aquel niño, e hincada de rodillas hacía sola
esta oración: Tomad, Señora, estas avemarías, y dadlas
a vuestro Hijo, por que cuando ya sea grande me haga
buena mujer; y en esto se remataba toda su devoción.

Mas en su tierna niñez fue arrebatada en espíritu, y
supo aquesta verdad con otras muchas verdades. Y
después han pasado sobre esta alma aún más que los
cincuenta años, en los cuales Dios ha obrado tantos y
tantos misterios, que sea gloria a su bondad. En esta
alma no obraban los crecimientos del tiempo para ir a
la perfección, como habemos dicho aquí; mas la gran
bondad de Dios, muy sobre naturaleza. Ítem, conozco
otra religiosa que, siendo muy muchachita, pobrecita
y despreciada e hija de un labrador que era abundante
en pobreza, deseaba servir a Dios, y sin conocer quién
era, e incitada de un fervor por la niñez no entendido,
los viernes se salía de su casa al campo, que era casi
todo junto, porque esto era en una aldea, y cogía
cogollicos de retama y sacaba zumo de ellos como ella
mejor podía y bebíalo antes que comiese nada, y es-
condíase y se azotaba, todo por amor de Dios y sin
más le conocer. Fue creciendo la muchacha, y crecieron
en ella tantas y tantas virtudes y la gran bondad de
Dios trájola a tanta abundancia, que venida a la vejez
está tan enriquecida, que lo sabe sólo Dios, por que
sea él glorificado. En éstas diferentemente considera-

mos las obras de nuestro Dios, porque a la primera luego dende su niñez la puso en la perfección. En la segunda mostróse ser sólo el Maestro y incitó a aquellas entrañas, y por vía de crecimientos la trajo a la perfección que posee con tan gran sublimidad, que lo sé y no lo acierto a decir. Veis las obras diferentes de nuestro Dios y Señor; ni en la una ni en la otra vía no se da tasa de tiempo a lo que él quiere hacer, porque así como todo lo que quiso hizo (Sal 115,3), así no hay nada imposible a su divino querer, que obra como quiere y cuando quiere, y con tiempos y sin tiempos, y con edad y sin ella, como él lo tiene por bien; los ángeles le den gloria. Amén.

Capítulo VII

Cómo se busca la perfección con menosprecio de consolaciones falsas y encerramiento del ánima

Es una autoridad de san Ambrosio, la cual, hablando con los aprovechados en la contemplación, para animarlos a más encumbrados provechos y a perfección más subida, les dice: Cometamos una sagrada ambición, esto es, procuremos pasar a mayor ganancia no nos contentando con el modo de ganar que hemos hasta ahora llevado, porque, aunque lo pasado sea muy mucho de estimar, quiere este bienaventurado contemplativo darnos a entender que, pues nos hizo nuestro Señor capaces de otra mayor perfección, la debamos procurar. Donde en la autoridad dice: No nos contentemos con las cosas bajas. Como si dijese: dejemos todas las cosas que se alcanzan con nuestro entendimiento y natural razón, todo lo que por industria y diligencia humana no es posible alcanzar; y dice: Pasemos carleando [1], como si dijese: avivando la afectiva y

---

[1] Jadeando.

la hambre del amor. Y añade: *anhelando;* quiere decir,
dando obra a los deseos encendidos del amor del sumo
bien; y concluye diciendo: Hasta alcanzar las cosas
últimas y soberanas; que quiere decir: hasta alcanzar
los retoques del amor de la alta dignidad, a los cuales
es imposible llegar por alguna industria o humana
solicitud. Por lo cual no basta en este perfectivo modo
de contemplación sola la obra del entendimiento, ni
auxilio de memoria, ni la razón natural; y, finalmente,
todo lo que el hombre suele y puede poner de su parte
para se dar a la oración.

Mas habiendo pasado por la vía purgativa del primero libro, y habiendo dado tiempo a la vía iluminativa,
según el segundo libro, y habiéndonos criado algún
espacio en aquesto conociendo nuestra estima y nuestro nada poder, habiéndonos bien mirado en el espejo
clarísimo de los misterios de Cristo Jesús y su vida, y
habiendo mirado a nuestro Dios y Señor en los espejos
obscuros de cualquier visibles criaturas, osemos cometer con san Ambrosio esta sagrada ambición, a la cual
él nos llama y convida. Esto se hace negando todas las
operaciones dichas cerca de lo exterior y quedándonos
a solas dentro en nos con la tácita afectiva, despertada
de sola la amorosa voluntad, aun sin poder entender
que aquella voluntad obra. Entiende, empero, que no
hay en este modo quietísimo de obrar más que sólo un
obrador, y éste es sola la divina dignación.

Entiende también que en esta obra no hay más que
sólo un paciente, que es la ánima que contempla sin
auxilio natural, sin poner de su parte más que un
querer a sólo Dios, ayudada con su gracia. Y este
querer, muy vivo, y en lo demás nada quiere de lo que
le pueden dar que no es Dios, aun de los divinos dones;
porque todo lo demás, no solamente le conviene no
quererlo, mas aun lo ha con vehemencia de desechar
muy voluntariosamente. Y este tal desechamiento hase

de notar que en el tiempo de quietud ha de ser de todas las cosas criadas, sin poderse osar menear ni un punto del entendimiento ni la razón natural, y en los otros intervalos o espacios que pasan sin serenidad de esta escondida quietud hase de tomar el consejo del Salmista, que nos dice: Que despreció y no quiso consolar su alma en alguna cosa criada, y dice: *Acordéme de mi Dios, y deleitéme en él, y ejercitéme en su amor, y desfalleció mi espíritu* (Sal 77,4). Donde se ve querer mostrar el amoroso Salmista en el desfallecimiento de su espíritu el tácito y secretísimo encerramiento de su alma dentro en sí mismo. Este su deleite fue causa del desfallecimiento de su espíritu, y el deleite le causó la memoria de su Dios. Y esta tácita y entrañable dulcedumbre de memoria le muestran haber sido la causa del menosprecio de toda humana consolación. De manera que se entienda que en el desfallecimiento de su espíritu nos muestra la operación quietísima de la más alta perfección de su suave voluntad.

Quédanos de aquí visto que mucha perfección del contemplativo está en el más estrecho encerramiento del alma dentro en sí misma. Y el mayor encerramiento demanda que le antevenga en todo tiempo menosprecio de humanas consolaciones, sin las cuales podrá pasar, y en tiempo de su quietud, menospreciar cualquier movimiento de la potencia intelectiva y operación natural; porque lo que allí se le da por la dignación divina sobrepuja a la razón natural y a lo que él puede entender; lo cual nos muestra el Salmista en la autoridad pasada, que en su ejercicio desfalleció su espíritu, porque la preparación que él tenía puesta en el menosprecio de humanas consolaciones recibió lo que no pudo su espíritu sentir sin desfallecer, y a todos ampare Dios.

Capítulo VIII

Cuán grandes bienes están en el sosiego del alma con silencio de potencias

Es de entender que en este libro tercero se entiende en la vía unitiva, la cual, por fuerza de suave amor, junta el alma con Dios. Y es de ver que el discurso de las potencias del ánima significa imperfección. No digo yo que se entienda absolutamente que carezca la obra del entendimiento en la meditación de bondad y de alto merecimiento; querría, empero, sentir y dar a entender que comparado a la quietud del ánima en su escondido sosiego, tiene tanta diferencia como lo poco perfecto a la mayor perfección. Y así, en la subida del monte, es a saber, en el primero y segundo libro que habéis leído hasta aquí, se significa el caminar discurriendo. Esta parte tercera se entiende en hallarse ya subido en la cumbre o altura del monte y sosegar y quietarse el ánima en escondido silencio, y, callando, vigilar y gozar de lo que Cristo por su clemencia suele al alma dar en su estrecha soledad, en el secreto silencio. Cerca de lo cual dice el glorioso san Agustín que es bienaventurado el varón que está solo y callando, puesta guarda sobre sí con cuidado día y noche, porque el tal, aun viviendo en el vaso quebradizo de este flaco corpezuelo, puede gustar dulcedumbre, recibida de su Dios en prenda, o en señal, o arras de la dulcedumbre eterna que Dios tiene aparejada a las cuidadosas almas.

Donde es de notar que en la autoridad se tocan puntos que al alma recogida dan no pequeño favor, porque diciendo *varón* significa que con varonil esfuerzo se ha de procurar esta soledad y silencio del alma con la vigilancia y guarda que ha de tener sobre sí para poder desechar el sentimiento sensual y para no se curar de la razón natural ni de los discursos del entendimiento; el cual no menos impide en la vía de perfección y sosegado silencio que ayuda en los que comienzan y aprovechan. Y es de notar que en la soledad y silencio consiste esta bienaventuranza, porque dice: Bienaventurado es el varón que está solo y callando: ¿Quién es el que no sabe que el que está solo, si habla da licencia, que le juzguen de poca capacidad o de flaqueza de seso? Y al que sabe entender esto parécele ha demasiado ser alabado el silencio del que está encerrado en estrecha soledad, donde es cierto el no hablar; por lo cual se ha de notar que esta soledad significa desechamiento de todo lo que no es Dios y sosiego del alma sola en él, así como si no hubiese cosa criada más que sola aquella alma que contempla en sólo Dios, no teniendo otra cosa en qué ocuparse sino sólo en él. Porque esta su ocupación ha de ser tan tácita y sosegada, tan sola y tan ascondida, que aun de sus mismas potencias no se sabe ni se quiere aquel tiempo de quietud acompañar. De manera que se entienda que de esta tal soledad del alma sosegada es de quien se ha de entender la bienaventuranza que se ha tocado. ¿Quién, pues, entenderá ser aquella soledad tal, y no verá cuál deba ser el silencio que ha de andar junto con ella, diciendo la autoridad que ha de estar sola y callando el alma contemplativa de quien hace relación?

Cierto está y muy manifiesto que aquí se deba entender no silencio de palabras, sino callar de entendimiento, serenidad de memoria y quietud de voluntad, sin admitir en el tal tiempo ni un punto de pensamiento de cosa alguna que sea, ni haya otra cosa que se entienda tenerse, ni operación, sino sola la afectiva, empleada en amor, porque no sería silencio de perfecta soledad si algo bullese en el alma; mas que sola, desnuda de sus potencias, se embarace en amor, sin distinción de alguna obra. Por lo cual se ha de notar que la potencia de nuestra libre voluntad en este modo de pura contemplación no cesa un punto de obrar empleándose en el amor; pero en esta su obra no se entiende ni se siente ni un quilate de bullicio, ni hay en qué se conozca la perfección de esta su obra, salvo en la satisfacción del ánima, transformada en su amado por vínculo de amor. Cierto y verdaderamente se puede bien afirmar ser el amor tanto más intenso cuanto el que ama está más solo de todo cuanto no le incita a amar. Ahora, pues, dícenos la autoridad de san Agustín que este tal varón, es a saber, esta alma varonil que sabe estar sola encerrada dentro en sí, y sabe y puede callar no solamente de todo bullicio que es a parte de fuera, mas aun sabe tener estrechísimo silencio en todo interior meneamiento de alguna de las potencias, podrá aún esta ánima tal estando en el muladar de este nuestro corpezuelo comenzar a tener gusto de la divina conversación.

Donde es mucho de notar que aquesta bienaventurada conversación del alma con su Dios es imposible alcanzarla sin que se sepa con san Dionisio entender por mística teología qué es lo que quiere decir sabiduría escondida, con la cual es hecha el ánima sabia. Esta ciencia es secretísima, y el Maestro que a las ánimas las enseña es la sabiduría increada. Esta lección suya no la manifiesta en público ni en alma derramada, no encerrada dentro en sí misma ni entremetida en quietud de palabras interiores, esto es, en movimientos de naturales razones ni en obra de entendimiento; porque esta ciencia escondida que Dios infunde en el alma encerrada en su quietud sobrepuja a toda obra natural, por lo cual todo lo que podemos en este tiempo por nuestra industria ayudarnos se nos convierte en muy cierto impedimento.

De manera que es aquí la conclusión que, por ser la soledad escondimiento del alma y guarda de su acallado silencio, es escuela de esta bienaventurada sabiduría, mediante la cual el alma dichosa sabe allegarse a su inaccesible Dios por vínculo de muy sosegado amor, sin medio de algún pensamiento que antevenga en esta unión, presupuestas las vías purgativas e iluminativas, que enseñan la lectura de las partes primera y segunda de este libro, y pureza de conciencia. Y por esta pre-eminencia que tiene el silencio y soledad dice el bien-aventurado Agustino ser bienaventurada el alma que varonilmente vela sobre la guarda de su quietud inte-rior, porque podrá la tal alma gustar la dulcedumbre con que nos visita nuestro inaccesible Dios; él sea en amparo de todos por su infinita bondad. Amén.

Capítulo IX

Que la quietud frecuentada muestra levantar el alma con las alas del amor

Cuantas veces en este tercero libro se dijere ciencia infusa o sabiduría escondida o secreta o mística teolo-gía o ejercicio de aspiración, hase de entender que significa un súbito y momentáneo levantamiento men-tal, en el cual el alma por divino enseñamiento es alzada súbitamente a se ayuntar por puro amor, por vía de sola afectiva, a su amantísimo Dios, sin que antevenga medio de algún pensamiento, ni de obra intelectual o del entendimiento, ni de natural razón. Notando, como otra vez se apuntó, que esta obra sobrepuja a la razón y al entendimiento humano, así como decimos, con gran verdad, que los misterios de nuestra fe católica y sin mancilla, ni se fundan sobre razón natural ni admiten comprensión; así como el misterio altísimo de la encarnación del Verbo divino y del santísimo Sacramento del Altar, y así de muchos misterios. Así, habemos de entender que excede la razón y entendimiento esta operación divina, con la cual momentáneamente el alma es levantada con las alas del amor y ayuntada con su Dios, sin medio de pensamiento de cualquiera cosa criada, cuantas veces place a la dignación divina. Y puesto que esta soberana operación, de parte nuestra, tiene en sí dificultad a los principios, pero perseverando esforzadamente en este levantamiento de la afectiva viene a tal facilidad, que digan los altos contemplativos que casi cuantas veces el alma bien amaestrada le pluguiere, tantas se podrá alzar momentáneamente a su Dios y ayuntarse a él por amor. Y cerca de esto, dice san Dionisio, y lo afirman los altos contemplativos Herp y Enrique de Balma, que esto se hace en la ánima ejercitada cuan a menudo le place y con tal facilidad, que no saben señalarla.

Y es de notar que el alma en esta unión, en este alzarse a su Dios, no pone de parte suya más que su libre querer, porque el que obra es nuestro Dios, y obrando frecuentemente con este querer que puede poner el alma y con alzar la afectiva avivada con el amor, con el cual la aviva Dios, viene a la felicidad, que, cierto, permite nuestro Señor que aun en estos tiempos haya quien pueda decir y presentar más testigos que es muy gran verdad aquésta. Es de ver con regaladas entrañas que la facilidad de este bienaventurado alzamiento no viene por la frecuencia y solicitud del alma, mas por la continuación de las veces que es visitada de su amantísimo Dios, disponiéndose con limpia disposición; porque cuanto más veces es el alma visitada de su vivificador, tanto es más agravada para más veces poder demandar y recebir el amor. Por modo que tantas veces visita nuestro Señor y médico amoroso la ánima que está enferma de su amor, que hace que venga el alma a tiempo que no quiera ni sepa escaparse de los dardos del amor; por no carecer del médico, que con mirarla la sana tan perfectamente, que tantas cuantas veces se queja súbitamente de su viva enfermedad, tantas tenga tan presto y tan pronto el remedio y visitación de su enamorado médico, que no acabe de sentirse lastimada del amor, antes que el que la lastima la tenga ya remediada.

Y cerca de esto, es de ver que no ha de haber ni nunca hubo algún rey tan poderoso que, por fuerte batería ni por mucha munición, pudiese vencer otro rey; no otro señor con tanta felicidad, cuanto el alma enamorada puede con el solo amor vencer, tomar y tener a su amoroso Señor. La causa de esto es aquésta. Como su clemencia le tenga vencido, y sobre este vencimiento venga el combate del alma enamorada y sean los golpes del amor, necesario es que quien combate sea presa y que en esta su prisión tome preso el combatido; y él sea siempre en nuestro amparo; y procede la sentencia a lo siguiente.

CAPÍTULO X

De cuán bienaventuradamente prevalece el amor en contemplación perfecta

San Dionisio dice en los *Nombres divinos* que se llama Dios amor; por lo cual es de notar que como el amor increado sea combatido con el amor que en las ánimas cría, es necesario que, en topándose estos dos amores, se junten en un amor, y que siempre el amor que busca halle y que el hallado sea entendido del amor que le halló, y en entendiéndose sean ambos amores presos, y en prendiéndose el uno al otro, se tengan, y no se quiera el amor criado soltar del amor increado. No quiere el amor increado soltar ni ser suelto del amor criado, porque el combate del alma enamorada le vino sobre el vencimiento que causó en él su clemencia. Así lo representa nuestra santa madre Iglesia en voz de los que le ofendimos, y le dice: Tomasteis, Señor Dios nuestro, los trabajos debidos a nuestras culpas, porque os venció la clemencia a padecer muerte cruel por librarnos del perdurable morir. Así que es la conclusión

que la divina clemencia y el combate del amor, por la
frecuencia de los golpes, y entiendo de los retoques
entre nuestro amoroso Señor y el alma que está enferma de su amor, hacen que a la muy larga frecuencia se
siga fervor muy largo, el cual despierte súbitamente la
afectiva cuantas veces le pluguiere levantarse amorosamente a Dios, y que luego, en alzándose, sea presa y
prenda al que la prendió. Por modo que los dos presos,
es a saber, el amor increado y el alma, en la cual él cría
el amor, tengan sola una atadura, vinculada en una
unión o juntamiento de amor. Sabiendo que el amor
nunca busca sin hallar, nunca halla sin prender, nunca
prende sin poseer, nunca posee sin gozar. Mas ¡oh
dulcedumbre de las almas enfermas de vuestro amor,
y quién me dará a sentir si el deseo vivo de la afición
levantada y la fuerza del amor con el cual sois del alma
buscado, si aquella fuerza lleva aquel ánima a vos, o si
vos, amor increado, os venís al ánima enamorada por
curar lo tierno de sus entrañas enfermas con vuestro
amor!

Cierto está que el amor que se levanta del alma
enamorada no va a vos apartándose de la tal ánima a
quien vos dais el amor; mas llévala a donde va y con
ella permanece, siendo así que donde habita el alma
por amor, allí está más que donde anima la corpulencia
de aquesta mortalidad; mas bien sabemos, ¡oh amor de
las entrañas que os aman!, que nos habéis prometido,
por el vuestro evangelista san Juan, que vendréis a las
almas que os aman y que os estaréis con ellas vuestro
Eterno Padre y vos, que sois sola una substancia esencial (Jn 14,23). Pues como Dios es amor, cuando quiera que visita el alma que está de su amor llagada, y de
llagas tan sensibles que, como es el sentimiento en lo
interior y muy tierno de las entrañas, es necesario que
cuantas veces la tal alma siente la visitación del amor
que la llagó, tantas se alce el sentimiento en el talante

y afectiva del alma enamorada, para se unir al amor que fue causa y es remedio de sus llagas.

Y dice el alto contemplativo Enrique de Balma que en el secretísimo juntamiento inmediato del alma con su Dios por el vínculo de amor es hecha más capaz para más recebir y más perspicaz o transcendiente para entender, y más momentánea para volar con solas alas de amor, sin ayuda de pensamiento alguno y sin provisión alguna, sino con solo querer, siendo el alma bien maestrada por larga continuación; porque, como queda dicho, la visitación divina, por divina dignación, la hace cada vez llena de mayor capacidad. Y es de notar que por ser esta ciencia secreta no se alcanza con las temporales letras ni la entienden los sentidos dados a lo temporal; y por esto, escribiendo san Dionisio a Timoteo sobre esta escondida ciencia, le dice con toda amonestación: Mira bien que aquestas cosas no las digas a alguno de los no enseñados. De más de esto, al fin del capítulo de su *Mística teológica,* dice san Dionisio: «En cada tocamiento que es hecho el alma del amor increado es alumbrado el entendimiento tan maravillosamente, que comprehende y penetra las cosas mucho secretas y los verdaderos sentidos de las Escrituras; porque, como el amor sea quien levanta el ánima y aquel mismo amor la ajunta al amor increado, en aquel juntamiento es el alma ilustrada o esclarecida y vivificada tanto, que pueda entender que el amor que le tocó, y el amor que le esclarece la vista, y el amor que en sí la tiene, que sea todo un solo amor increado».

Entiende también que aquel mismo increado amor infunde en ella el amor, que es las alas con que vuele todas cuantas veces quiera en un instante irse a su amoroso Dios. Entiende también que el mismo amor que la levanta es también atadura o engrudo, con el cual, al punto que es levantada, es unida o junta con el amor increado, que ha criado en ella el amor con que voló. Así que el amor suyo y sus alas, y atadura, y firmeza, todo le sea un mismo amor en ella infundido o criado; y que el amor que la tocó, y la levanta, y la recibe, y le da satisfacción, y le esclarece la vista, y le declara lo que entender no podría, sea un mismo amor increado, que es quien enseña aquesta escondida ciencia o sabiduría y teología celestial. En este alzamiento súbito de la afectiva, en esta secreta sabiduría o teología celestial, que sabe llevar las ánimas a ajuntarlas en un instante a su Dios, tienen los ejercitados muy experimentado que así como con este ejercicio de aspiración más presto y más veces es levantado el espíritu, así es el modo más presto y más cierto para congregar luego los dispersos de Israel (Sal 147,2), quiero decir que más súbitamente se recogen y deshacen los derramamientos de nuestra incauta conversación y todas las fantasías e imaginaciones que impiden el recogimiento interior. Donde se ha de notar que tantas cuantas más veces se alza el talante del alma, tanto más se eslabonan o encadenan las virtudes, y se enfrenan los sentidos, y se enflaquece la natural corrupción de estos nuestros muladares; en los cuales el ángel de Satanás se presume afear la limpieza de las cuidadosas almas y el sufrimiento de la deshonestidad de sentimientos bestiales.

Así que aquí se concluya que cuantas más veces y más frecuentadamente se levanta la afectiva y va el espíritu a Dios, tanto más se va deseando, gastándose y consumiendo la bestial inclinación de estos miserables cuerpos; de los cuales nos saque en paz nuestro Dios, a quien alaben siempre cuantas almas crió.

CAPÍTULO XI

Que no es contemplación pura sin salir de las criaturas y de toda corpulencia

De aquesta sabiduría ascondida y celestial dice san Dionisio en el libro de los *Nombres divinos,* en el capítulo 7: «La sabiduría de quien hablamos es un conocimiento muy alto de Dios, el cual es conocido por modo de no saber, según el ajuntamiento de la voluntad, siendo apartada de todas las cosas criadas y allegándose a los rayos resplandecientes por manera muy profunda y muy incomprehensible». Ítem, que aquesta sabiduría ascondida alza la voluntad a Dios sin medianería de entendimiento, ni de razón, ni de ningún pensamiento, así como se ha tocado; por manera que se entienda que en este ejercicio de aspiración, en el cual la afectiva, que es el talante del ánima, súbitamente se levanta a Dios, nunca ha de haber poco ni más pensamiento de cosa criada; y aún más se podría estrechar el entendimiento de esta sentencia si hubiese muchos que por plática y experiencia lo pudiesen entender.

Donde es de notar que san Dionisio en este lugar dice que por esta sabiduría secreta es conocido Dios por modo de no saber; lo cual se entenderá en dos maneras. La primera es porque en aquel espacio que el alma está encerrada en su quietud, en ninguna cosa entiende de todo cuanto no es Dios. La segunda manera de este entendimiento, en el secreto de esta sabiduría, sabe el alma estar unida a la divina conversación con acatamiento de amor por la dignación divina; pero con todo, su saber es tal, que aquello que ella entiende no entiende cómo lo entiende; sábelo sin saber cómo lo sabe; sabe que conoce a Dios, pero porque aquel que conoce es incomprehensible no sabe conocer comprehendiendo. Y su satisfacción en no entender está entera, porque no sabe querer otra cosa sino amar; y aun amando, no sabe entender cómo ama. Y si fuere preguntada, sabe decir a quien lo sepa entender: En este negocio no hay otra cosa que amor. Donde es de notar que esta manera de proceder no es de muchos entendida, porque pocos se disponen a apartar de su contemplación todo cuanto tiene ser recibido, especialmente toda cosa corporal; y por eso es dicho ser sabiduría escondida o no hallada de los que buscan a Dios sin verdad de puro espíritu.

Sepan, empero, los contemplativos, los cuales no saben salir de cosas que tienen cuerpo, que no les faltará muy grande merecimiento, pero tampoco tendrá dignidad de hombres espirituales pura y absolutamente. Cerca de esto, dice el teólogo excelente y esclarecido en pura contemplación, es a saber, Enrique de Herp [1]: Dos maneras hay de contemplación: una mediante las cosas criadas, por operación del entendimiento, y ésta es con grande trabajo de las potencias y con espacio de tiempo, y dado caso que su ganancia es mucha, empero, cuando no sale de aquí, nunca alcanza a perfección. La segunda manera, dice él que es muy sin trabajo; con poca cosa de tiempo y con merecimiento alto, va siempre a perfección. Es, empero, de saber, como este teólogo dice, que ésta es manera escondida y topan pocos con ella. Y cuando dice pocos, entiende en comparación de los muchos que se contentan con no salir de las cosas corpulentas; y esta manera escondida es por vía de aspiración o mística teología, de la cual queda algo dicho, y mucho más se dirá siendo voluntad de Cristo Jesús; él sea siempre en nuestro amparo.

---

[1] E. Herp, *Directorio de contemplativos* (Madrid, FUE, 1974) 329-338.

Capítulo XII
De dos ojos del alma y en qué difiere su vista,
y qué cosa es afectiva

Escribiendo san Dionisio a Timoteo sobre la práctica de esta ciencia celestial, le amonesta que con grande contrición, conviene a saber, con grande esfuerzo y quebrantamiento de su inclinación natural, se esfuerce en apartar de sí toda obra derramada de entendimiento, todo lo sensible, y todas las cosas que son y no son, y toda operación que se pueda entender o fundar sobre razón. Y dice el mismo san Dionisio: Después de esto, levántate subtilmente al conocimiento de aquel que es sobre toda substancia. Por lo cual es de notar que aqueste levantamiento mediante la afición no es otra cosa sino moverse sin movimiento nuestra voluntad por orden de solo amor; mas se ha de entender que los ojos de nuestra alma son la voluntad y entendimiento. Con el entendimiento mira el ánima como por espejo, y ve en las criaturas al criador de todas ellas. Este ojo ha de estar de todo en todo cerrado en aquesta especulación mediante las criaturas. El segundo ojo, con el cual el ánima mira a Dios sin ver cosa alguna criada, es la fuerza noble del alma, conviene a saber, la voluntad; y este ojo nunca mira atentamente a su amado sin penetrar el corazón con el rayo del amor que sale de resplandor interior.

Y es de saber y sentir con alma regalada que cuando en los Cánticos dice el Esposo de las amorosas almas al alma requebrada: *Llagaste mi corazón, esposa mía, con uno de tus ojos* (Cant 4,9), siempre se ha de entender del ojo amoroso de la voluntad del alma enamorada y de la pupila de este ojo resplandeciente que es la afectiva o talante de lo más alto y más principal del alma. Donde es de notar que esta vivacidad de la afectiva que siempre demanda ser levantada a su Dios es una centella vivísima, y es lo que llaman los teólogos *sindéresis* o *sintéresis;* que quiere decir atención viva, entera y levantada al soberano bien por largo uso acostumbrada. Ésta conocen en sí y la entienden y saben cuando la tienen los quietos y ejercitados contemplativos.

Hase también de notar que entre los que somos flacos y poco ejercitados, muchas veces nos es necesario abrir el ojo del entendimiento y mirar con él las cosas criadas, y levantar la vista al criador de todas mediante lo que le mostró el entendimiento, y esto no más veces que aquellas que la afectiva se hallare rebotada. Cerca de lo cual se note que el alto contemplativo Enrique Herp, en su *Directorio áureo* [1], dice que la ánima ha de usar de sus potencias así como la colmena usa de sus abejas. De manera que cuando es menester, se vea que las abejas salidas de sus colmenas revuelan sobre diversas flores y, tocándolas, se cargan de lo muy más puro de ellas, y, enriquecidas con su carga, entran dentro en su colmena y entienden en su labor; y la carga que trajeron conviértenla en cera y miel. Así ha de hacer el alma cuando no se halla dispuesta para poder súbitamente levantarse en solo amor, que debe enviar su entendimiento para que tasada y discretamente tome de las criaturas como de flores la potencia, y sabiduría y bondad de su criador, y en hallando algún poquito de gusto, vuélvase a entrar a la substancia de su ánima por vía de entera quietud: y en claridad de cera y dulcedumbre de miel convertirá la maestra de las abejas, es a saber, la voluntad, lo que le presentaron sus abejas, es a saber, memoria y entendimiento, y por vía de puro amor será un precioso panal aquello que sus abejas trajeron.

Y es de saber que los que aprovechan en la contemplación meditando en las criaturas conocen a quien las

---

[1] O.c. *Directorio* 434.

crió, y es pequeña perfección; muy mayor perfección es por el Criador de todas las cosas conocer a sus criaturas. De manera que la fuerza de la fe tiene muy bien conocida la sabiduría y bondad, y potencia de su Dios sin que hubiese criado nada, y cuando ve las criaturas, dice regaladamente: Todo aquesto crió mi Dios, y no tiene necesidad de verlas para conocerle. Donde una vez sube el entendimiento de las criaturas a su Dios, y conócele por ellas; esto es dignidad pequeña, porque de esta manera, aun los filósofos infieles le conocieron; pero no tuvieron en este conocimiento la inclinación amorosa que da nuestro Señor a las sus almas fieles, con la cual inclinación reciben de las criaturas un gusto de suavidad que las levanta amorosamente a Dios. En la segunda manera viene el alma del criador a las criaturas, conociéndole a él primero con vista de viva fe y por manera de amor y que por él las quiera a ellas y las conozca por él, y ésta es manera más allegada a perfección; no, empero, es contemplación pura, mas es verdadera meditación; no es éste el ocio de Magdalena, sino el negocio de Marta.

Donde es de ver que en otras dos maneras nuestra alma conoce a Dios levantándose por vía del entendimiento convertido en inteligencia pura, y ésta es ya contemplación en sola la voluntad, alzada como está dicho por la medianería del entendimiento. Esta manera de contemplación compara el Ricardo, en su *Libro de doce patriarcas,* a Raquel, que quiere decir *graciosa visión.* Y como dice la sagrada Escritura en los capítulos 29 y 31 del Génesis: por alcanzar Jacob a casarse con esta visión graciosa sirvió dos veces siete años; de lo cual querría poder entender y saber darlo a sentir que los que buscan a Dios, que es inefable visión, no deben tener por mucho en buscarle y le servir emplear estas dos veces siete años, que significan número de perfección. Y al ánima contemplativa de cualquiera principiante le amonesta esta lección que perservere en servir, para casar con Raquel, cuantos años de la vida le pidiere de servicio el verdadero Labán, que fue padre de Raquel, que, como ya queda dicho, se entiende *visión graciosa,* y se ha de entender aquí por viva contemplación; no, empero, por contemplación perfecta, como luego se dirá; y a todos ampare Dios.

CAPÍTULO XIII

De la manera que la alta contemplación se ha de tener con los misterios de Cristo y con nuestra gran Señora

La segunda manera que tiene la voluntad de levantarse en quieta contemplación por sola la afectiva, sin medio de entendimiento, ni pensamiento, ni de otra ocasión alguna, es alzarse súbitamente por vía de abrasante amor a se ayuntar con su Dios por tomar mayor amor de la fuente y propio venero de donde manó el amor, con el cual se levantó. Esta manera de pura contemplación es ya quieta, y es contemplación perfecta si tuviere las señales que adelante se forman.

Esta contemplación compara Enrique de Balma (en su libro que él intituló *Sol de contemplativos* [1]) a la Magdalena: y aun dice que es tanta diferencia entre esta contemplación amorosa y la que antes queda dicha, como de los querubines, que son encendidos en claridad, a los serafines, que son inflamados en mayor fuego de amor y en muy mayor dignidad. Y es aquí de ver que así como se lee en los capítulos 29 y 31 del Génesis, Jacob sirvió a Labán catorce años por casar

---

[1] *Theología Mystica* lo tituló E. DE BALMA pero lo tradujo al castellano FRAY ANDRÉS de Ciudad Real en S. Juan de los Reyes (Toledo) el año 1514 con el título *Sol de contemplativos.* Ha sido publicado de nuevo en Salamanca (Ed. Sígueme) en 1992 por TEODORO H. MARTÍN.

con su hija Raquel, que, como es dicho, quiere decir *graciosa visión,* así se entienda que es poco otros tantos años para llegar los contemplativos cerca de la perfección. Y se vea que la misma Magdalena, que es figura de contemplación perfecta, por gozar de la perfección más alta de la contemplación quieta, sirvió a nuestro Dios treinta años, sin los primeros, en muy extremo desierto, menospreciada y dejada o desechada toda cosa consolable temporal, avisando a los que aprovechan y van a la perfección cuánto es menester apartarse de todas las cosas que les son impedimento y de todo cuanto no les ayuda para llegarse al más quieto encerramiento de la contemplación quieta, donde más se halla Dios. Donde es de ver que treinta años no son muchos para emplear en el amor, pues que los que habrán entrado a su conversación perseverando fielmente no han de tornar a salir en los tiempos de los tiempos.

Y porque los misterios de Cristo Jesús, Redentor y Señor nuestro, no los deben los perfectos olvidar, hase de tener aviso cuando pasaren por ellos que lleven luego quietud. Y para esto no se ha de pensar en ello ni en el modo de proceder en su consideración cosa que tenga cuerpo. Por lo cual se ha el ánima de infundir en sólo aquel incendio de amor, aquella caridad viva, aquel fuego que en el amor de las ánimas le abrasaba sus divinas entrañas, tal que se pueda entender que si por cobrar una sola alma de sus crucificadores le conviniera estar hasta la fin del mundo en la cruz con aquel rigor que estuvo enclavado en ella, no es duda que lo hiciera su infinita caridad.

Y de esta misma manera se contempla el vivo amor, con el cual su inmensa bondad, su sabiduría y potencia quiso estarse con los hombres en el santo Sacramento hasta el fin de aquestos siglos, por tenerlos él en sí por los siglos que nunca han de tener fin. También de aquesta manera, cuando nuestro entendimiento se volviere a la fuente de piedad por quien Dios nos redimió, conviene a saber, a la universal Señora de todo cuanto no es Dios, no ha de pensar en alguna corpulencia, sino cuadrarse la inteligencia sobre un abismo de gracias, un imperio de virtudes, un piélago de bondad. Y de todo esto considérese un juntamiento de amor antes de todos los siglos puesto en la mente divina, como de nuestra gran Señora, se dice en el libro del Eclesiástico. Antes de los siglos soy en la mente divina criada por mi eterno Dios (Eclo 24,9).

Así que de aquí se entiende la manera que en vía de contemplación perfecta se ha de tener cuando por necesidad nuestro entendimiento se vuelve a las cosas criadas, para que luego se vuelva inteligencia pura y se convierta al amor; sin el cual, cualquiera contemplación no se ha de tener en nada. Y es de saber que cuando nuestro entendimiento cesa de discurrir meditando en cualquiera pensamiento justo y santo y se para y goza en quietud de aquello que meditaba, se llama *inteligencia,* y cuando en aquella su quietud no se mezcla ni se bulle cosa criada, llámase *pura inteligencia,* y ya le conviene alguna reprehensión intelectual ajena de corpulencia y se allega a pura contemplación; y ampárenos Dios a todos.

Capítulo XIV

Cuán inestimable es la sabiduría del espíritu y vivo deseo de Dios

Hase dicho en el capítulo 9 que, diciendo mística teología, o ejercicio de aspiración, o ciencia infusa, o sabiduría escondida, o secreta sabiduría, quiero dar a entender lo que en el secreto de las entrañas del ánima obra la sabiduría increada. A esta ciencia llama muchas veces san Dionisio *sabiduría espiritual,* o porque enseña al espíritu juntarse con su Dios o porque esta sabiduría descienda del Padre de las lumbres, como don perfecto, así como en su Canónica lo dice Santiago en el capítulo 1 versículo 17. Alguna otra vez dice el mismo san Dionisio que aquesta sabiduría es sobre razón y seso, porque sobrepuja a todo seso y razón, por lo cual dice otra vez: «Esta sabiduría que decimos ser sin seso, decimos también ser principio de toda prudencia y de toda discreción». Por cuya declaración se ha de notar que en la Sabiduría se dice en voz de cualquier alma justa: *Tuve deseos, y fueme dado entendimiento, y porque lo demandé, me dio la bondad de Dios espíritu de sabiduría,* que es tanto como decir sabiduría espiritual o sabiduría de espíritu (Sab 7,7). Diome Dios sabiduría, que es don del Espíritu Santo; la cual me enseñó a menospreciar todas las honras y riquezas del mundo, y a estimar el oro y la plata como arena y como lodo, y a entender que no son nada todas las piedras preciosas, porque la mística teología, que esta sabiduría viva enseña en el secreto del alma, hace que se tenga en nada cuanto no la allega a Dios.

Pues como las riquezas transitorias y los descansos fingidos y miserables deleites que puede dar este mundo sea todo a partes de fuera, sea todo fimbrias doradas, sea compostura exterior, sea impedimento del quietísimo silencio que enseña la perfección, necesario es que el ánima que recibe esta sabiduría tenga en todo menosprecio cuanto no la allega a Dios. Y, por tanto, dice en esta autoridad en cuánto se ha de estimar todo el oro y lo demás, porque el alma que una vez gusta la sabiduría interior aprende a quitar de sí toda exterior satisfacción; de tal manera, que se diga en la misma autoridad que esta sabiduría suave quiere y se abraza con ella, si por amor suyo le es necesario perder la salud del cuerpo y la graciosura y fuerza, lo tiene todo pospuesto por saber vacar a Dios. Y porque la claridad que con esta bienaventurada sabiduría es recibida en el alma le enseña a conocer a su Dios más que el entendimiento puede enseñar y sobre toda razón, dice en esta autoridad esta alma agradecida: Determinado he de tener siempre por lumbre esta sabiduría, porque tengo conocido ser inextinguible su claridad, sabiendo que es imposible tenerla sin tener con ella los bienes que no se pueden pensar.

De manera que la misma alma dice: *Junto con esta sabiduría me fue dado todo bien,* y antes no sabía que esta sapiencia era madre de todos los bienes o custodia o relicario de gran copia de virtudes, las cuales conoce el alma en sí que le vinieron con ella; porque (como ya se ha dicho) esta sabiduría es don perfecto y desciende del Padre de las lumbres. Donde es de notar que estos divinos enseñamientos reciben de Dios las almas cuidadosas por respuesta de frecuentados deseos; para cuya verificación se traiga a la memoria que en Daniel se escribe que el ángel le dijo: *El Señor me envía a enseñarte, porque eres varón de deseos* (Dan 9,23). Como si dijera: porque eres hombre que perseveras en varoniles deseos de saber la manera de cumplir la divina voluntad, por eso soy enviado a te enseñar. De aquí debemos saber cuánto es necesario tener limpio el corazón y andar siempre embarazado en vivos deseos de Dios y saber que a esos deseos no les basta enseñamiento por la gran bondad de Dios.

De manera que se entienda que en la autoridad dice el alma agraciada que porque lo deseó y con deseos lo pidió, le fue dado espíritu de sabiduría; con el cual, y no sin él, puede el alma saber a qué sabe el gusto de la divina conversación; con el cual viene en quietud y contemplación simplicísima y perfecta y en entero menosprecio en todo cuanto no es Dios; y él sea siempre en nuestro amparo.

Capítulo XV
Muestra la facilidad de las almas cebadas en se levantar a Dios y la dignidad de mística teología

San Dionisio, escribiendo a Timoteo, le dice por vía de amonestación: «Tus sobrepujamientos sean sobre todo embargo, por modo que seas alzado limpiamente al rayo de las cosas divinales, que es sobre toda substancia»; así como si dijera: Necesario es que tu contemplación sea tan sosegada y tan escondida y quieta en amar a aquel bien que por ser infinitamente bueno es infinitamente amable. La operación de tu amorosa voluntad sobrepuja a toda operación, quiere decir san Dionisio en esta sobrepujanza. De tal manera debe ser en quietísimo sosiego la obra de la voluntad amando, que no solamente aniquile la obra del entendimiento y de la natural razón en aquello que por sí no puede alcanzar, pero aun sobrepuje y se enseñoree a todo cuanto no es Dios: por que pueda, como dice el mismo santo, levantarse sin embargo y limpiamente, dejando todo lo que es tomable y meditable, que, como es dicho, será todo lo que no es Dios, porque en su comparación no hay nada que tenga ser. Esto es lo que quiere dar a entender diciendo que nos alcemos no sabiamente; esto es, no sabiendo entender cosa alguna comunicable aun de aquellos que contemplamos, no entendiendo en más que amor. Y tanto más se ayunta libremente la anamorada voluntad de su amantísimo amor cuanto menos en la operación amable se entremete ni un punto intelectual.

Y para que libremente y a menudo pueda el alma con esta pureza quietarse en contemplación, sobrepujando a todo lo inteligible, es necesario que haya pasado espacio de tiempo y trabajo en retraer, y refrenar, y quebrantar cualesquiera pensamientos y obras del entendimiento. A este trabajo y a este luengo resistir

y esta ocupación del alma dejando el entendimiento es
lo que san Dionisio llama *grande contrición.* Y es de notar
que dice Enrique de Balma, como muy experimentado,
y los que ahora se ejercitan con un poquito de esfuerzo
y van sobre algunos años siendo ayudados de Dios,
saben que dice verdad; que los tales vienen o, para
mejor decir, son traídos de la voluntad divina a conocer
y entender por experiencia que así como para resollar
no es menester provisión de pensamientos, ni fundamentos de razón, ni obra del entendimiento, ni querer
dar el resuello, ni pensar de le tornar, bien así el alma
largamente ejercitada es traída por la divina bondad a
tal tiempo, que no tenga necesidad de andar sobre
aviso a querer levantarse a su quietud; porque su mismo uso la pone en tal libre estado, que él mismo la
anda avisando con el hábito que por la frecuencia de
los actos ha cobrado. Y así como al vivir temporal le
es natural el resollar sin provisión de razón, bien así le
ha de entender que a la vida espiritual del alma cuidadosa en adquirir perfección le es posible levantar el
espíritu cuantas veces le pluguiere. Y tanto tiene esto
más posibilidad cuanto los levantamientos de la tal
alma son fundados sobre más quieto sosiego. Por lo
cual dice Enrique Herp: «Así, es natural al ánima que
está en quietud bien amaestrada levantarse a se allegar
a su Dios cuanto es natural al fuego alzar arriba su
llama» [1].

Y por que esto se entienda sin vía de dificultad, yo
sé que conozco un fraile viejo, que no es lego como yo,
el cual, pasados hartos años en este ejercicio de aspiración, ha sido traído de la divina bondad a tal estado,
que tiene necesidad de hacerse fuerza y andar sobre el
aviso por no recogerse tanto, porque no basta su flaca
disposición a poderse tolerar en continua quietud,

[1] O.c. *Directorio...* c.XXIV 338.

principalmente por amor del celebrar y por no dejar el púlpito, que es predicador notable y muy señalado en teología mística; la cual sólo nuestro Dios muestra en secreto a las ánimas inflamadas en su amor, y tienen esta ciencia en tanto que cuál y cuál de sus siervos pueda en ella hablar, y aun casi tartamudeando; pero leerla en las entrañas y darla a sentir en el alma, plantarla en el corazón, sólo es de su Majestad inmensa. Magisterio es reservado a solo él. Y hase de notar que no hay ningún pobrecito, ni varón, ni mujercita, si quisiere ser su discípulo, que no la pueda aprender, por la gran bondad de Dios; él sea siempre en nuestro amparo.

Capítulo XVI

Que el más frecuentado amor purifica más el alma y la trae a perfección

No digo yo en lo que queda notado que se entienda que en esta mortalidad sea posible, aun a los muy más perfectos, dejar de sentir intervalos de quietud, porque entera continuación no es costumbre de esta tierra; sé, empero, que en ella hay almas, y algunas conozco yo, que por estar muy cebadas en amor, aun los tiempos que por nuestras ocasiones no se quietan, no están del todo apartadas de una mediana quietud. Y conozco alguna alma que no bastan las tempestades del mundo ni malicias del demonio a poderla desquiciar del sosegado silencio en los tiempos que está en él por la divina bondad. Es, empero, de saber que estas almas, que puedo aquí señalar, hay alguna de ellas que ha más de treinta años que usa la contemplación, y alguna más que cuarenta; otras menos, otras más; y que la bondad de Dios las ha traído por tanta frecuencia de actos, quiero decir, por tan frecuentada contemplación a tanta prontitud de hábito en levantar el espíritu por vía de sola afectiva con las alas del amor, que casi cada vez que le pluguiere y dondequiera que estuviere, leyendo y escribiendo, se levante libremente en aquesta unión divina.

Esto sélo yo de algunas de aquestas almas con tan grande certidumbre, que ni debo, ni puedo, ni quiero osarlo dudar. He dicho esto por dos cosas: la primera, por que los que somos nuevos y deseamos perfección sin tenerla, sepamos que está en la perseverancia, con la cual no es duda que alcanzaremos los bienes que han alcanzado con ella cuantos bien perseveraron, por la gran bondad de Dios. Y también se verifique esta confianza con saber que los que se van poco a poco levantando o creciendo en esta edad de quieta contemplación, cuanto gustan más, tanto más van oliendo, y barruntando, y sintiendo la grande posibilidad de alcanzar lo que tienen los primeros; y así como las cosas corpulentas y que nacen en la tierra y todo aquello que gusta a la sensual inclinación es impedimento muy grande de la afectiva, porque no la deja volar bien, así y muy mucho más la frecuencia de su vuelo, y su conservarse en gracia, y sus continuos deseos, y el mucho llegarse a Dios limpiando y purgando y purificando sus amorosos intentos, la llega a la perfección que por esta misma vía ha llevado nuestro Dios a los que han ido primero siguiendo el olor de los ungüentos de su favorable amor.

Es muy mucho de mirar que así como en este modo de obrar no es posible ser el hombre levantado por industria ni costumbre sin divina dignación, así es imposible que al que bien perseverare le falte el divino favor; porque así como el entendimiento nuestro sabe entender cuanto alcanza, así nuestra voluntad sabe amar cuanto halla ser amable. Y porque nada hay bueno sino Dios, no hay más que amar que solo él, porque, siendo amado él solo, se emplea el alma en su obra más natural. Y es cierto que tanto cuanto ama más pura y más frecuentamente, tanto más se abrasa en las flamas de amor, en las cuales se consume cuanto le impide el amor. Y porque el mayor y más frecuentado amor la purifica, muy más necesario es que se entienda que, cuanto la tal ánima está más purificada, tanto más se perfecciona en el conocimiento de ser amable el amor que en amor suyo la inflama. Queda de aquí entendido por comprehensión llana que la oración más quieta y más frecuentada purifica más el alma; y la mayor purificación o la pureza mayor llama a más conocimiento de nuestro infinito amor; y aqueste amor infinito pone en necesidad a quien le conoce más que le ame, y quien más le ama, sube a mayor perfección.

De manera que los que poco a poquito, como niños balbucientes, le comenzamos a reconocer y a amar y vamos sintiendo los provechos del amor, necesario es que entendamos que los que aman mucho más y han gastado muchos años en emplearse en el amor hayan alcanzado y tengan las preeminencias notadas de levantarse en quietud, no solamente cuantas veces les pluguiere de quererse levantar, mas que, aun sin provisión, se levanten incitados del amor que Dios ponga en cuantas ánimas crió; y sea él siempre en nuestro amparo.

Capítulo XVII

Que la ánima que tiene más esperanza y más persevera amando, alcanza más favorable amor

En el capítulo 40 dice el profeta Isaías: *Los que esperan en Dios, se mudan a fortaleza y reciben plumas de águilas y vuelan sin se cansar* (Is 40,31). Tanto como si dijera por más clara distinción: Aquellas almas que por conversación quieta crecen en conocimiento de la gran bondad de Dios es necesario que crezcan también en amor, con el cual crecen en mayor favor; y cuanto más favorecidas, tanto más acrecientan en más y mayor confianza o esperanza de aquel por cuyo conocimiento saben que son levantadas. Ahora, pues, esta confianza que va creciendo en el ánima la va mudando, y el mudar es de un esfuerzo en otro esfuerzo, y de virtud en virtud; y aquésta es la fortaleza que dice la autoridad que mudan los más amigos de Dios. Dice también que toman plumas de águilas, donde es de notar que este nombre de *águila* viene de la agudeza vivísima de su vista y de su vuelo, y vase bien aplicando al momentáneo levantamiento del espíritu a su Dios. Y porque, tanto cuanto más el vuelo de nuestro espíritu es momentáneo y en quietud, muy más fundado, tanto más vuela sin dificultad, y no solamente sin cansancio más el mayor y más frecuentado vuelo la muda a más fortaleza y a muy más veces volar. Donde es de notar que en el capítulo 32 del libro Deuteronomio se escribe de nuestro amor intensísimo que es nuestro benigno Dios; después de haber relatado sus muy grandes beneficios en las ánimas que le aman, dice así: *Es como águila que, para incitar a levantarse sus hijos, vuela y revuela sobre ellos, extiende sus alas y los alza sustentándolos, y llévalos sobre sus mismos hombros* (Dt 32,11).

¡Oh benignísimo amor de las entrañas, que os aman con el amor que, Dios mío, ponéis en ellas! ¿Y quién es el que no ve el acutísimo vuelo con que bajaste al cebo del amor, que os puso vuestra clemencia en vuestras pobres criaturas? ¿Quién no vio vuestras alas extendidas por amor de vuestros hijos en la cruz, que por ellos recibisteis? ¿Y cuál corazón no siente el incitamiento con que levantáis a vos el vuelo de los voladores flacos, los cuales, si en vuestras mismas alas no fuésemos sustentados, no nos podríamos alzar para llegarnos a vos? ¿Quién no ve que este vuelo incitativo los levanta a vuelo extático, que es más súbito y quietísimo, al cual el vuelo aguileño corresponde con graciosa semejanza?

Y cierto es que, si las almas contemplativas en sosegada quietud y en más alta perfección no tuviesen en el águila muy apropiada figura, no hubiera dicho Ezequiel (Ez 1,10) que el glorioso evangelista san Juan entre los cuatro animales tenía semejanza de águila. Y si esta similitud no mostrara la más alta perfección de la contemplación más súbita, más perfecta y más quietísima, no estuviera en el proceso de la misma autoridad tan expresamente dicho que el alma amorosa y amantísima del glorioso evangelista, figurada en el rostro del águila, estaba levantada no solamente sobre los otros tres animales, figura de los tres evangelistas; más aún dice: que aqueste rostro del águila, este alma del amoroso san Juan, estaba en contemplación subida aun sobre sí misma, porque dice: *El rostro del águila estaba más alto que todos cuatro; y era el de los cuatro, el uno.* Así que quiera decir que había subido a más alta perfección que cuanto puede alcanzar la naturaleza por razón y entendimiento y por toda industria humana. De manera que abrir la águila las alas para levantar el vuelo de sus hijos no es otra cosa que extender o alargar nuestro amantísimo Dios la gracia y amorosos tocamientos en las regaladas almas, figuradas en los hijicos del águila. ¿Y qué otra cosa es ser sustentados, levantados y llevados sobre las alas del águila, salvo darnos a entender que la gracia y las virtudes que la dignación divina acrecienta en tales almas las levanta y las quieta en momentánea contemplación de la Majestad divina, para nos dar a entender que en esta ciencia de mística teología o sabiduría sabrosa, con la cual se quieta en su Dios el alma enamorada, no basta la razón ni entendimiento, ni otra alguna humana industria, antes todo conviene que sea dejado en este modo quietísimo de pura contemplación cuantas veces, por la gran bondad de Dios, el alma es por la vía de aspiración y momentánea afectiva levantada con las alas del amor?

Donde es de notar que sobre la autoridad del libro Deuteronomio dice la *Glosa:* «La águila vuelve a los rayos del sol los ojos de sus hijicos, y aquel tiene por más propio, más semejante y legítimo y de aquel cura mejor que más pura y prontamente, y con más perseverancia, y con menos pestañear tiene reposada la vista en la claridad del sol». Donde se entiende que si los hijos del águila tienen aquí figura de almas contemplativas, podremos muy fácilmente entender que, siendo Cristo Jesús el águila que las incita a se alzar, les pone perfecta vista, e incitándolas, las pone al rayo del vivo sol para que miren la intensísima claridad de la substancia infinita, que, sin ser de ella alumbradas, es imposible por humana vía mirar con vista perseverante quietísima y unitiva. ¿Y qué otra cosa es perseverar la vista de los hijicos del águila en la claridad del sol, salvo estar el alma de todo en todo quieta y sosegada e inmovible el espacio que contempla en la inaccesible divinidad? ¿Y qué es no menear los ojos ni cansarse de mirar sin pestañear, salvo no torcer la vista de la propia voluntad ni el aficionado amor a cosa que no sea Dios ni aun al ceto [coro] angelical? Donde es de ver que el águila reconoce más por hijo y le cura muy mejor aquel que más prontamente ve perseverar con vista quieta en el sol. Así es que las tales almas son sustentadas por Cristo tanto más cuanto en mirar más al sol y con más perseverancia tienen su vista fijada en el amor de su Dios por quieta contemplación.

Y es de notar que aquestas tales almas, más cebadas en la contemplación quieta, son más prontas y más prestas para cobrar la quietud muchas veces dondequiera y cuando quiera que la tal quietud les falta; cualquiera de aquestas almas es aquella partecica de la heredad del Señor, la cual, debajo de título de funículo, se escribe en la autoridad del libro Deuteronomio que queda mostrada aquí. Donde es de ver que en el salmo 127,3 se dice de nuestra madre la Iglesia *ser heredad del Señor,* y en la autoridad escrita se dice de cualquiera alma justa ser *funículo;* que quiere decir partecica de la heredad del Señor. Y para que sepamos cuánto ama este Señor nuestro y en cuán gran estima tiene la parte de su heredad, dícenos la autoridad que la guarda como a la pupila o la niñeta del ojo (Sal 17,8), que es encarecer su guarda cuanto se puede intimar.

Por manera que entendáis que aquesta guarda es sustentar la alma en gracia y hacerla así agraciada que cuantas veces quisiere en todo tiempo y lugar se levante su afectiva, por la divina clemencia, con las alas del amor a la contemplación quieta. Y tanto más fácilmente cuanto estuviere más limpia y más pronta y por más tiempo amaestrada en pura contemplación, para la cual, como es dicho, con nuestra perseverancia es menester contradecir todo nuestro entendimiento y no curar de sentidos ni admitir fundamentos de razón natural, porque esta obra se encumbra y señorea sobre razón natural; y todo su fundamento tiene puesto en la dignación divina, por la gran bondad de Dios; él sea siempre en nuestro amparo.

Capítulo XVIII

Que el crecimiento de la intelectual comprehensión se figura en la claridad del alba

Según queda señalado de autoridad de Isaías (Is 40,31), el alma que ha mudado fortaleza de un bien grande a otro mayor y cobrando plumas de águila y volando sin cansar, cuando le falta este su extático vuelo, bien dirá con el Salmista (Sal 139,9): Si yo tomase mis plumas de mañana, volaría hasta pasar por los extremos de la mar de esta tempestuosa vida o de esta muerte prolija. Donde es de saber que el Ricardo, en su libro *De arca mystica,* dice: «Los extremos o el extremo de la mar se dice en aqueste paso ser el fin de aquesta mortalidad o el término de la vida de estos cuerpos», el cual fin ha de desear el alma contemplativa con las condiciones que san Pablo lo deseaba cuando decía: Deseo tengo de acabar aquesta vida, o dejar este cuerpo, o de tener suelta el alma por estar con Jesucristo en contemplación perfecta (Flp 1,23). Entendiendo esta tal extremidad o el extremo de estar en modo más delicado de quieta contemplación podráse sentir así; ha dicho la autoridad: *Si yo tomare plumas de mañana,* etc.

Ya se sabe que los deseos y el incendio del amor son los vuelos de estas almas, los cuales entonces se toman muy de mañana cuando las almas muy diestras en quieta contemplación son de Dios tan amaestradas, que, en queriendo alzarse por la vía de aspiración, en un momento son levantadas con las plumas del amor y se juntan con su Dios, traspasando en un momento los extremos de toda imaginativa y de todo entendimiento y de razón natural. Y entienden aquestas almas que la dignación divina, por la gran bondad de Dios, las levanta en este extático vuelo. Y así dice cualquiera de aquestas almas: Si estas mis plumas tomare yo de mañana, o en el alba, o al dilúculo, volaré a los extremos de la mar.

Donde es de saber que el alto y quieto contemplativo Herp, en el *Directorio áureo* [1], dice así hablando en la aurora o dilúculo, no al propósito de esta nuestra autoridad. *Dilúculo* es comenzar a reír el alba, y tiene tres diferencias, bien prontas a diestra contemplación. Es así que al principio del alba se comienza a esclarecer con viva serenidad la parte oriental, que es adonde sale el sol, y entrando más la mañana, crece en mayor claridad, y sobreviniendo el sol, tanto se aumenta lo claro, que lo

[1] O.c. *Directorio* c.IV p.419.

primero y segundo parece que no fue nada, porque todo es convertido en la perfección del día. Así es en la contemplación diestra, que comienza el alma a recibir claridad, con la cual se comienza a satisfacer en clara comprehensión de cosas que no alcanzaba, y sosegándose más, viene a tal comprehensión, que ella misma no se alcanza. Y como las obras de nuestro altísimo Dios, de cuya diestra son estas tales mudanzas, son perfectas, da él en la tal ánima mayor aumento de gracia y múdala de un bien grande a otro mayor, poniéndola en pura quietud de contemplación perfecta.

Este sosiego o quietud de pura contemplación es el verdadero extremo de este tempestuoso mar, el cual deseaba pasar el Salmista. Notando que las mudanzas que están dichas de la aurora, pasándole de estar clara a muy mayor claridad y a perfecto resplandor, responden a estas otras mudanzas dichas, las cuales la diestra de nuestro altísimo Dios hace aumentando la gracia en las ánimas meliflúas quietas en contemplación. Aquesto es la fortaleza que mudarán como águilas (de autoridad de Isaías) las que confiaren en Dios, y quietándose en solo él, se ceban sólo en su amor, por el cual no quieren y menosprecian cuanto no les llega a Dios; él sea siempre nuestro amparo.

Capítulo XIX

Que el sueño de las potencias del alma hace despierto el espíritu al vuelo de vivo amor

En el libro de los Cantares (Cant 2,12.14) dice el Esposo de la Iglesia, Cristo Jesús, nuestro amor, esta palabra melifluá, conviene a saber: *Mi paloma, una sola es,* etc. En otro lugar la llama *paloma mía,* demandándole que le abra. Pues como esté declarado en el capítulo 17 ser la Iglesia heredad de Jesucristo, y cualquiera ánima justa ser parte de esta heredad, y a esta su Iglesia

llama nuestro Dios *paloma,* resta que como el alma
conoce a la santa Iglesia (cuya parte es), desea recibir
de esta admirable paloma plumas de vivos deseos,
despertados por su perfecta doctrina, por que con las
tales plumas pueda levantar vuelo amoroso a su amantísimo Dios, en quien está su verdadero consuelo. Y
por esto ha dicho la autoridad del Salmista en persona
del alma enamorada: *¿Quién me dará plumas de paloma?,*
es a saber, ¿quién podrá poner en mí los deseos y la
afición que tiene la santa Iglesia para buscar a mi Dios
en contemplación perfecta? Y porque perseverando en
esta mortalidad no es al alma posible el verdadero
descanso sin grande interpolación, entienda un consejo
que a cualesquier alma justa da el Salmista (Sal 68,14),
teniendo figura de la santa madre Iglesia, heredad de
nuestro Dios. Esposa de Jesucristo, paloma nuestra sin
hiel, la cual, queriendo criar sus plumas en sus hijos y
de Dios, les dice de esta manera: Si durmiésedes en
medio de dos términos o lugares o heredades; o según
dice la *Glosa,* en la autoridad de dos Testamentos,
seríades como paloma que tiene plumas de plata, o si
es paloma de plata, así lo serán sus plumas, y las
espaldas de esta paloma serán tales como el oro que es
de pálido color. Dice, pues, *si durmiésedes,* etc. El sueño
sobre cosas temporales significa tener pequeño cuidado
de ellas.

Ahora, pues, del descuido que tiene el alma justa de
todo lo que no es Dios, viene el sueño espiritual, en el
cual, adormidas las potencias de estas almas, se infun-
den y se transforman en el amor de su Dios en pureza
de substancia; en tal manera, que el alma en tal modo
de dormir en su quietud interior no recibe operación
de alguna de sus potencias ni en su comprehensión
toca alguna cosa criada; y así, es todo espiritual. A este
sueño descansado, a este dormir las potencias, a este
reposo del alma, a este vuelo de espíritu en la contem-

plación quieta, a esta vía de aspiración es el sueño al cual convida el Profeta; y para poder volar en esta aspiración desea en las almas plumas. Y dice que sean plumas de paloma, porque así es ave amorosa, que, figurando la Iglesia, nos figura el mismo amor en el santísimo Espíritu. Pues dice la autoridad: *Si durmiésedes,* etc. Donde es de ver que aqueste sueño pacífico, este bendito dormir que junta el alma a Dios, había gustado David cuando en el salmo (Sal 4,9) decía así: En la sosegada pacificación del secreto escondimiento, en el cual se halla Dios dentro en lo interior del alma, dormiré y tendré descanso en la paz de aquese mismo Señor. Síguese en la autoridad: *Entre dos términos o entre dos fuertes.* Donde se debe notar que el alma que está diestra en quieta contemplación, así duerme a las cosas temporales y así se descuida de ellas por llegarse más a Dios, que también por amor suyo no se sabe descuidar de las cosas que le obliga la caridad y obediencia y el cumplir tasadamente con su propia poquedad cuanto a sus no fingidas necesidades.

Ahora, pues, el descuido de estas cosas variables la aparta de todo lo transitorio, cuanto toca a su afición, y los deseos encendidos de los bienes sempiternos la levantan al siglo que ha de durar para siempre. De manera que el descuido de lo presente y el deseo de lo futuro hace al alma estar como amortiguada, como dormida y suspensa en medio de dos fuertes; conviene a saber, de aquesta muerte presente y la vida advenidera. Así que el sueño es aquí la suspensión y el tácito callamiento. Y los *dos términos* son este siglo transitorio y aquel siglo sempiterno. Síguese en la autoridad: *Plumas de paloma de plata;* es a saber, ternéis plumas de paloma, etc. *Plata,* en la sagrada Escritura, se entiende por las palabras sagradas, por la doctrina de Dios, con las cuales se sustentan nuestras almas; así se ve lo que el profeta David dice: *Las palabras del Señor son plata*

examinada (Sal 12,7). De manera que es *paloma* la Iglesia y es *paloma* toda alma enamorada, y sus plumas son
deseos y afición viva en su Dios.

Ahora, pues, cuando cualquier alma justa se abraza
con las palabras divinas, con la doctrina de Cristo, y
saca de ellas impulsión o incitamiento para volar con
deseos de amor y por sabiduría escondida, que es mística teología, se llega a juntarse con su Dios por la
dignación divina, entonces será la tal alma *paloma,* por
la enamorada significación y por el vuelo muy derecho
e impetuoso de las plumas, que son los deseos que la
alzan por puro amor. Y aquesta paloma tal será paloma
de plata, porque está siempre abrazada a la voluntad
divina y a la doctrina de Cristo; así como queda dicho.
Síguese en la autoridad (Sal 68,14): *Las espaldas de esta*
paloma tienen color de oro, no afinado, mas de pálido color;
que es color como amarillo botado, que declina a un
parecer de rubor, que es un color alterado, por lo cual
se entienda que en el Levítico (14,37), siendo avisado
Moisés del conocimiento que le convenía tener de las
cosas inficionadas de lepra, le es dicho: Cuando vieres
en las paredes casi unas máculas deformes, amarillas y
alteradas como putrefacción, etc. Donde la *Glosa* dice
que estas máculas pálidas son señal de corrupción. Por
manera que se entienda que color pálido es color amarillo alterado, aun casi verde, que llama a putrefacción,
tal cual suele ser en los cuerpos o en los miembros que
van a se corromper. Así que es de notar que, siendo
paloma el alma, este cuerpo es sus espaldas y cuanto
está criado en la tierra para él.

Ahora, pues, el alma contemplativa no cura más de
su cuerpo de aquello que es obligada, y esto por amor
de Dios, porque lo quiere y por le hacer placer. Y este
mundo, con sus cosas transitorias y con sus consolaciones momentáneas, tiénele así a espaldas, que se
cura poco de él; mas de aquello que le pide la pura

necesidad, y la caridad del prójimo, y obediencia del mayor; y en lo demás, cuando mira bien el mundo, es para le escarnecer, y súfrele con paciencia hasta que remedie Dios. De manera que este mundo y este cuerpo son las espaldas del alma que vivamente ama a Dios y va a su conversación por las alas del amor a la contemplación quieta. Ahora, pues, cierto está que cuanto los justos obran, les es convertido en bien por el que es bondad perfecta. Pues como todas las obras buenas que hace aquesta tal alma, así en sustentar su cuerpo como en todo lo demás, todo es por amor de Dios, por el cual sufre al mundo y esta vida con paciencia, empleándose toda en el amor de sus prójimos por el amor de su Dios.

Resta que cuantas obras esta tal ánima hace y cuantas palabras habla y toda conversación, todo tiene color de oro y prevalece muy mucho más en valor. Mas, porque la pesadumbre de aquesta mortalidad contamina e impide y rebota la perfección del color de este tal oro y le quita el resplandor, porque todas nuestras obras no alcanzan a ser perfectas, siempre llevan torcimientos, dícese que el color de aqueste oro es sin resplandor y pálido. Por arte que podamos entender que todas las buenas obras de las almas devotas, las cuales obras son a la parte de fuera, han de andar a las espaldas de la paloma de plata, que es el alma que por doctrina de Cristo anda empleada en el amor. Y dice que este *pálido color* es color de oro; por tanto, que aunque sea color botado o alterado, como es dicho, es, empero, de gran precio y tiene escondido en sí un tácito encubierto resplandor; porque todas las obras exteriores que hace el alma justa las tiene ella en poco caso cuanto a su reputación, y son pálidas o deformes de la perfección de su intento, porque siempre desea hacer más obras y muy mejores de las que puede; así que son pálidas en su reputación propia, mas son más preciosas que oro por la viva caridad; por la cual las ejercita en sus prójimos, por sólo el amor de Dios, que las hace ser preciosas.

Éste puede ser el seso o entendimiento que se dé a esta autoridad, reverenciando humildemente las glosas que sobre aquesto los santos Doctores tienen; y a todos ampare Dios.

CAPÍTULO XX

Cómo han de obrar las potencias cuando falta la quietud y en qué conocer cuán vivo estoy en el amor

Ya está notado que esta vía de contemplación quieta en esta teología mística, en la cual todo el talante del alma se ha de levantar amorosa y súbitamente a Dios, conviene que cese la obra del entendimiento; pero es de entender que en diversos pasos, donde se declaran algunas autoridades, para darlas a entender, y a veces para entenderlas, es necesario discurso de entendimiento, el cual derechamente mucho impide la quietud. Es por esto de notar que en el capítulo 12 se ha dicho que las potencias del alma han de salir de ella a veces así como las abejas de su colmena y, cargadas de las flores, volverse a encerrar en ella. Esto ha de hacer el alma las veces que para levantar su vuelo le falta disposición, porque, como somos hombres, no siempre estamos prontos los menos ejercitados a levantar la afectiva a la perfecta quietud. Ahora, pues, en las almas muy ejercitadas en quieta contemplación, de las veces que se quietan les queda tal claridad de potencias, que, cuando han menester ocuparlas, las halla como enseñadas y prontas para su modo de obrar.

Por manera que más pronta y más provechosamente pueda sentir y dar a entender algunas dificultades de la Escritura santa un alma cebada en mística teología sin saber letra escolástica, que algún teólogo escolástico, cuanto quiera sea notable, si le falta espiritual sabiduría; mas teniendo lo uno y lo otro, es muy grande dignidad. Pues cuando el alma contemplativa no entra luego en su escondida quietud, ha de obrar con las potencias, las cuales han de salir como abejas que discurren por la flor, esto es, por el sentido de la autoridad que el alma entender quiere; y así, en teniendo el entendimiento hallada la verdad, vuelve luego a su colmena, esto es, a se recoger en la substancia del alma. En aqueste su recogimiento entiende sin ruido lo que cogió, y aquello que comprehendiendo entiende, tómalo la voluntad, y así como en un panal, lo coge y lo sella y en la memoria lo guarda. Y cuando cesa aquella quietud con la cual obró dentro en su misma substancia, como abeja que obra dentro en su colmena, vuelve el mismo entendimiento y desenvuelve el panal que antes guardó; quiere decir, desmenuza en partes la autoridad; y así, del panal que es la memoria, donde guardó la verdad que había entendido, saca cera; esto es, aclara y da a sentir aquello que comprehende: y porque la voluntad obra amando, saca de allí también miel, es a saber, suavidad en lo que entiende.

De aquí viene que, si el que escribe gusta bien lo que escribió, da a sentir con más gusto la lectura a quien la oyere, con tanto que tenga conformidad de limpieza de conciencia el que escribió y el que lee; y también se conformen en desprecio de todo lo temporal que pueda ser excusado, lo cual, enfriando la voluntad, embota el entendimiento. Ítem, si aquél escribió sacando miel de la piedra y olió del muy duro pedernal, como se escribe en el Deuteronomio (32,13), esto es, apartando la medula del amor de la corteza de la letra y sacando la suavidad interior, con la cual guste el amor que sacó; y en tal manera gustado, que en la dureza de cualquiera adversidad y en la aspereza de toda contradicción se

vea tan aparejada, y tan presta, y tan contenta el alma
cuanto podría ser hallada en toda prosperidad y con
tamaño fervor, estando sin devoción, como cuando
abunda en ella. Esto es sacar olio, según esta autoridad,
del pedernal, que es durísimo. Ahora, pues, si cuando
aquél escribía tuvo aquestas condiciones y vos leyendo
las tenéis, entenderéis el intento con que aquél escribió. Y si, teniendo vos esto, no gustáis lo que leyéredes,
podréis conocer que el que escribió se aprovechó más
del entendimiento vivo que de la viva afición. Y así es
que cualquier contemplativo ejercitado siente con poca
dificultad con qué espíritu escribió el que le dio la
lectura que lee.

Cerca de lo cual es de notar que, cuando se comu-
nican dos contemplativos, muchas veces acontece que,
comenzando el uno a hablar, antes que aquél se declare
le tiene el otro entendido.

Es aquí la conclusión que, siendo menester que el
contemplativo quieto se vaya con discreto entendimiento fuera de la quietud que suele y entonces no
puede tener, es bien que algunas veces se extienda a
la Escritura sagrada, porque es mesa puesta más abundante en manjares que en comedores, y que se mantenga allí y se levante a gozar lo que en la mesa le
dieren. Esto es, que de lo mismo que entiende discurriendo en los manjares de esta mesa que es la Escritura sagrada, se alce a su quietud, por la vía de la
afectiva, a gustar lo que entendió, y teniéndolo gustado, lo podrá dar a sentir. Y es de ver que este tal
discurso de entendimiento y operación de memoria
no contradicen el quieto aprovechamiento por la vía
de aspiración, porque entendiendo se levanta fácilmente el que muchas veces se halla indispuesto a
volar con impetuosa afectiva. Y si no saliese en los
tales tiempos a entender, muchas veces se tardaría en
se coger y volar.

Es, empero, de notar que se ha de tener aviso que de aquello que se entiende se saque quietud; y también se entienda que nunca de la quietud vamos al entendimiento, y que de lo uno y de lo otro se despierte siempre amor, sin el cual cualquiera contemplación sea tenida casi en nada. Y porque aquesto se entienda y se sepa conocer por satisfación del alma, se pase y se tenga por muy cierto que cuando de vuestra contemplación y operación de vuestras potencias, como ya queda apuntado, sacáis un cuidadoso fervor, tal que no está menos vivo para buscar mil maneras de hacer placer a Dios; cuando se siente indevoto y sin regalo de espíritu, o cuando se siente prosperado en devoción, o cuando es tenido en algo mucho menospreciado, cuanto menos se halla pronto en aquesto, tanto entienda más o menos que está pronto en el amor; y a todos ampare Dios. Amén.

CAPÍTULO XXI

Cuánta conformidad tiene la contemplación perfecta con la voluntad de Dios en cualquier adversidad y cuán diversas maneras de merecer permite Dios a sus siervos

Es bien que se traiga a la memoria que aqueste tercer libro se extiende a la perfección, y presupone haberse ya ejercitado en las dos partes pasadas, sobre quien se funda aquesta parte tercera. Por lo cual se ha de notar que, en la vía de perfección, los contemplativos quietos deben velar plenísimamente en renunciar su querer en la voluntad de nuestro Dios y Señor; también en el quitamiento del deseo de las influencias, gracias e inspiraciones divinas, como de toda consolación, deseando a solo Dios y queriendo lo que él quiere en todas las cosas. Hase mucho de mirar que el Enrique Herp, contemplativo quietísimo, escribe en su *Directorio áu-*

reo [1] que sin esta negación de vuestra voluntad en la voluntad de Dios es imposible alcanzar perfección entera; aunque recibáis las penas de los mártires y aunque hagáis las buenas obras de todos los penitentes, no seréis perfecto obrador de aquestas cosas hasta que sepáis que el amor de Dios que os mueve a obrar todo esto es desnudo de todo vuestro interés. De manera que, queriendo él que tengáis gloria, ésta es la que queráis vos; y si para siempre os quisiere privar de ella, os place de la dejar por conformaros con él, con tanto que siempre os tenga él atado a su voluntad. De manera que os será a vos gran descanso padecer cualquier trabajo que os viniere por la voluntad de Dios.

Así que entendáis que los perfectos tomarán con igualdad sequedad de devoción o regalo de espíritu, honra o cualquier menosprecio, mucho descanso o grande aflicción, salud o enfermedad, o la vida de cien años o de sólo un día vivir. Esto es amar a Dios perfectamente de amor desnudo de todo interés. Notando que, si los juicios de Dios tenéis fe que son perfectísimos, tened sabido también que por sola su bondad, para acrecentar los bienes de las almas que le aman, les permite padecer tan grandes tribulaciones y menosprecios del mundo y persecuciones procuradas del demonio; tales y en tanta manera, que solos las saben los que las sufren, y sólo él es quien suele, y puede, y quiere remediarlas. Y es de notar que estas cosas vienen en esta manera en personas muy justas a perfección, las cuales, cebadas en la conformidad de la voluntad de Dios, lo reciben y padecen, y no lo desean dejar hasta que quiera quitarlo el que quiere que lo tenga. Y dice el glorioso san Pablo en la primera Epístola a los Corintios: *No permite el fidelísimo Señor, Dios nuestro, que seamos tentados más de aquello y en aquello que*

---

[1] *Directorio...* (Madrid, FUE, 1974) 385-386.

podamos tolerar (1 Cor 10,13); y en tal tiempo lo permite, que podamos conocer de cúya mano nos viene,
y para qué nos lo da, y el provecho que hay en ello.

Cerca de lo cual oí yo decir a un contemplativo, el
cual padecía una muy grande aflicción, y pensaba él
muchas veces entre sí que si aquello le viniera ocho o
diez años primero, le parecía que le pusiera en peligro
de desesperación, y que no deseaba ni en la oración
pedía a Dios que se la quitase; mas que solamente
pedía seguridad que no se ofendiese Dios, porque la
cosa era tan delicada, que había ocasión de temer
siendo ánima recatada, la cual mil veces desea morir
antes que en nada ofender. Decíame éste que si Dios
le quitase aquella aflicción, lo ternía por gran merced
y le placería muy mucho; mas, porque él tenía tan llena
confianza en la gran bondad de Dios que, poniendo él
de su parte entrañable vigilancia, no había nuestro fiel
Señor de permitir que ofendiese el que deseaba servir,
pasaba los años de su tormento con toda satisfacción.
De manera que se ha de entender de aquí que estos
afectivos trances permite nuestro Señor que acaezcan
a aquellos que están tan unidos y conformes con el
querer de su Dios, que acepta con tan alegre hacimiento de gracias cualquier trabajos como las consolaciones;
porque saben que toda consolación viene de la mano
divina, y toda tribulación es permitida por divina voluntad. Y como todo lo consideran manar de la fuente
del amor, todo lo toman amando, teniendo sabido que
cuando nos regala, nos trata como padre, y cuando nos
castiga, nos corrige como a hijos; y en todo nos hace
bien el que es perfecta bondad.

Y vese por cierta y muy cumplida experiencia que
aquel a quien permite nuestro Señor sobre muy limpia
conciencia más y mayores trabajos, le suelen sobrevenir
nuevas gracias y aumento de claro conocimiento en la
vía contemplativa aun en el tiempo presente, por que

reciban señal de la paga advenidera. Donde queriendo
la muy gran bondad de Dios dar a las almas que le
aman más y mayores bienes de los que es ella capaz
para poder recibir, permítele maneras de engrandecer
su medida, por que pueda caber más. Cerca de lo cual
dice el Herpio [2] que nunca hubo, ni hay, ni habrá en
este mundo algún pintor que así tenga vistos, pueda ni
quiera ordenar lineamientos, y compases, y medidas
con las cuales traiga su obra a perfección cuanto nuestro amantísimo Señor tiene desde siempre visto con
cuáles sufrimientos de trabajos y cuántos merecimientos quiere, por su gran bondad, acrecentar tesoros de
mayor gloria a las almas que le aman.

Y porque aquel que más legítimamente peleare ha
de ser más perfectamente coronado, según san Pablo
nos dice en la Epístola segunda a Timoteo (2 Tim 2,5),
es menester que haya despiertos contrarios; y por esto
permite nuestro fidelísimo Señor y premiador amoroso
que se despierten estos mismos adversarios y que or-
denen mil maneras de trabajos, los cuales den de golpe
en el muy perfecto Job y vuelvan, de recudida, sobre
el glorioso san Pablo y en otros muy muchos y grandes
santos. Esto ordenó así nuestro Señor sapientísimo por
que los que somos flacos tuviésemos grande esfuerzo
en el ejemplo de lo que ellos padecieron. Veis bien que
están grandes bienes en el padecer por Dios y en la
gran conformidad con su divino querer. Pues sepa
quien más padece con mayor conformidad que está
puesto en la vigilia de recibir nuevas mercedes de nuestro amerceador [3].

Y notad que en los *Morales* dice san Gregorio en el
capítulo 5 del libro XX: «Los becerros que han de ser
muertos, siempre son dejados en pastos abundosos»;
esto quiere decir que los muchos descansos, acompa-

---

[2] *Directorio...* (Madrid, FUE, 1974) 403.
[3] Arcaísmo que quiere decir el *señor que hace mercedes.*

ñados con el pecado mortal, siempre serán sospechosos; y, por consiguiente, dice: «Los becerros que han
de ser dejados para la vida son puestos debajo de los
trabajos y servidumbre del yugo». Así que a las almas
a las cuales nuestro amoroso Señor quiere dar en la
vida advenidera aumento de grandes bienes, constitúyelas debajo del yugo de grandes persecuciones, hasta privarlas de toda consolación del espíritu y ser afligidas hasta ser menospreciadas de quien más las solía
amar, y a quien más pelea permite, si está más perfecto
en gracia, le muestra mayor favor. Y dice el Herpio,
hablando en esta materia [4]:

«Cuando nuestro Señor permite que alguno sea gravemente afligido y aquél no quiere recibir temporal
consolación, y el piadoso Señor nuestro le niega la
unción entrañable que le suele dar, éste tal —dice—
padece y sufre hambre asentado entre dos mesas, porque a la mesa de los manjares mutables, o falsas consolaciones, él no se quiere llegar, y a la mesa de los
divinos manjares no le consienten aun tener la mano
cerca; por lo cual está su mantenimiento en tomar lo
que le dieren, aunque sea vinagre y hiel, porque está
su voluntad resignada muy del todo en el querer de su
Dios». Y quien de esta divina permisión en el padecer
los justos diversas tentaciones y desmedida aflicción
quisiere enteramente saber, lea con entera atención
desde el comienzo del capítulo 12 hasta el fin del
capítulo 15 del libro XXIV de los *Morales,* de san
Gregorio.

Hase de saber, por declaración de lo que padecen
algunos justos varones, que hay en nuestra ánima fuerza concupiscible, con la cual escoge lo que bien le
parece; y hay también fuerza irascible, con la cual,
airándose justamente, desecha de sí lo que no quiere,
y de esta irascible fuerza y de su obra es de quien en

---

[4] O.c. *Directorio...* 414.

el salmo 4 se dice: *Tomad ira sin pecar* (Sal 4,5). Habéis ahora de entender que, dado caso que el ánima sienta cosas que no le convienen, puédeselas sentir y no consentirlas, obrando con la fuerza irascible, con la cual desecha lo que no quiere; y así, con la concupiscencia desea descanso y quietud, y con la irascible desecha y persigue lo que desplace a Dios, y puede con la razón superior estarse llegada a Dios por amor, y la sensualidad en este mismo espacio procura de idolatrar y ofender a Dios, gozando de su deshonesta conversación.

Y por que aquesto entendamos con muy mayor fundamento y con más facilidad, traigamos a la memoria una figura muy propia de la sagrada Escritura. En el Éxodo (32,7ss) se escribe que, descendiendo Moisés del monte, siendo informado de Dios que quería destruir su pueblo que él había traído de Egipto por la idolatría que cometió, así importunó a Dios Moisés por que perdonase el pueblo, que alcanzó lo que pidió su oración. Mas, llegado adonde la gente estaba, airóse contra los ofendedores; y de tal ira, aquellos por los cuales había orado en la presencia de Dios, así los metió a cuchillo, que luego aquel mismo día perecieron a su mano y de los que le seguían casi veinte y tres mil de aquellos por quien rogó. Ahora, pues, con la concupiscible fuerza de su ánima oró por la gente indigna, y con muy gran vehemencia, porque tocaba mucho a la honra de Dios, como lo dice en el texto. Y con la fuerza irascible hizo venganza en aquellos cuya abominable malicia no era de disimular. Entendéis ahora de aquí cómo las fuerzas concupiscible e irascible de nuestras almas pueden juntamente y en un mismo tiempo obrar; pues todo esto que está dicho es por darnos a entender que cualquier alma justa de cualquier siervo de Dios puede en un mismo tiempo padecer cualesquier tribulaciones o deshonestos estímulos, o otra cualquier tentación; y sentirla y sufrirla una vez y muchas veces sin quererla; y en aqueste mismo tiempo que obra aqueste no querer, nuestra virtud irascible puede no dejar de obrar la fuerza concupiscible en el amor de mi Dios, incitando los deseos por que vuele la afectiva por la vía de aspiración. Veis que las pasiones naturales, y las otras tentaciones que permite nuestro Dios, siempre nos son provechosas si nos sabemos haber con ellas.

Hemos también de saber que acontece algunas veces perseverando en quieta contemplación, sin perjuicio de quietud, haber flaqueza del desmesurado cuerpo, y aquesto en un mismo tiempo. Y porque esto no se da bien a entender a los poco ejercitados, caeremos mejor en ello si decimos una figura del Éxodo, en el capítulo mismo donde se lee que estaba Moisés sobre la altura del monte recibiendo de nuestro Dios y Señor en contemplación perfecta muy inefables mercedes, y en tanto que él contemplaba, idolatraba su pueblo (Éx 32,1-7). ¿Entendéis esto? Moisés tiene aquí figura de cualquier ánima cebada en contemplación; y el pueblo suyo, que idolatraba, tiene figura de nuestra sensualidad, de esta carne sin mesura, y de sus inclinaciones, y de su poca vergüenza, y de toda mi miseria, y de cuanta poquedad tenéis de vuestra cosecha. La ánima, con el imperio de su libre voluntad, vase a Dios; y el cuerpo corre a su putrefacción, por lo cual dice el profeta Isaías: *Toda carne es heno* (Is 40,6). Aquí añadimos: Ahora toda carne es cieno. *Heno,* porque se marcesce o se seca presto. *Cieno,* porque en tanto que no cae, casi siempre está inclinada a su miserable putrefacción.

Cerca de lo cual dice el Ricardo, en el capítulo 17 del segundo *De arca mystica,* que en estos cuerpos nuestros hay una parte la cual el imperio del alma no basta a la templar; y todo lo demás, en lo interior o exterior, lo enseñorea la razón. Bien saben entender esto cuan-

tos viven en la muerte de aquesta conversación. Así
que de aquí se concluye que el padecer tentaciones,
cuanto que sean graves o ajenas de honestidad, en los
muy siervos de Dios no enflaquecen la esperanza de la
patria celestial; la cual Cristo Jesús, nuestro amor, con-
serve en cuantas almas por su gran bondad compró.

Capítulo XXII

Del modo que se ha de haber en recoger las potencias y alzar el alma a Dios

Diversas veces se ha dicho que en este modo quietísimo de pura contemplación se levanta la afectiva, o
que aspira nuestro espíritu, o que vuelan los deseos
para levantarse a Dios. Porque cada una de estas maneras de decir parece que significa movimiento, con el
cual el alma haya de ir fuera de sí misma para buscar
a su Dios; aquesto se sienta así. Muy cierto es que está
nuestro Dios dentro en vuestra alma, y que para le
buscar os conviene entraros dentro de vos; y que cuando estáis por particular noticia allegada a nuestro Dios,
estando dentro en vos misma, estáis más alta que el
cielo, así por la dignidad que tenéis por estar en su
presencia como porque toda la alteza y toda sublimidad no está tan alta como él, en dondequiera que vos
os consideréis estar recogida en su presencia o con él.
De manera que diciéndoos que levantéis la afectiva,
digo que la levantéis de todo lo que no es Dios. Lo
mismo si os dicen que se alcen vuestros deseos, o que
aspire vuestro espíritu, o que os entréis a estudiar en
mística teología. Todo esto habéis de entender que nos
llama a lo interior de nuestras almas mismas por que
gocemos de Dios, que está, cierto, dentro en ellas. De
manera que levantar la afectiva es alzar todo el talante
del alma de todo cuanto no es Dios, y alzarse sobre
todo ello, y recogerse dentro en sí misma.

Por lo cual se ha de notar que en este recogimiento o recolección de nuestras almas mismas conviene que se haga reflexión de cualquier pensamientos y de la operación toda de nuestras mismas potencias. Por manera que en quieta contemplación o en mística teología no se admita alguna cosa más que la esencial substancia del alma, porque sólo ella se emplee en puro, y desnudo, y unitivo amor, y no en amor operable; estas diferencias de amor, luego las entenderéis si las procuráis usar; declararse han adelante en el capítulo 26. Ahora tenéis entendido que para la aspiración o vuelo de los deseos o alteza de la afectiva, y así para lo demás que se requiere para la contemplación quieta, habéis de hacer reflexión de cualquier dispersiones o derramamientos y obras del entendimiento, como entendido tenéis, y vuestras mismas potencias se han de encoger y cogerse dentro en vuestra alma misma. Por cuyo más claro entendimiento habéis de saber que hacer alguna cosa reflexión es, habiendo salido, volverse a retraer al lugar donde salió, para que deje de obrar lo que estando fuera derramadamente obraba y vuelva su obra a su secreto interior.

Esto entenderemos mejor si se trae a la memoria que Ezequiel (Ez 40,43) dice que los rostros, o los cantos, o el gordor de ciertas mesas de que trata han de ser reflejadas hacia la parte de dentro. Esta reflexión dice san Gregorio que se ha de entender así: «Cuando alguno, predicando o enseñando, dice por palabras algunas cosas de mucha solemnidad y después se recoge dentro en sí y aquello que echó fuera por palabras lo vuelve a meter en sí para que en obras lo enseñe, esto es cierta reflexión. De manera que si abrís aquí los ojos, veréis que lo que aquél dijo predicando o enseñando fue obrando con sus potencias hacia la parte de fuera; mas cuando se recogió, hizo reflexión a lo interior de sí mismo de aquellas mismas potencias, para que obrasen en su escondido secreto lo que a la parte de fuera a los otros enseñó». Bien está al propósito de nuestro recogimiento o de nuestra aspiración; de donde nos da san Gregorio aquí a entender que las obras del quieto contemplativo siempre han de ser tales, que obren en cuantos las ven ejemplificando, y muy más dentro en su mismo secreto en reflexión tácita de la obra de aquellos bienes que a los otros enseñó o ellos aprendieron de él o de su ejemplo cogieron. Donde se ha aquí de notar que el quieto contemplativo ha de tener cuidado de dar de sí buen ejemplo y no se ha de descuidar que sus obras y palabras continuamente sean tales, que quienquiera que las vea se mueva a alabar a Dios y a desearlas remedar. De manera que obre él y pierda el cuidado en lo demás; que Dios abrirá los ojos y hará que se aprovechen de las obras que en él vieren.

Ítem, entenderemos mejor esta orden de reflexión si la tomamos por modo más material los que somos materiales. Cada vez que crece la mar, alarga y extiende su agua, e hinche muchos esteros y grandes concavidades, y, cuanto vuelve a menguar, aquella agua que extendió recógela hacia sí. Aquella vuelta del agua al lugar donde salió, aquello es la reflexión. Bien así es en nuestras almas cuando extienden sus potencias a cualquier cosas criadas; y esas mismas potencias hacen reflexión cuando por la vía de aspiración se recogen dentro en lo interior del alma. Donde en tácito silencio, y en mansedumbre, y quietud obran en pura contemplación; solamente se reconoce la operación de sola la voluntad empleada toda en amor. ¿Queréis más ejemplos que éstos sobre aquesta reflexión? Un erizo, o una tortuga, o galápago son animales que se encierran dentro en sí y cuando están encerrados obran guardando su vida en muy callada quietud, y nadie los ve en lo interior, ni ellos estando encerrados ven casi nada a la parte de fuera; cuando son constreñidos a salir a lo de fuera, sacan la cabeza y pies, y a cualquier impedimento o que quiera que los toca se vuelven luego a encoger y a se encerrar a sí mismos. Esta vuelta hacia sí, este volverse a sí mismos, esto es hacer reflexión: ¿Veis cómo estos pequeñitos animales dan lección a nuestras almas cómo se han de recoger y encerrarse dentro en sí?

Cierto está que el alma recogida y que ha hecho reflexión de sus potencias a sí misma, su obra en la contemplación tiene perfecta quietud; en la cual quietud o secreto encerramiento nada mira en lo de fuera, ni conoce en lo de dentro otra cosa sino amor; ni nadie ve ni entiende la manera de su obra si no es otra tal como ella. ¿Veis cómo la reflexión es causa de quietud, así como la quietud de contemplación perfecta? Y sabed que un caracol sale de su zurroncillo y va donde ha menester, y lleva su casa a cuestas, y saca de su cabeza unos como cornecicos, con que se guía adonde va; y si le tocan, por subtilmente que sea, luego hacen reflexión y se entran en la cabeza, sin que los podáis más ver; y si sienten impedimento, todo el cuerpo se refleja y se mete dentro en sí y nada parece fuera. Esta es clara reflexión, y mínima y material, y aun corréspóndenos más; porque la casa del caracol es como este nuestro cuerpo; su substancia muestra el alma; los cornezuelos significan las potencias voluntad y entendimiento; la reflexión de todo él va a vuestro recogimiento, y dice que cualquier contemplativo ha de traer su casa a cuestas, despojada de cuanto no ha menester, por que, libre de cualquier impedimento, pueda por aspiración alzarse del todo para se ayuntar a Dios por vínculo de amor desnudo; el cual la clemencia divina conceda a todas las almas que a su semejanza crió, las cuales acallan, y recogen, y amortiguan sus potencias con aquesta reflexión, que enseña a traerlas, y recogerlas y a mortificar su operación, y sin esto no es quieta contemplación. Y Cristo Jesús sea en nuestro amparo.

CAPÍTULO XXIII

De la amorosa diferencia entre conocer a Dios por sus criaturas o a ellas poseerlas en él

Bien está dado a sentir que toda obra intelectual ha de ser amortiguada en la contemplación quieta, y no se ha dado a entender cómo se ha de ordenar esto hasta el capítulo pasado. Por lo cual se note que en esta vía de quietud, tanto significa hacer las potencias reflexión y volverse al centro donde salieron, cuanto significa decir: las potencias cesen de su operación a las cosas exteriores y obre el alma. Por cuya declaración es bien que sepamos que las tres potencias nuestras, es a saber, la voluntad, memoria y entendimiento, penden de nuestra ánima y por impartible contigüidad están en ella, así como los rayos solares penden por impartible contigüidad de la substancia del sol. Ahora, pues, cuando estas potencias nuestras, bien como rayos de sol, se extienden sobre la tierra, esto es, sobre cualesquier cosas que queremos rememorar o entenderlas, buscando en ellas la verdad para contemplar en ella y convertirnos al amor del que tantas cosas crió, entonces en esta manera obra nuestra alma mediante nuestras potencias y con gran merecimiento, porque ésta es la arte de los contemplativos, que, sin conocer quietud de contemplación perfecta, buscan al Criador en las criaturas. Mas una cosa es buscar al Criador en las criaturas y otra cosa es poseer y enseñorear las criaturas en el amor del Criador de todas ellas. Lo primero pertenece a la escolástica contemplación, y lo segundo, a la contemplación mística. La primera manera pueden mostrarla los hombres y la industria natural, siendo ayudados de Dios. De la manera segunda es el maestro solo Dios, por la dignación divina, como se mostró en el capítulo 15 en la dignidad de mística teología. Nota ahora, pues: tanto cuanto más estas potencias se extienden, tanto más nuestra alma obra derramadamente; pero cuando se recogen hacen reflexión al alma, y diremos que su substancia, es a saber, la esencia del alma, queda muy pura y redonda, como una piedra preciosa, para poderla poner en relicario cuadrado, es a saber, en el amor de su Dios.

Vengamos ahora a entender que haber en el capítulo antes de éste dado ejemplos con los cuales se entienda qué cosa es poder hacer reflexión las potencias a la substancia del alma no es otra cosa salvo querer mostrar la orden para excusarlas de obrar. Así que el entendimiento excuse del todo su discurrir y tenga serenidad la memoria; de manera que la imaginativa refrene su fantasear en cualquier pensamientos y en toda imaginación cuanto quiera que sea buena. Y porque estas cosas dan muy grande impedimento en la contemplación quieta, es de notar que, en tanto que de vuestra contemplación no quitáis total y perfectamente todo lo que dicho está y todas cuantas cosas tienen cuerpo y cualquier pensamientos, no será contemplación quieta, ni contemplación perfecta, ni mística teología, ni es obra de aspiración. Habéis de notar que, puesto que todas estas cosas convengan y sean de mucho provecho para los aprovechantes (si fueren con discreción a sus tiempos ordenadas), no, empero, dejarán de impedir mucho en la vía de perfección. Y como a los principiantes y aprovechantes en la escolástica contemplación se les ha dado todo el libro I y II, bien así, a los muy aprovechados se les da este añadimiento, que es la cumbre o el altura de aquel monte que subían. Así que habéis entendido que habemos de desechar de la contemplación quieta cuantas cosas tienen cuerpo y se pueden entender.

Quédaos ahora de saber, para más satisfacción, que el alto y quieto contemplativo Ricardo dice en el primer capítulo del libro primero *De arca mystica* esta palabra o sentencia: «Cuando quiera que en este nuestro propósito oímos o leemos este nombre *arca de santificación*, siempre habemos de entender de aquestas almas nuestras, puestas en gracia de contemplación». Y es necesario saber que el propiciatorio de aquesta mística arca será contemplación quieta. Por lo cual en el capítulo 1 del libro III de *Arca mystica* dice: «Verdaderamente, cuanto más perfectamente olvidáremos todas fantasías y cosas corporales, tanto más profunda y liberalmente nos quietaremos en contemplación perfecta». Dice también en el mismo capítulo: «Nuestro propiciatorio debe ser hecho de oro purísimo». Tanto como si dijese: Nuestra contemplación, si ha de ser perfecta, apurada ha de ser de toda inquietud; de puro oro se ha de hacer; es a saber, de apurada y encendida caridad, convertida en amor puro. Y dice al entendimiento: ¿Tú, qué tienes que hacer en esta obra no tuya? Toma lo que es tuyo y vete. Así que en toda quietud nos ampare nuestro Dios, por su infinita bondad.

Capítulo XXIV

Cuán grandes dones de Dios recibe la verdadera contemplación y que se le han de atribuir

Tanto es perfecta la contemplación cuanto con más medida o regla de discreción se ordena el contemplativo. Porque los que van aprovechando y no han llegado a la cumbre de la contemplación quieta, muchas veces han menester dar suelta tasadamente al entendimiento, para que halle en las criaturas por meditación lo que ya tiene hallado en el creador de todas las cosas por fortaleza de fe. Y también puedo pensar que habrá

pocos de los más altos contemplativos que son ahora
que a veces no les convenga salirse de la quietud interior, para con más libertad tornarse a meter en ella.
Dado que los más ejercitados se quietan muchas veces
y con gran facilidad, y a veces sin procurarlo, casi sin
pensar en ello; porque está pronto en los tales el amor
y tienen libre el querer estando desocupados de todo
lo que no es Dios; y si aquesto no entendéis, procurad
de lo saber, que la maestra es la experiencia. Lo que
aquí se da a entender es que cualquier contemplativo
se ha de saber ordenar, y ha de ser así como un oficial
que sabe muchos oficios, y el uno es tan principal, y
de tamaña ganancia, y de tan poco trabajo y de tamaño
favor, que se ocupa lo muy más del tiempo en él; pero,
porque se ofrecen por veces diversos impedimentos por
falta de materiales o flaqueza de oficial, es necesario
que salga a otras menores ganancias que pertenecen
también en el principal oficio.

Tomad un ejemplo de esto para que entendáis mejor.
Un platero es gran maestro en su oficio y, asentado a
su labor, sabe hacer muchas piezas de muy gran sublimidad, que admiran a cuantos las ven; también sabe
esmaltar y asentar piedras preciosas y otras de esta
condición. Pero, porque no siempre puede estar quieto
en la tienda ni se sufre estar sentado en esta obra
preciosa sin que se entreponga tiempo, sabe también
negociar. Sale a veces de la tienda y va a la contratación, donde hay tanta plata y oro, que se anima, con
lo que de allí recobra, a se tornar a sentar a su principal
oficio. Esto da a entender ser el alma el platero; sus
obras, contemplación, y los esmaltes, quietud; y el
salirse de la tienda es por el entendimiento, que va a
la contratación meditando en cosas creadas, donde
halla tanta copia de cosas de admiración en cualesquiera criaturas, que le acontece de aquellas mismas cosas
sobre las cuales se salió de su quietud tomar nueva

aspiración; y sale de todas ellas con muy grande libertad. Habéis de notar aquí que lo que sabe el platero, nunca bastarán los hombres a podérselo enseñar, si la divina bondad no abriera en su inteligencia y la hiciera capaz para poderlo entender. Por lo cual, cualquier oficial perfecto ha de referir a Dios todas las habilidades que él tiene en su facultad. Y cuanto es mayor esta habilidad u oficio en que os ocupáis, o letras que vos tenéis, o sabiduría escondida, o cuanto quisiéredes más, tanto sois más obligado a referiros a la gran bondad de Dios, que os hace capaz de todo cuanto sabéis.

Esto podremos sentir con mayor autoridad si ocurrimos a una figura de la sagrada Escritura, la cual parece que aquesto nos da a sentir, donde (Éx 31,2-3) dice nuestro Señor Dios: Yo llamé a Beseleel, y le di complimiento de dones espirituales; sapiencia, inteligencia y ciencia, para que sepa entender y obrar cuantas cosas se pueden hacer de oro, y de plata, y de latón, y de mármol, y de gemas, y de la diversidad de cualesquiera maderas. Beseleel se interpreta o quiere decir *sombra de Dios,* y es figura del alma contemplativa, la cual está cogida y recogida a la sombra de Dios, es a saber, al amparo de Cristo; y a esta tal alma dice el arcángel san Gabriel en nuestra muy gran Señora por san Lucas, capítulo 1 versículo 35: *La virtud del muy alto te hará sombra.* De manera que Beseleel es sombra de Dios, es ánima a quien recoge la virtud del Altísimo a la sombra o al amparo de su gran benignidad.

Ahora, pues, ¿qué otra cosa es llamar nuestro Señor por nombre a Beseleel, salvo atraer a sí el alma contemplativa, a la cual tantas veces llama Dios cuantas con divinos y secretos tocamientos entrañables la despierta a entrarse dentro en sí misma? Donde muestra el suavísimo Señor a las almas que se le dan por amor cuanto es menester que sepan. ¿Qué cosa es dar Dios a Beseleel cumplimiento de dones espirituales, salvo a dar a la tal alma libertad o enseñamiento, mediante teología mística, para poder aspirar a juntarse con su Dios por ejercicio de amor? ¿Y qué es darle inteligencia, salvo abrir su entendimiento para que pueda comprehender entendiendo los secretos del espíritu de la letra, quitándole la corteza, y todo lo que entendiere convertirlo en puro amor? ¿Qué cosa es que diga la autoridad que le dio sabiduría, salvo que le dio saber por gusto sabroso para ocuparse en quieto recogimiento en los retoques de amor en la contemplación quieta? Ciencia dice también que le dio, con la cual saben las contemplativas almas dar a entender a los otros que procuran con espíritu de verdad los retoques de espíritu, pudiéndolos imponer en vía de contemplación y declarar a los tales algunos puntos secretos, los cuales entienden las tales almas con esta ciencia. Donde acontece ser preguntado un contemplativo y hacerle la pregunta quien tiene menos experiencia que él, y, comenzando aquél en las palabras primeras, tenerle entendido ya y saberle responder así como le conviene. Yo sé esto por experiencia, por las veces que he preguntado mis dudas a los más experimentados.

Es de notar que dice la autoridad que le dio a Beseleel el cumplimiento de espíritu de Dios, donde la *Glosa* interlineal dice: «Dones espirituales». Cerca de lo cual hemos de saber que todos los dones y gracias que estas almas reciben son dones espirituales; y para que diga así, son dones del Espíritu Santo; los cuales, dado que sean gran muchedumbre, se cogen en el número de siete, porque es número que presenta perfección. Ahora, pues, ha dicho que Dios dio a Beseleel, que es la contemplativa alma, espíritu de inteligencia, y de sabiduría, y de ciencia; tres dones son de los siete principales; todos, por su gran clemencia, nos los dé nuestro Señor. Y procede la materia.

Capítulo XXV

Cuánto difiere la contemplación común de la que es pura y perfecta

Dio Dios a Beseleel complimiento de dones espirituales, etc., como queda declarado. Y dice que se los dio para que sepa ordenar las cosas que de oro y plata, y latón, mármol, y gemas se debe y puede hacer. Y es de notar que de aquestas mismas cosas dejó ordenado David, ante su fallecimiento, que su hijo Salomón hiciese el templo de Dios. Según parece en el primero Paralipómenon (1 Crón 29,1-9) de los mismos materiales hizo con copia grandísima aqueste templo de Dios el mismo Salomón, como también se recuenta en el segundo Paralipómenon (2 Crón 2,13) donde el rey Irán, escribiendo a Salomón, le dice que le envía un oficial sapientísimo que sabe obrar y ordenar cuanto se debe hacer de oro, y plata, y latón, y de mármol, y de gemas, etc. En la nuestra autoridad del capítulo antes de éste se ha dicho que Beseleel era oficial de esta misma operación y de estos metales mismos. Aquél era sapientísimo por gracia infusa, como allí lo dice Dios, que le dio cumplimiento de inteligencia. Este otro fue sapientísimo por gracia adquisita, porque de hombre lo aprendió. Declarado queda con muy cierto fundamento que Beseleel es figura, por su interpretación, del alma contemplativa. Hemos ahora de notar que Salomón hizo de estos materiales y otros muchos el templo de Dios. Ahora, pues, dice el apóstol san Pablo en la primera a los Corintios (1 Cor 3,16): Cualquier alma justa es templo vivo de Dios. Así que la una y la otra figura de la Escritura sagrada que quedan en estos dos capítulos notadas se conforman en ser figura del alma.

Habéis ahora de saber que cualquier ánima contemplativa, por la mayor parte en los principios y aprovechamiento de su contemplación, comienza y procede con gracia adquisitiva, quiero decir, que recibe de Dios gracia para poderse disponer y ordenar a tener las condiciones que se requieren en el alma que ha de venir a la contemplación quieta. Por manera que esta disposición que el alma pone en sí siendo sus obras derechas, esto se llama *adquirir,* como el que se dispone a trabajar por adquirir hacienda, y las virtudes que por aquí se alcanzan se llaman virtudes *adquiridas;* las cuales se aprenden de los hombres mediante los ejemplos que tomamos de los buenos y nos dejaron los santos. Aquestos contemplativos comparan al oficial que se ha dicho mucho sabio que al templo de Salomón envió el rey Irán.

Ítem, los contemplativos quietos que habrán mucho aprovechado mediante lo que adquirieron con la ayuda de Dios tienen figura en el otro oficial mucho más sabio que aquéste, conviene a saber, Beseleel, el cual no tuvo gracia adquirida por espacios, sino infundida de Dios. Pues si cada uno de estos oficiales y ambos a dos y el templo de Salomón figuran el alma contemplativa, está bueno de entender que las almas que se quietan en contemplación perfecta, en la cual no se conoce otra cosa sino puro y unitivo amor, estas tales no hacen su obra, ni conservan su quietud, ni se derriten en los fuegos del amor por vía de gracia adquisitiva o adquirida por humana diligencia, sino por gracia infundida, porque ésta es Beseleel, que quiere decir *alma puesta a la sombra de Dios;* a la cual dice él en la autoridad que dio cumplimiento de espíritu suyo.

Ahora queda que podamos entender por qué orden o en qué manera ha de obrar Beseleel el oro, plata y latón, y el mármol, gemas y madera que dice la autoridad. Cierto es que el oro es tan precioso metal, que quien alcanza de él más, obra con mayor caudal y más sin reprehensión si su obra va siempre a bien. *Oro* en

la sagrada Escritura significa fortaleza y aquella alma
que más fortaleza tiene, muéstrala en mejor obrar, y
con más perseverancia, y más sin reprehensión. Entonces sabe el alma recogida cuánto ha de hacer del oro,
cuando persevera con esfuerzo varonil, y con tan grande cuidado y con tamaño fervor en allegarse a su Dios
entre mil persecuciones y entre todo disfavor, cuanto
se halla esforzada, y ferviente, y fortalecida en cualquier prosperidad. Así que el oro muestra aquí fortaleza, que Dios infunde en las almas que le aman, y es
uno de los siete dones del Espíritu Santo. Y es de saber
que si por el oro no hubiésemos de entender la fortaleza, no nos hubiera dicho el santo Job en el capítulo
31, justificando sus obras para alabanza de Dios, esta
siguiente sentencia: *Si estimé el oro, por mi fortaleza* (Job
31,24). *Plata* nos quiere significar elocuencia o buena
gracia en palabras, así como la *Glosa* interlineal lo
muestra en la autoridad notada del Deuteronomio, y
también en el salmo 11 lo mismo se da a entender;
porque diciendo allí las palabras del Señor son *plata
examinada,* y aquí la *plata es elocuencia,* junta una conformidad de ambas autoridades. Por manera que entonces Beseleel sabe obrar bien cuanto ha de hacer de
plata, cuando el alma contemplativa así ordena sus
palabras, que ceben a sí y a quien las oyere con la
doctrina de Cristo, aprendida en la escuela del amor.

Ítem, entonces saben estas tales almas hacer obras
de latón, cuando así miden su manera de hablar, que
si no son preguntadas o por tal necesidad, casi están
siempre calladas, sabiendo bien que el latón tiene el
sonido algo bueno y es de pequeño valor, y significa el
tono de las palabras que son muy ordenadas; las cuales,
cuanto quiera que sean buenas y tengan cuan buen
sonido, quisiéredes en cualquiera enseñador; si al valor,
que son las obras, no se conforman, retinte o sonido
de latón es. Y si esto no fuera así, no hubiera dicho

san Pablo: *Si alguno hiciere muy grandes obras sin tener caridad, como golpe es de campana o sonido de latón* (1 Cor 13,1). *Mármol* todos tenemos, que es la base o fundamento sobre quien se funda la fuerza del edificio, y entonces Beseleel sabe en los mármoles labrar u obrar, cuando el alma contemplativa está fundada en quietud y en sustentar la fuerza del edificio de todo su fundamento en la perseverancia de su encerramiento y en no dejarse mover, siendo ayudada de Dios. Y por esto Salomón, en la autoridad notada, y también Beseleel admiten *mármol* cada uno en su operación. Beseleel, que está a la sombra de Dios, sabe obrar sobre el asiento del mármol; Salomón, que edifica el templo a Dios, manda traer mármol para el edificio.

Ahora queda de decir que sabe entender obrar en muy diversas *maderas*. Donde es de poner en la memoria que la madera de quien los muy buenos oficiales se pueden aprovechar en su obra, si ha de ser buena, ha de ser madera seca; y las más de las maderas nos muestran imperfección, porque, si tienen en sí torcimientos siendo secas, no se pueden enderezar, y a las veces se carcomen o hay en ellas hendimientos, y al fin faltan con el tiempo. Ahora, pues, tanto me da decir que Beseleel recibió inteligencia para saber obrar en diversidad de madera, cuanto si dijese el alma contemplativa recibe gracia de nuestro Señor en la contemplación quieta para saber ordenar su vida; y conversación ajena de torcimientos, cuanto a su muy buen ejemplo; y guardada de carcoma, cuanto a su quieta conciencia y libre de toda discreta estimulación; tal que en nada le pueda desasosegar, y sin hendedura alguna, que le impida la caridad ni que estorbe la obediencia. Y porque ningún contemplativo sin aquestas condiciones puede ir a la perfección y porque en cualquier religioso la falta de estos avisos es muy mucho de culpar, por esto, es a saber, por aquestos torcimientos, carcomas y lo demás que son faltas de madera, el profeta Isaías dice: *Sean confusos los hombres que fundaren sus obras sobre madera* (Is 19,9).

Será, pues, la conclusión que cualquier contemplativo conviene que sepa obrar con regla de discreción; cuando pudiere, en quietud, y en tasado entendimiento cuando hay necesidad; Cristo Jesús sea en el amparo de todos y nos enseñe cómo nos convenga obrar.

Capítulo XXVI
De cuatro diferencias de amor, y de su significado, y de su transformación

La justicia, en substancia, una es no más, y, según diversa operación, tiene diversos nombres, como justicia ordinaria, Hermandad y Inquisición, etc. Lo mismo es en el amor que nuestro Dios y Señor crea en las almas que se aman, el cual, cuando nos hace andar cuidadosos y sirvientes por llegar a la virtud, y desechar nuestros vicios, y tener vida ordenada, se llama *amor operativo;* y si deja de obrar luego, no se llama amor. Ítem, cuando este amor crece y nos hace andar cuidadosos de servir a nuestro Dios y de quietarnos en él, apartando de nosotros todo lo que no nos es favorable en este intento, y no tenemos cuidado de ningún provecho nuestro y amamos a Dios por sólo amigable amor, llámase éste *amor desnudo,* porque tiene desnudez de todo nuestro interés. Ítem, si crece este amor hasta irse derecho a Dios sin medio de las criaturas ni por vía de las potencias, sino por aspiración de afectiva, la cual súbito recoge el ánima en unidad de substancia, se llama *amor esencial;* porque en la substancia eterna o esencia divina es toda su ocupación aquellos espacios que ama de amor esencial, entiendo que el amor suyo en su Dios es como una gota de agua infundida en un desmedido mar. Ítem, creciendo más este amor por la mayor desnudez de todo cuanto no es Dios y por más disposición del alma enamorada, la dignación divina recibe este amor, que en nuestras almas cría y ayunta nuestro amor criado en su amor infinito, llámase *amor unitivo,* porque ya está unido a Dios por la divina clemencia.

De manera que tenéis vistas aquí cuatro diferencias de amor. La primera conviene a los principiantes, que se despiertan a amar. La segunda a los que han aprovechado en la contemplación. La tercera, ya es de los que van llegando cerca de la perfección. La cuarta diferencia es ya de los más perfectos en contemplación quieta, y de estos tales se entiende la autoridad de san Pablo, que dice en la primera a los Corintios: *Las ánimas que a Dios se allegan, un espíritu son con él* (1 Cor 6,17). Habéis aquí de notar que hasta presentarse este amor nuestro a la presencia divina, siendo ayudado de Dios, aprovecha nuestra industria, mediante la aspiración, sobre la pura conciencia; pero en la unión del amor nuestro con el amor infinito, obra es de sola la divina dignación, por la clemencia divina.

Es de notar que cada vez que nombramos este nombre, *amor,* mostramos virtud unitiva, que hace juntamiento del que ama y del que es amado y hace uno de los dos con verdadero atamiento de gracia; mas entended que esta unión o este atamiento, tanto es más propio y más verdadero cuanto el amor se ha acrecentado en el alma según las cuatro diferencias que de amar quedan mostradas. Donde es de notar que el alma que desea infundirse y transformarse en el abismo y infinito amor increado es menester ser trasmudada en amor y que este amor vaya al centro donde salió, es a saber, a su Dios; por manera que sea el alma como una piedra preciosa tan redonda, que no tenga entrada ni salida, la cual sea puesta en un relicario no menos ancho que altísimo, como otra vez se apuntó, donde la piedra se queda en relicario, sin que se pueda hacer caso de su cantidad. La piedra es nuestro amor criado. El relicario es el amor infinito. Ahora, aquesta pedrecita no se pierde de su ser, pero, por comparación del relicario en el cual está infundida, no queda que pensar de ella, sino en sólo el relicario que la recibió y la tiene. Y puesto que son impropias aquestas comparaciones, nos abren algo los ojos para poder entender los menos ejercitados lo que tienen entendido los que se dan a quieta contemplación.

Mas aun para declarar este infundirse al alma en el amor, podráse sentir así como se apuntó en el amor esencial. El amor que tiene esa alma es una gota pequeña recibida del abismo de las aguas de nuestro infinito amor; el cual, si por ellas no se pudiera entender, no hubiera dicho el Salmista, en persona de Cristo Jesús: *Derramado me han como agua* (Sal 22,15). Así como si dijera: Aquesta temporal vida de mi humanidad sagrada, como si agua derramaran, me consentí derramar en el infinito amor con que obré la redención de toda la humanidad. De manera que como agua derramé toda mi sangre con el infinito amor que tengo con mis criaturas. Así que la humanidad sacratísima de nuestro remediador es como una gota de agua en comparación de su inaccesible divinidad, y porque esta gota de agua infundida en aquella infinidad es infusión verdadera de amor, en amor puede aquí cebar nuestras almas; a las cuales, por que entiendan más en claro este modo de infundirse o de venirse amorosamente a Dios y por que sepan que las aguas en este lugar son figura del amor, el cual bien, como agua, debe ser derramado en el amor como una gota pequeña en un infinito mar, por esta causa, y animándonos para ésta en los Trenos, dice Jeremías: *Derrama tu corazón en el amor de tu Dios así como quien vierte agua* (Lam 2,19).

De manera que está la facilidad de la contemplación quieta en amar sin condición y en infundirse nuestro amor en el infinito; quiere decir, que el amado así se pierde de sí, que no queda nada de él por la infinidad del amor en quien hace su infusión. Y por esto dice el Herp «que el espíritu en este espacio cesa de vivir a sí mismo, porque todo vive a Dios» [1]. Hase, empero, de notar que aun nos puede algún tanto aclarar más este venirnos al amor de nuestro Dios si vemos algún ejemplo que nos muestre la manera de transformarnos en él, así como hemos tomado la manera de infundirnos. Y así, podemos decir que el amor de nuestro Dios infunde en sí nuestras ánimas como el sol en el cristal, que lo esclarece y penetra y se muestra dentro en él; y nos transforma en su amor, como muda el hierro en fuego. Y se muestra su grandeza sobre nuestra poquedad como un espejo muy grande ante otro espejo chiquito. Y si tomáis un espejo tan pequeño que no sea mayor que un real y lo metéis en una vasija de agua y lo ponéis hacia el sol, veréis en aquella partecica del espejo encerrada y recogida toda la rueda del sol, mayor que toda la tierra. Entenderéis por aquí que el Sol vivo de justicia, que es Cristo nuestro Señor con su infinita grandeza o en su esencia divina, se recoge y se encierra en lo interior del espejo de vuesta alma aun estando sumergido en las aguas de esta nuestra honduosa vida.

De manera que sea aquí la conclusión que para infundiros en el amor infinito, para transformaros como hierro en el infinito fuego o para que el sol clarísimo se infunda en nuestro cristal, no tenéis necesidad más que de entraros en vos, pues tenéis sabido que en el espejo chiquito de vuestra recogida alma hallaréis a vuestro infinito Dios. De manera que si os dicen que vuelen vuestros deseos, entended vos sobre toda cosa criada; y si os dicen que levantéis la afectiva

---

[1] O.c. *Directorio...* c.IV 3 p.426.

o que alcéis la aspiración, dicen os que dejéis abajo de vos a todo cuanto no es Dios y que os levantéis de todo hasta entraros en vos mismo. Y entended que estando dentro en vos, sin que os acordéis del cielo ni del ceto o compañía angelical, estáis muy más alto que él, pues que sois templo de Dios y Dios está dentro en vos y vos os estáis con él, quitado de cuanto creó. Y cuando decía san Pablo que nuestra conversación es en los cielos (Flp 3,20), allá creed que estaba ya en la presencia de Dios por su gran recogimiento dentro de su hombre interior, que es el verdadero cielo donde estáis siempre con Dios, si os conserváredes en él con la gracia de su amor. Los ángeles le den gracias.

Capítulo XXVII

Qué cosa es no pensar nada en contemplación perfecta y de la autoridad y utilidad de mística teología

Ya tenéis tomado aviso que en el estudio secreto de aquesta negociación no se admiten en contemplación perfecta en la vía de la quietud pensamientos, cuanto quier que sean buenos. Cerca de lo cual habéis de notar que Enrique Carlaal, contemplativo muy quieto, dice así hablando consigo mismo acerca de aquesta materia: «¡Oh alma mía!, mucho trabajas, porque piensas muchas cosas; piensa no más de una, y trabajarás menos, con mayor ganancias; y aun te digo que, si puedes, y sabes, y quieres, no pienses nada, y si algún trabajo ganarás más». Entienda quien tiene orejas y sepa que en este no pensar nada se comprehende un gran mundo, en el cual la contemplación perfecta comprehende y tiene en sí todo cuanto hay que merezca ser querido; y como éste es solo Dios, resta que en presencia suya todo lo demás es nada; y como tal no se ha de pensar en ello.

La quieta contemplación ocúpase en solo Dios (entended en solo amor suyo); esta alma que contempla no reconoce en sí misma otra cosa sino sola la centella del amor, que está vivísima en ella; la cual, comparándola al incendio del amor en el cual está ocupada, es como una gota de agua en el golfo de la mar, como ya queda notado. Ahora, pues, un alma que es una cosa tan mínima, en presencia de aquel amor infinito, estando ocupada en él, ¿qué es lo que podrá pensar? Ciertamente incomprehensible es Dios, y los muchos pensamientos y el muy vivo entendimiento ni alguna cosa comprehensiva, ¿es posible que pueda nada en la comprehensión suya? Donde si bien los miráis, los contemplativos quietos, en la vía de contemplación perfecta, tendrán por tiempo perdido ocuparse en pensar en cosas particulares; porque tienen bien sabido que el alma que tiene hábito de amor, cuando no aparta su vista de aquel amor infinito, tiene en él bien conocido cuanto conviene entender; y el alma que tiene y puede poseer todos los bienes juntos, ¿quién dirá que sea buen seso pensar en particular cualesquier bienes pequeños? Entendiendo san Agustín qué quiere decir aquesto, decía él: «Cuando tengo a solo Dios, tengo en él todo lo que hay que tener, y cuando tengo con él todas cuantas cosas crió, no tengo más que si sólo lo tuviese». Y que quiere decir esto: Cierto y verdaderamente, en presencia de nuestro Dios y Señor, todo lo criado es nada. Pues el alma que por amor unitivo en la contemplación quieta está ocupada en su Dios, bien se dirá con verdad que no debe pensar nada, pues que en este pensar nada, tiene cuanto hay que pensar.

Es aquí de ver que aqueste Enrique Carlaal, cuyas son las dos palabras que arriba quedan notadas, es a saber, *¡Oh alma mía!*, etc., fue un teólogo parisiense y fue monje cartujano, y en la sacra Religión de los

cartujos tienen muy mucho en costumbre cantar en los
maitines aquel verso de los Trenos de Jeremías que en
el capítulo antes de éste queda autorizado, es a saber:
Derrama tu corazón en la presencia de Dios como quien
derrama alguna vasija de agua (Lam 2,19). Y el corazón,
por quien se ha aquí de entender el incendio del amor
que ha de estar vivo en el alma de cualquier contemplativo, así se ha de derramar muy junto y súbitamente
en el amor infinito como un vaso boca abajo derrama
muy junta su agua. Aquesto quiere decir que el amor
que recebimos de nuestro amoroso Dios, junto se lo
hemos de dar y sin alguna excepción. Y entonces sa-
bréis que muy junto se lo dais cuando en vuestra
contemplación sabéis que no pensáis nada de todo
cuanto es Dios. Y en todos los intervalos, conoced si
amáis enteramente a mi Dios, que tanto os ama, cuando entendiéredes qué es lo que quiere decir el contemplativo quieto Ricardo de Sancto Víctor en el libro IV
De arca mystica, donde en el capítulo 16 dice lo que
ahora se sigue: «Ciertamente, cuando en alguna cosa
que no nos allegue a Dios podemos recibir algún consuelo o placer, no me atrevería a decir que tenemos
señal de amar con vivo y despierto amor a nuestro Dios
amantísimo»; y reduciendo el intento a la autoridad de
Jeremías en los Trenos, como es dicho, dice dos palabras antes: *Levántate, alma, y alaba a tu Dios de noche en*
el principio de las vigilias. Así como si dijese: Levántese
la afectiva por la vía de aspiración, álcese el alma a
Dios en un instante de tiempo. Y dice en el principio
de las vigilias así como si dijese en el primer espacio
de vuestra contemplación, etc. Porque tener vigilia o
velar en oración no es otra cosa sino estar el alma
pronta a levantar la afectiva para quietarse en su Dios.
Donde en tanto se puede decir que el ánima se conserva en las vigilias en cuanto vela sobre sí misma a
estar pronta para llegarse a su Dios.

Dice, pues, la autoridad: *Al principio de las vigilias,* así como si dijese: Siempre sea el principio de vuestra contemplación levantar de todo cuanto no es Dios el talante de vuestra alma, en manera que algún pensamiento no tenga cabida en vos, cuanto quiera que sea bueno. Quiere decir que vuestra contemplación, si ha de ser quieta y perfecta, no ha de saber ocuparse en más que sólo el amor; el cual, si es amor quieto en contemplación perfecta, no ha de saber pensar nada durante aquella quietud, porque el amor de mi Dios, en el cual está el alma ocupada, no es cogitable ni intelegible que lo pueda comprehender nuestro entendimiento, sino deseable y amable; en nada tiene lugar en el entendimiento aprehensión, sino sola la afectiva, los deseos y voluntad.

Así que si la perfección de todo contemplativo consiste en el amor de nuestro Cristo Jesús, en el cual los pensamientos impiden, necesario es que sintamos que entendió lo que decía el que dijo que es mejor en quieta contemplación no pensar nada. Y por esto dice la autoridad: *Que se levante nuestro corazón de noche,* porque así como la noche quita de nuestra vista corporal todo lo que con la claridad podemos ver, bien así el muy súbito alzamiento de nuestra afectiva esconde de la vista intelectual todo lo que Dios crió, y quédase sólo en él. De manera que dice la autoridad repartida en estos dos capítulos lo siguiente: Levantaos y alabad a Dios de noche al principio de las vigilias y derramad junto vuestro corazón en presencia del Señor; así como quien vierte agua. Donde se note que en esto que dice que de noche os levantéis, corresponde al Salmista, que dice: La noche, es a saber, el escondimiento de la contemplación quieta, alumbra la ánima contemplativa así como lo muy más claro del día, es a saber, de cualquier comprehensión intelectiva (Sal 139,12). Porque las tinieblas, es a saber, el silencio secretísimo de la contemplación quieta, así dan clara satisfacción al alma en cualquier quitamiento de entrañable devoción como en la luz que más regala el espíritu; porque en lo uno y en lo otro tiene conformidad con el querer de su Dios.

Es aquí la conclusión decir que es imperfección de las almas largo tiempo ejercitadas pensar en particulares bienes de cualquier criaturas, queriendo buscar en ellas causas para amar al que es piélago de amor infinitamente amable. Mas, sobrepujando lo criado y alzándose de todo ello, se vaya el alma a Dios por súbito y momentáneo levantamiento de espíritu, que no tarde en este camino tanto como el párpado del ojo puede tardarse en menear o pestañear. Mas que, a manera del rayo del sol, el cual en el instante que nace en oriente no tardan tanto sus rayos en llegar hasta occidente como vos en pestañear. Así ha de ser el alma, que en un instante ha de levantar su espíritu por la vía de aspiración; la cual es más ligera y momentánea que el mismo rayo del sol. Y entre las grandes ventajas que hay en la teología mística por la vía de aspiración sobre cualquier ejercicio intelectual, ésta es mucho de estimar, conviene a saber: que si una vez toma hábito este ejercicio en el alma, tarde se le puede caer, y comiendo, y andando, y obrando, y aun leyendo, y escribiendo puede aun no dejar de obrar, se yendo ayudado de Dios.

Y si, porque somos hombres cargados de impedimentos, a veces nos descuidamos, el mismo ejercicio tiene puesta en las entrañas la aspiración o afectiva, la cual sirve de una aldaba, y, al punto que os descuidáis, da un golpe reprehensivo con dulcedumbre en el alma; al cual, sin algún medio, en un instante, acudís respondiendo, y la respuesta que dais es obrar aspirando a vuestro amor, donde va vuestra afectiva, y esto es mucho de estimar. Habéis de notar aquí que es cosa posible y cierta que muchos de los lectores, por falta de la experiencia, quedarán sin entender muchos puntos que son muy inteligibles a los más ejercitados; pero el no entender de los tales no da ocasión de dudar la certidumbre de este ejercicio divino, el cual san Pablo enseñó a Dionisio, discípulo suyo; el cual prevaleció en contemplación perfecta y quietísima a cuantos le han sucedido, y en comprehensión de los divinos secretos grandes cosas alcanzó y las dejó escritas, y él escribió a Timoteo muchos y muy delicados puntos de la contemplación quieta.

Ítem, el Ricardo, y Enrique de Balma, y Enrique Herp, y san Bruno, y san Gregorio, con otros muy muchos santos y con muchos que aún ahora viven, en lo que éstos escribieron, y el Gersón y los demás se verifica la verdad de aquesta ciencia escondida de mística teología. Donde es así que sobre este fundamento fundaron las Religiones los santos que fueron principio de ellas, y es muy entera verdad que, si en la quieta oración no aprendieran esta ciencia perfecta, no pusieran con tanta felicidad sus hijos en la vía de perfección, la cual, por la divina clemencia, nos conceda a todos nuestro amantísimo Dios.

Capítulo XXVIII

Cuándo convienen al contemplativo quieto las oraciones vocales y obras del entendimiento

Cualquiera obra de virtud y toda meditación de cualquiera cosa creada y cosa que tenga cuerpo y en la vida y los misterios de nuestro Cristo Jesús tiene muy grande merecimiento; y cualquiera que lo posee sobre muy limpia conciencia recibe de nuestro Dios grandes gracias y mercedes, mayormente en la alta meditación de los misterios y de la vida y pasión del Señor nuestro; los cuales merecimientos, en el alma que los posee como debe, sobrepujan a cuanto hay en esta vida que se pueda merecer, sacando la perfección de la contemplación quieta, la cual se alcanza con ellos, digo, con estos merecimientos; porque, en la verdad, no hay ningún camino abierto ni alguna entrada tan cierta para la contemplación quietísima de la incogitable y inaccesible divinidad como la meditación de los misterios de nuestro Cristo Jesús fundada sobre la pronta humildad, tomada del conocimiento propio de nuestra aniquilación.

Mas hase aquí de notar un dicho de Enrique Herp en el *Directorio áureo,* el cual enseña a sentir que toda meditación en cosa que tenga cuerpo y toda obra de virtud [1] pertenece a vida activa espiritual. Dice activa por la obra inquieta del entendimiento en las cosas corpulentas, habida comparación a la operación perfecta de la quieta voluntad; la cual obra es solo amor. Y dice activa espiritual, diferenciando de las obras activas que obramos con estos miembros y cuerpo. De manera que entenderemos de aquí que decir hombres espirituales o contemplativos quietos o contemplación perfecta no se entenderá de aquellos contemplativos que no saben levantarse de todo lo corpulento, y de todas las criaturas, y de todo lo que no es Dios. ¿Quién no ve, si tiene vista interior, que toda meditación por vía de entendimiento con cualesquiera criaturas va paso a paso y por espacio de tiempo buscando el amor, que es fin de toda contemplación? ¿Y quién no entiende que, andando nuestro entendimiento meditando en las cosas corpulentas, cuanto quiera que sean buenas, se envuelve nuestra imaginativa en los cuerpos en quien piensa, lo cual no es pequeño impedimento en los muy prontos ni hace pequeño daño a veces, si hay poco aviso?

Ahora, pues, si este inconveniente no se le puede denegar a cualquier meditación que discurre en las

---

[1] O.c. *Directorio...* 204.

criaturas, ¿quién habrá entre los más recogidos que no entienda que, si obra la voluntad por la vía de aspiración, no solamente va caminando a su Dios, pero en un súbito vuelo se levanta la afectiva, y cobra en un pronto instante lo que por otro camino no se alcanza en mucho tiempo?

Por que esto se entienda con mayor facilidad, pondré aquí casi a la letra un verbigracia o ejemplo que pone acerca de este propósito el quieto contemplativo Herp, cuya doctrina en contemplación perfecta es muy mucho de estimar [2]. Hace esta distinción: un hombre en la vida activa espiritual tiene intención derecha. Otro hombre en la vida contemplativa quieta y perfecta tiene intención simple. Estos dos ruegan por toda la Iglesia, y por vivos y difuntos, y por todos sus amigos, y toda necesidad. El que está en la vida activa hace oración meditando por obra del entendimiento, con el cual pasa por la corpulencia de aquello que recomienda, y algunas veces rezando hace la tal oración; este tal, de todo punto no podrá librarse de algunas representaciones y imaginación de aquellos por quien ruega y de sus necesidades; este impedimento, muy grande es a cualquier alma que desea encerrarse en sí y contemplar con quietud, porque mucho la distrae. El segundo, que se ha dicho que está en la vía contemplativa con simple intención, trae por vista intelectual quieta y amorosamente a su presencia los amigos y parientes, y el purgatorio y cuantas necesidades hay en la santa madre Iglesia, y la conversión de los infieles, y todo lo comprehende con sosegada y viva fe; así como si quisiese con un mirar comprehender muy muchos millares de hombres. Este tal, cuanto está necesitado en el mundo, todo lo ve sin se distraer en pensamiento de nada; éste por eso se dice tener simple la intención, porque no pone la vista de sus entrañas en otra cosa

[2] O.c. *Directorio...* c.XXIII 329.

que en Dios, en quien ve todo lo que podría querer ver
en cuanto hay necesitado; y con aquella quietud y con
la fe que lo ve lo presenta a su Dios, y le demanda
merced tácita y secretamente por todo aquello que
necesitado ve.

Esta manera de orar es perfecta y copiosísima, porque ningún medio pone entre su Dios y entre sí la tal
alma; porque su fe comprehende y ve muy claro su
Dios, en cuya presencia está, cuanto de aquestas necesidades pudo esta alma en cualquier tiempo desear; y
así como esta fe viva le enseña que la sapiencia divina
entiende cuanto ella desea y ha deseado demandar, así
también entiende que la bondad infinita ha por bien
de concederle, de todo cuanto desea, lo que conviene
alcanzar; y así, con una sola y simple intención, obra
más en un instante encerrada en su quietud que la otra
intención derecha envuelta en el entendimiento podrá
en largos espacios con más trabajos alcanzar. Y nunca
podrá pedir tanto particularizando con el discurso,
cuanto podrá abrazar sin gastar en ello tiempo encerrada en su quietud. Y de aquí es que dice el Enrique
Herp que las meditaciones derramadas, las cuales se
acompañan a las veces con oraciones vocales no necesarias, tanto tiempo las debe el contemplativo usar
cuanto no se halla pronto a quietud y simple contemplación, excepto lo que es obligado a rezar vocalmente,
como la misa y el otro oficio divino y horas canónicas,
el que tiene obligación a ello. Y las tales oraciones no
las debe el contemplativo quieto querer para más que
para dar buen ejemplo en confesar y alabar en sus
palabras a la gran bondad de Dios y por despertarse
así los espacios que la discreción lo muestra, hasta que
el fuego de amor comience a levantar su afectiva. Entonces se han de dejar las oraciones vocales y obra del
entendimiento, salvo en el caso dicho, cuando lo vocal
es de obligación; las cuales, como está dicho, impiden

en gran manera la quietud del poderoso sosiego, en el cual y en el amor que está en él se halla la perfección de la contemplación simple, y pronta, y verdadera.

Cerca de lo cual dice el mismo Herp [3] que así como el trigo siendo trillado es limpiado de la paja, la cual se da a las bestias, encerrando y guardando bien el trigo, así son las oraciones vocales comparadas a la paja, y la encerrada quietud será comparada al trigo. Dice, pues, que tanto espacio se ha de trillar y tanto se ha de querer y tratar con el entendimiento hasta que el trigo de la quietud sea hallado entre la paja y sea limpiado de ella, y entonces las palabras y vocales oraciones y toda obra derramada se ha de dejar, como paja, para mantenimiento de nuestras menores fuerzas animales, que son las concupiscencias inferiores; las cuales entienden siempre en los provechos del cuerpo y en las obras de la tierra; y, por tanto, el Herp en este lugar las compara con las bestias, habida comparación a las fuerzas superiores de nuestras almas; las cuales por solo amor se procuran levantar a las cosas superiores. Hanos de quedar de aquí que la oración más perfecta y que comprehende más y que alcanza más de Dios es aquella que es más quieta, porque en aquesta quietud está más pronta la atención, mediante la cual alcanza el alma orando las cosas que pide con toda humildad a nuestro benigno Dios.

Cerca de lo cual se escribe en el libro II del Paralipómenon (2 Crón 33,12) que, habiendo el rey Manasés sido ofendedor de Dios y adorador de los ídolos y muy pronto en extremada maldad, fue convertido a nuestro Dios y Señor por la clemencia divina; y conociendo su grande abominación, demandó misericordia, y oyóle nuestro Señor y recibió su oración, porque oró atentamente. Y es de ver que está concluido

---

[3] O.c. *Directorio...* XXIII 334-35.

que la más pronta atención consiste en la más pronta
quietud y en la oración que es más simple. Ahora,
pues, Manasés quiere decir *olvidado* o *descuidado,* y es
figura de las almas encarnadas en el mundo y descuidadas de Dios; las cuales tantas veces idolatran cuantas ponen su afición en miserias transitorias; las cuales
así las llevan tras sí, que se olvidan de su Dios y de
guardar sus mandamientos. Y porque este Manasés
reinó cincuenta y cinco años y durante los más de
ellos perseveró en su olvido y en las ofensas de nuestro Dios y Señor, muéstrase que las descuidadas almas
de quien aquéste fue figura, todo el tiempo que el
mundo le es amigo y les da prosperidad perseveran
en su olvido. Y porque el rey Manasés entre aquestos
largos años fue privado de su reino por divina permisión y llevado a Babilonia y puesto en prisión estrecha
y en miserable conflicto, dentro del cual volvió en sí
e hizo la oración dicha y alcanzó misericordia de
nuestro Dios y Señor; el cual le remedió el alma y lo
libertó en su reino. Enséñanos claramente que a las
descuidadas almas, la prosperidad del mundo no les
es buena señal, y los divinos castigos las hacen volver
a Dios, porque san Gregorio dice: «El castigo que
recibe por la culpa el que ofendió, le abre los ojos del
conocimiento para que entienda lo que en la culpa
ignoraba»; y dice en otro lugar: «La misma maldad
que cometió el pecador se le pone por velamento
delante de la vista interior para que no vea lo que
pierde el que por su voluntad y su descuido y miseria
apartó el conocimiento de lo que podía ganar».

Por manera que cuanto los probables pecadores,
digo, el pecador conocido, persevera en las maldades
de su transgresión o que se conoce él en la tal perseverancia, aunque los hombres le ignoren, si al tal le es
próspera la fortuna, es señal que se le pagan algunos
bienes pequeños, por que de los perdurables no le

quede que esperar. Así que, dando la vuelta sobre nuestra autoridad, sintamos que Manasés, siendo muchos años rey puesto en su prosperidad, fue miserable cativo de Satanás; el cual, siendo después cativo, y aprisionado, y perseguido, y menospreciado de los hombres, entre tantas aflicciones y en fortuna tan adversa, tornó en sí, y demandó a Dios perdón, y recibió libertad de la adversidad presente y cautiverio pasado. Es ahora la conclusión que recibió todo aquesto porque, volviéndose a Dios, tuvo tanta contrición, hizo tal penitencia y oró con tanta atención cuanto muestran las entrañables y memorables palabras de su amorosa oración; la cual, por su gran sublimidad, está en la sagrada Escritura puesta al fin del segundo libro del Paralipómenon.

Ahora, pues, vemos sus palabras, y conocemos en ellas discurso de entendimiento, con el cual examinaba la distinción de su vida, de donde sacaba la contrición y las entrañables lágrimas, con las cuales lavó su alma. Sabemos también por las palabras del texto que oró con grande atención, y aquesta intención muy pronta pertenece a la encerrada quietud y a voluntad amorosa muy más que al entendimiento. Venimos de aquí a entender que las vocales oraciones y palabras entrañables, mediante el entendimiento, mucho aprovechan a despertar la afición; mas no a fijar la atención. Incitan el ánimo, pero no quietan el alma; por lo cual con discreción se toma en los tiempos que para el tal despertamiento son menester; y, en hallando la quietud, ha de descuidarse el alma y dejar todo discurso, y orar con la atención que aquí nos ha presentado la sagrada autoridad; y a todo ampare Dios.

Capítulo XXIX

Cuanto es más pronta y pura la quieta contemplación, tanto es con más trascendencia

Cualquier contemplativo muy sublimado en quietud tiene, o es muy bien que tenga, alguna particular señalada devoción de nuestra muy gran Señora y de la sagrada cruz o de las llagas de Cristo; la cual devoción particular le presente cada día mediante breve y ordenada oración vocal, tal que en menos que media hora le pueda representar en tiempo que para esto tendrá señalado. Digo en menos que media hora porque en menos espacio se quietará algunas veces, y no solamente hará el provecho que rezando más hiciera, mas aun en pequeño espacio cobrará del intento, porque reza más que supo o pudo desear. Hase aquí de notar que cualquier contemplativo quieto tiene otra arte de rezar que los no contemplativos, porque su mismo hábito o costumbre que tiene de recogimiento interior le avisa, sin que piense en ello, a rezar sumisa voz cuando reza por sí solo; mayormente si aquello que está rezando no es oficio obligatorio, o digo oficio divino. Tanto o en tanta manera rezan éstos con quietud, que muchas y muchas veces su habla es dentro en su pecho. Rezan en su corazón, y aunque los labios menean y él entiende dentro en sí mismo sus entrañables palabras, no, empero, aunque estéis con atención escuchando, se entiende alguna palabra.

Esta manera de orar tiene muy grande eficacia, porque en breve se convierte en verdadera quietud; y por que esto se entienda con radical fundamento traigamos a la memoria una autoridad de la Escritura sagrada, tan propia en este propósito, que aun a la letra parece que se escribió para darnos a entender los bienes y gran ventaja de esta manera de orar. En el primer libro de los Reyes (Sam 1,12-13) se escribe que aquella honra-

da matrona Ana, madre de Samuel, hacía oración en
el templo; y dice que hablaba en su corazón, y que
solamente se veían mover sus labios, pero que en ninguna manera se entendía ni se oía alguna palabra, ni
sonido, ni meneamiento de voz; por lo cual el gran
sacerdote Helí, con mucha atención, miraba cuándo
oiría palabra de su oración o cesarían sus labios de se
menear. Ahora, pues, Ana quiere decir *gracia,* y Samuel
se interpreta *demandado a Dios;* por manera que, jun-
tando estos dos nombres, será su interpretación *gracia
demandada a Dios* y representarnos a cualquier ánima
agraciada. Y está bueno de saber que aquella alma
recibe de Dios más gracia que es más allegada a la
divina conversación, y quien con Dios más conversa es
quien más le reverencia y con mayor humildad. Y aquel
es más humilde en su presencia que alcanza de su
incomprehensibilidad más conocimiento, según que
aquesto es posible durante este destierro. Esta posibilidad no hay acá donde se alcance, ni donde pueda
aprehenderse aquesta sabrosa ciencia, salvo en la oración mental, la cual tanto tiene más ventaja en aquesta
facultad cuanto tiene más quietud y mayor encerramiento.

Ahora, pues, entonces ora en el templo Ana, madre
de Samuel: cuando el alma agraciada que demanda
gracia a Dios se encierra dentro de sí misma a orar.
Entonces habla esta tal alma dentro en su corazón:
cuando todos sus coloquios son tácitos dentro en sí.
Entonces mueve sus labios: cuando la afectiva se levanta por vía de aspiración, y la voluntad, amando, casi
se menea sin movimiento, empleándose solamente en
el amor. Donde en esto que decimos que la voluntad
ama parece que significa quietísimo movimiento, y
corresponde al movimiento del labio o labios, aunque,
muy en la verdad, nuestra voluntad, amando en pura
quietud, más propiamente parece lo que obra en ella

nuestro amoroso Señor; por lo cual con impropiedad se dice que hace ni por vía de movimiento ni otra manera de obrar. Por manera que en la contemplación quieta, pasiva se considere y no activa nuestra amativa virtud, es a saber, la muy pronta voluntad que está quietada en amor.

Mas, no embargante esta pasiva consideración, podemos aquí entender que esta amativa virtud y la afectiva reciben en figura de los labios que dice la autoridad. Síguese: *En alguna manera no sonaba poco, ni más sonido de voz,* ni manera de palabra en esta tal oración; en lo cual se muestra que en la quietud verdadera de la perfecta contemplación, aun la misma alma que contempla, ni oye, ni siente en sí ni movimiento interior, ni habla de entendimiento, ni inquietud de alguna incapacidad; por lo cual se ha de entender que cuando quiera y cuantas veces es pura y perfecta nuestra contemplación, tantas el alma que contempla se halla perspicaz y transcendente a penetrar entendiendo los secretos que se le escondan primero. Porque cuanto en la perseverancia de la quietud más se va criando, tanto su vista interior se va más clarificando. Y puesto caso que sus potencias, siendo ilustradas, se menean sin movimiento a entender aquello que no entendían, no, empero, en aquel tal movimiento se oye sonido de voz, porque nadie comprehende la interior operación de tal alma si no es solo Dios. Mas los labios se menean solamente en la oración a vista del gran sacerdote Helí, que los está mirando, porque la obra que está escondida dentro en la quietud del alma siempre es manifiesta a la vista perdurable de Dios. Y aun los labios se menean a vista de quien los mira, porque conocen los hombres los efectos de virtud que las almas cebadas en la perfecta oración cobran en el secreto de su encerrada quietud.

Síguese en la autoridad: *Helí mirábale a la boca con atención;* y siendo así que la letra en este paso no dice

más, salvo que Helí miraba a la boca de Ana, dice la
Glosa, empero, que estaba atento por ver si pronuncia-
ría palabras o si cesarían los labios de se menear, porque (como queda dicho), en su oración, Ana meneaba
los labios y no pronunciaba voz. Es ahora aquí de notar
que Helí se interpreta *deidad mía,* o quiere decir, *Dios
mío;* y por ser sumo sacerdote en el templo representa-
ba su oficio la interpretación de su nombre. De manera
que Ana, como queda dicho, quiere decir *gracia,* por
que entendamos que el alma a Dios graciosa, o diga
alma agraciada; la cual, en contemplación quietísima,
se ocupa en sólo el amor de la incomprehensible deidad; esta tal alma habla de sí misma dentro en su
corazón con sola lengua de amor, porque es la habla
con sólo su Dios, mas vense menear sus labios, porque
el efecto de su quietud se conoce en lo exterior; no
entiende nadie palabra, porque nadie comprende los
incendios del amor que la tienen dentro en sí toda
ocupada. Mas los labios se menean, porque el mismo
amor no la deja estar parada, porque siempre vaya
amando a más amar. Así que Helí la miraba, porque
las graciosas almas, cuidadosas del servicio de su Dios,
siempre son de él tan miradas y con tan grande afición,
que en alguna manera les parece algunas veces casi
como si el Señor estuviese tan en pronto en su guarda,
que en la guarda de los otros se pudiese por sola ella
descuidar; pero sabe muy bien que la protección divina
está siempre sobre cuantas cosas creó, y en el alma
graciosa, por singular privilegio, le está aumentando la
gracia.

Dice, pues, la autoridad las palabras que Helí dijo a
esta matrona que oraba, y vese que suenan represión,
y está notado que Helí se interpreta *Dios mío.* Ahora,
pues, en estas represivas palabras que decimos que
Helí pronunció sobre el alma agraciada puesta en devota oración somos enseñados que a las veces nuestro

amantísimo Dios, por mayor merecimiento de las almas que le aman, les permite adversidades, y diversas aflicciones, y aun disfavor de los hombres, y cuanto mandardes más. Por lo cual se ha de notar que a las palabras reprensivas de Helí respondió la que estaba en oración con tanta benignidad y con humildad tan grande, que nos enseñó a la clara la respuesta que suelen y deben dar los quietos contemplativos cuando por dispensación divina son fatigados con cualquier tribulación, recogiendo en la memoria aquello que dio por respuesta el santo profeta Job (Job 2,10), diciendo en cualquier trabajo: *Si recibimos los bienes con alegría de la mano del Señor, ¿por qué no toleraremos alegremente cualquiera controversia por su amor?* Y hase de notar aquí que a la reprensión de Helí mostró Ana la ocasión de la aflicción porque oraba, y con humildad profunda le rogó que la recibiesen en gracia, diciendo: *¡Ojalá, Señor mío, hallase esta vuestra sierva gracia delante de vos!*; porque aquestas tales ánimas, cuando son más fatigadas por dispensación divina de cualquier tribulación, tanto más y más se humillan y tanto más traen continua vigilancia con amoroso cuidado de pedir socorro a Dios.

Síguese: *Tengo derramada mi alma en presencia del Señor.* Dos cosas se pueden notar aquí: la una, dícenos la autoridad que aquesta alma agraciada hablaba en su corazón, y ella dice de sí misma: *Tengo derramada mi ánima en presencia de mi Dios.* Donde habemos de notar que para poder ser derramada alguna cosa en un solo lugar requiere dos condiciones: una, que sea primero cogido lo que ha de ser derramado; y lo segundo, que esto que queremos derramar no tenga substancia dura, mas líquida o regalada. Y por esto, cuando el profeta Jeremías da consejo a cualquier alma justa en los Trenos (Lam 2,19) *que derrame el corazón en presencia de nuestro Dios y Señor,* la avisa distintamente que lo derrame como agua, porque es líquida, y se vierte toda junta, si se da a toda lugar para que sea derramada.

Ahora, pues, cuando esta santa matrona hablaba dentro de su corazón, sola estaba con su Dios en lo interior y más tierno de sus líquidas entrañas; y este coloquio interior, por ser con sólo su Dios, no se entendía en lo exterior sonido de aquella habla. De manera que ahora entendamos de aquí que aquella alma que oraba encerrada y con quietud dentro en sí, así estaba recogida de todo cuanto no es Dios y en su amor tan líquida o regalada, que se pudo juntamente delante de su Señor derramar. De manera que decir cualquiera contemplativo quieto que tiene el alma derramada en presencia de su Dios es tanto como decir que en el amor de su amantísimo amado tiene abiertas y extendidas las entrañas. Y no podrá esto decir aun cualquier alma justa, salvo en los espacios de su entrañable quietud, cuando se ve recogida de todo cuanto no es Dios; él sea siempre nuestro amparo.

Capítulo XXX

Que nuestra industria incita nuestra afectiva, y cómo crece el amor con el más conocimiento

Bien está dado a entender que todo nuestro propósito es aquí dar a sentir, con reglas autorizadas, la manera para poder hacer oración atenta; porque en la más pronta y más durable atención consiste la mayor conformidad con los bienaventurados, cuya contemplación es en perdurable quietud. Y cuanto a su manera nos conformáremos más, tanto estaremos más cerca de la perfección así en vía de contemplación quieta como en vía de caridad. Entendiendo aquí esto así, queda entendida a la clara la notable diferencia que hay entre el meditar por la vía de entendimiento y por orden de razón fundada en el modo natural a la obra de la quieta voluntad, la cual sobrepuja a la naturaleza siendo fundada en amor por solo amor. No digo yo que no les sea muy natural a las agraciadas almas el amar, porque para esto las creó el que es infinito amor: para le amar; mas digo piadosamente que lo que en la quietud del amor obra el amoroso Señor en las almas que le aman, esto es sobrenatural, pujante en todas y por todas maneras a todo el poder humano.

Quedarnos ha ahora de aquí noticia un poco más clara para poder entender que, mediante nuestra cuidadosa industria, sobre apurada conciencia, y sobre todo descuido de cuanto a Dios no nos llega, y sobre vivos deseos de siempre nos le allegar, y sobre los negamientos de nuestra sensual inclinación y de nuestra voluntad en la voluntad ajena, y sobre un pacífico descuido de poquedades ajenas; las cuales no nos pertenece remediar, y es cierto que son de estar nuestra apocada inclinación tan continas compañeras, que casi no se le apartan; y tan comunes le son, que puedo creer que son más las que los otros notan y sufren en mí que las que les sufro yo. Podemos sobre esta disposición nosotros, por parte nuestra, siendo ayudados de Dios, incitar nuestra afectiva, y alzar nuestra aspiración, y ordenar de nuestra parte nuestra súbita quietud.

Pero la perfección de esta obra, cierto y verdaderamente pertenece a la dignación divina, la cual nos está tan cierta sobre la disposición que a nuestra parte es posible, que si la fe está viva o un poco despierta, ve y conoce este querer Dios obrar amorosamente en la unión del infinito amor suyo y el amor que él crea o infunde en estas tales almas; porque el que obra perfectamente quiere y puede hacer que las almas que creó para que le amasen, le amen con gran perfección; tiene su dulcedumbre por bien si ellas dan disposición de siempre perfeccionarlas. Mas ¡oh amor investigable, oh

Dios nuestro, oh amor de cuantos os aman!, ¿cuándo sabrán vuestras almas llagadas con saetas de vuestro amor que muy vivamente os aman? Cierto está, Señor Dios nuestro, que aqueste conocimiento no consiste en sola prosperidad, ni en dulcedumbre de espíritu, ni en gusto de devoción, mas en la conformidad que tiene aqueste amor creado con este amor que le creó; la cual conocen en sí cualesquier ánimas justas cuando se vean tan alegres y tan solícitas cuando son con aflicciones tentadas por divina dispensación como cuando son consoladas con gusto de devoción. Porque en la verdad, muy dulce Señor Dios nuestro, padecer lo que permitís no da al alma que os ama menos satisfacción que abrazar con suavidad la dulcedumbre que en la devoción le dais. Porque la felicidad de las almas que os aman, ellas saben que consiste en querer lo que queréis.

Y lo que dice el Ricardo, que el no gustaros con dulcedumbre de devoción no es señal que os ama perfectamente ni es enteramente amada, es así en mi entendimiento: que nunca cesa de gustar la suavidad de la unión de vuestra benignidad el alma que tiene puestas las fuerzas de su bienaventuranza en querer lo que queréis y en tomar lo que le dais y siempre se contentar, diciendo con el Enrique de Balma, contemplativo muy diestro: Vive Dios que, si él me quitare justamente cuanto me ha dado con benignidad, yo no me apartaré de él. Este tal conforme estaba con san Pablo que decía: *Ninguna tribulación, ni alguna hambre, ni algún peligro, ni angustia, ni alguna persecución se ofrecerá en esta vida tal, que nos pueda apartar de la caridad de Cristo* (Rom 8,38). Ciertamente, Señor nuestro, aquesto mismo dirá el alma que no os ama por lo que le habéis de dar; la cual ni ama vuestros dones sino porque le son dados de vuestra benignidad. Este tal no os faltará aunque le falten las gracias que antes tenía, porque san Pablo decía de aquesto que en los tales no se enflaquece la caridad o el amor que tienen a nuestro Dios aunque les falten las gracias que habían recibido de él (1 Cor 13,8).

Mas ¡qué será, Señor mío, si los flacos, que no conocen vuestra meliflua y vital conversación, tomaren en vía de dificultad la guarda de tantas cosas y cautela de la vida del que ha de llegarse a vos! Bien sé que en los tales suele decir la acostumbrada tibieza que es mayor seguridad andar al paso común y no curarse de más; los cuales, por sentencia del muy sabio Salomón (Prov 18,1), deben ser en todo tiempo desechados, reprendidos y vituperados, porque buscan sin ocasión ocasiones para se apartar de la amistad verdadera de nuestro amor amantísimo. Mas ¡oh suave dulcedumbre de cuantos se van a vos! Y si hubiésedes por bien de despertar los dormidos y de hacer deshelar a los que están sin calor, untándoles algún tanto lo tierno de las entrañas con el suavísimo ungüento de vuestra visitación, por que pudiesen y quisiesen correr al olor de tal fragancia para se allegar a vos, vida de cuantos quieren tener vuestra vidable amistad; porque los que olieren la suavidad del barrunto o sentimiento de la unción de vuestro amor, ya los tales procurarán el gusto de la quietud; y dirán que así como doncellas os aman, porque han sido introducidas a lo interior de vuestra celda vinaria (Cant 2,4), esto es, al silencio secretísimo de la contemplación pura, donde se embriagan las almas con la inmensidad de amor; por que la tal embriaguez las haga desatinadas, o olvidadas, o eximidas de todo cuanto no las llega a vos, por que puedan con mayor simplicidad y más desnuda pureza cuadrarse en quieta contemplación, donde la perseverancia les mostrará a conocer lo que no saben desear. Y no piensan los que son sin experiencia que los más ejercitados tienen por alguna carga el cuidado o aviso que han menester los seguidores de Cristo, porque aquesto es grande engaño y convida a temor, y no hay causa de temer.

Mas sepan que es gran verdad que el mismo recogimiento, el cual tiene dado al alma el modo de aprovechar, aquel mismo modo de aprovechamiento le quita todo el trabajo que en aquesto podría haber, y sabe bien la experiencia en muchos contemplativos aprovechados que sin traer ellos cuidado particular sobre su recatamiento se hallan apercibidos cada vez que lo han menester; y que no se bulle ni aun un solo impedimento, ni en lo interior ni exterior, el cual no sea sentido, conocido y resistido del alma en el primer movimiento. Y aquello que a los faltos de experiencia se les figura trabajoso y tener dificultad, a los muy ejercitados les es gran consolación. Ni hay cosa en que se satisfagan más que en verse andar recatados, y que el tal recatamiento, ni les impide quietud, ni les gasta del tiempo, ni hay muy pequeño espacio.

Bien sé que habrá quien sepa decir que primero que éste allegue a esta tal disposición y a alcanzar tal libertad habrá pasado costa de tiempo y cuidadoso trabajo. Yo os digo que es gran verdad, porque no hay ni una facultad de ciencia y ejercicio corporal que no tenga dificultosos principios, con los cuales el que aprende ha menester desvelarse y trabajar y traer consigo cuidado, lo cual pueden hacer los muchachos por decorar y tener las reglas de la gramática. Y cierto es gran confusión ver los mancebicos tiernos trabajar varonilmente por aprender sus reglas o casi nada y mirar los hombres amuchachados que hayan miedo de ser iguales a otros que no han sido otra cosa que son ellos, y con pequeño trabajo han venido a lo que pueden venir, si se quieren esforzar; y dejar de fingir seguridad en manifiesto peligro, lo cual hacen los que dicen ser más seguro andarse al paso común que traer vida recatada para ser contemplativos.

No quiero dar a entender tener vida peligrosa en cuanto a su salvación los que no son recogidos, porque les baste la fe, si corresponden las obras, y a cualesquier religiosos les basta su profesión bien guardada para esperar salvación con altos merecimientos. Pero digo fielmente que es muy gran lástima y cosa muy de llorar que en las escuelas de Cristo no se estudie con muy grande vigilancia cómo y por cuáles maneras conoceremos a nuestro Dios y Señor por amorosa y particular noticia, la cual no aprende ninguno sin que el mismo Señor nuestro se la enseñe por mística teología, la cual se aprende en la contemplación para que pueda quedarse y perseverar afijada en las más puras, más interiores y más delicadas partes de nuestras entrañas; por que siempre el corazón tome de allí sentimientos que continuo le despierten a andar vivo en el amor; en el cual, quien más se ceba, más persevera en amar y en dar tiempo a la oración, y el que ama más tiernamente, da señal más manifiesta que conoce más a Dios y le reverencia más, y andará muy más humilde en su divina presencia. Esto es cierto y verdaderamente en lo que consiste la seguridad de las almas humildes y cuidadosas de Dios; las cuales, por diversas vías, se ceban en el amor; y no consiste la seguridad de los hombrazos barbados en decir que es más seguro andarse al paso común; y prosigue la materia, y a todos ampare Dios. Amén.

Capítulo XXXI

La contemplación perfecta trae consigo la piedad y la caridad y amor

Es de entender que cuando el contemplativo se allega a la perfección poco tiene puesto el ojo en su ganancia, o devoción, o provecho, porque todo su estudio es en tener conformidad desnuda simple y entera con la vo-

luntad de Dios; y aquesta conformidad gran merecimiento tiene, y es de muy mucho provecho en sólo el
deseo de padecer cualquiera cosa que venga con delibe-
rada determinación por amor de Jesucristo, cuya vida
inocentísima tiene puesta en su alma por espejo de
todos sus interiores y exteriores movimientos. Es, empero, de notar que nunca el merecimiento de cualquiera
buen deseo se allega a la perfección hasta que sea deseo
vivo. Quiero decir que, si proponéis paciencia o cualquier otra virtud, mucho merecimiento es; pero cuando
se os ofrece grande ocasión de perderla y veis vos que la
tenéis y perseveráis en ella, entonces conocéis bien que
está vivo aquel deseo que el alma concibió.

Yo no digo que vos dejéis de sentir controversia
dentro en vos; porque cuando no se siente, y esto es
por vía natural, poco es el merecimiento, y no es menester aviso virtuoso para la tal resistencia; mas cuando
vuestro prójimo o sus cosas, con razón o sin ella, os
lastima las entrañas y os da torcimientos dentro en
vuestro corazón, y miráis en el espejo que en vuestra
alma tenéis y halláis en él a vuestro dechado Cristo,
que es todo manso y humilde, y os le conformáis por
solo amor de su amor, recibiendo de su mano cuanto
el mundo os ofreciere en lo próspero y adverso, ésta es
ya muy próspera perfección. Y es necesario que para
perfeccionar esta alta perfección, siempre ha de estar
desterrado cualquier propio provecho, como queda ya
notado. Y cierto está que el alma que desea recibir con
alegría y por amor de Cristo Jesús cualquier trabajo o
trabajos tiene muy grande ventaja a quien deseare el
contrario en cualquier prosperidad, porque aquél hallará lo que desea adondequiera que fuere, y éste, que
busca lo próspero, con trabajo lo hallará, y guardarlo
ha con sospecha y durarle ha poco espacio.

Queda entendida de aquí la sentencia del capítulo
pasado que dice: La recatada vida del contemplativo

discreto será muy gran descanso y padecer trabajos por
amor de Jesucristo, cuantos el mundo ofreciere, le serán consolación. Y si a veces, porque somos hombres,
algún descuido se ofrece, o retoque de desconsolación,
o resistencia de sensualidad, la misma conformidad
que anda vestida en el alma la reduce y vuelve en sí.
De manera que nunca se le ofrece algo al contrario que
le pueda por media hora ni aun dos credos contristar,
siendo Dios su ayudador. Y es de notar que el alma
que así tiene el mundo y sus ofrecimientos puestos
debajo de ambos los pies de la razón y afición no hay
de que pueda temer, porque nada le es contrario, todo
está a su voluntad, pues no sabe escoger nada, mas
recibe cuanto viene como de mano de Dios o permitido
por él; teme, empero, en él la pronta humildad las
faltas que hacer puede en el servicio y amor de su
amantísimo bien; este tal se llama temor de hijos, y
lanza siempre de sí y de su ejercicio cualquier temor
de siervos, es a saber, de los que sirven, por que no
sean castigados. Así es que el amor en éstos priva,
desbarata y aniquila el temor de la muerte, y del juicio,
y del purgatorio, y infierno y de cuantas contrariedades
se pueden imaginar. Y es de ver que, naturalmente y
muy conforme a razón, se ha de temer de los justos el
infierno, pero su temor no ha de ser por la penalidad
de los tormentos, ni en los muy contemplativos es por
esto, mas porque los atormentados no tienen conformidad con la voluntad de Dios, antes están pertinaces
en su maldad. De manera que, por esta pertinacia, por
este no conformarse con el querer de mi Dios los que
están en el infierno, por esto le han los justos de temer.

Mas porque el amor que los tales tienen (por la gran
bondad de Dios) en el amor infinito les quita todo el
temor y les da seguridad y verdadera esperanza en la
inmensa caridad, que nunca se han de apartar de querer lo que Dios quiere, no les queda qué temer. Porque

la muerte y la vida, la enfermedad y la salud, las consolaciones prósperas, todo está puesto en la mano de aquel querer infinito que siempre nos vaya bien. De manera que aquesta fidelidad que el alma enamorada tiene con su amantísimo amor y la verdadera fe con su infinita bondad del Señor le es pronta y verdadera ocasión para que todo retoque de cualquier penalidad que apunte por dondequiera, todo lo convierta en dulcedumbre de amor. Y es cierto que si aquesta alma tal tuviese seguridad de nunca ofender en este destierro a su amantísimo Dios, tomaría de buena gana hasta cien años de vida; mas, porque permite nuestro Señor, por juicio de su eterna sabiduría y por disposición de su infinita bondad, que las almas muy cebadas en su amor algunas veces tengan muy mucha razón de pensar si podrá ofenderse Dios con cosas que les ofrecen estos nuestros muladares de estos miserables cuerpos y esta atasajada carne, no pueden, viviendo en esta prolija muerte, dejar de decir con el profeta David: *Desventurado de mí, que se alarga mi destierro, y tengo de conversar con los que ofenden a Dios* (Sal 120,5).

Y así dicen las tales con el apóstol san Pablo: *Deseo tengo de salir de aquesta carne, por estar con Jesucristo, donde haya seguridad de nunca me apartar de él, pero más me conviene perseverar con vosotros por vuestro propio provecho y porque es voluntad de mi Dios* (Flp 1,23). Bien tenía este santísimo apóstol deseo de acabar aquesta vida; pero porque el ardentísimo amor que le infundía el fuego infinito en las entrañas le hacía disponer de su bienaventuranza por conformarle con el querer de su Dios y por poder llegar sus prójimos a la bienaventuranza, que consiste en conocer, y amar y reverenciar a Dios. Y verdaderamente, si es así que la piedad es memoria y reverencia que ofrecen estas criaturas a nuestro Dios y Señor, está muy clarificado que el mayor servicio suyo, por parte de su infinita bondad, es cobrarle algunas almas; y volviendo esta piedad desde mi Dios a mis prójimos, está bueno de entender que así como es el mayor servicio que podéis hacer a Dios, así es la mayor buena obra que podéis a los prójimos hacer procurar de encaminarlos al conocimiento y gusto de aquel infinito amor.

Y es de saber que la piedad en estos términos es uno de los dones del Espíritu Santo que en los siete principales se señala; el cual da en el alma una afición que casi no se le acaba de alzarse siempre a su Dios, deseando llevar consigo cuantos puedan ir allá; y porque habéis entendido que la piedad está fundada en amor o que nace del amor en quien se ha cebado el amor, habéis ahora de entender que esta piedad que ha nacido de este amor, si es verdadera piedad, nunca cesa de estar siempre enamorada. Pues como este amor que la gran bondad de Dios ha acrecentado en esta alma conozca haber procedido de aquel infinito amor, procura siempre estarse y permanescer en su original, que es aquel amor infinito. Porque siempre procura alzarse de todo cuanto no es Dios, por allegarse a solo él, es necesario que entendáis que esta piedad que procede de esta caridad y amor que Dios vivo cría en el alma se anda siempre dentro en él. Irse este amor a su Dios es muy pronta caridad; y procurar que vayan con él cuantas almas Dios creó es verdadera piedad.

Pues como el amor que es más puro y más perfecto se cobre, o se alcance, o se reciba en la más pura contemplación, la cual es escuela donde Cristo muestra por mística teología la sabiduría escondida a las almas que le aman, podremos bien entender que aquella alma es más viva en el amor y más pronta en la piedad que con más solicitud frecuenta más la quieta contemplación. De manera que entendamos que tanto más pronta y más perfectamente y con mayor caridad se va este amor criado al increado amor de donde procede, cuanto más puramente, y más en pronto, y con más perseverancia tiene el mundo y sus deleites muy debajo de los pies, y por sus prosperidades no daría el valor de un alfiler.

Y cerca de aqueste no tener al mundo en nada se ha de notar que se lee del filósofo Diógenes que como por su sabiduría y honestidad le visitase personalmente el emperador, no se levantó a él, por lo cual se volvió, menospreciando, el filósofo. Pues como le fuese dicho que no lo había hecho bien en tener tal desacato a la persona imperial viniéndole a visitar a su tan pobre casilla, respondió Diógenes: «No conviene a mi dignidad hacer yo reverencia al que es siervo de mi siervo; porque es cierto que este mundo es siervo mío, pues estoy sobre él tan enseñoreado, que a él y a todo lo que tiene no lo tengo en una blanca; y el emperador es siervo que siempre sirve a este mundo siervo mío, y, por tanto, yo hice lo que debía en no hacer de él más cuenta, pues que a él ni al mundo, cuyo siervo es, no lo he en nada menester». Éste decía, por solo celo de virtud y sin caridad, que se ha de estimar el mundo y sus deleites en nada; y enseña a los que buscan a Dios por la vía de amor desmedido y entrañas caritativas en qué se ha de reputar este mundo y sus cosillas.

Ahora, pues, el quieto contemplativo, que para carecer del gusto de estas cosas temporales, quiero decir, de cuantas prosperidades momentáneas, miserables y engañosas tiene el mundo para dar, entienda que tanto cuanto le falta de esta determinación, tanto está menos cerca de la perfección de amor. Este tal, cuantas miserias, trabajos y tentaciones y cualesquiera aflicciones que pueda el mundo ofrecerle, no les tiene ni una blanca de temor, porque el amor de su amoroso Señor y la verdadera fe que tiene con su infinita bondad le enseña a querer prontamente recibir con igualdad todo cuanto Dios le diere, así en la prosperidad como en las adversidades. Y es de notar que estos dos términos, es a saber, prosperidad y adversidad, en la vía de perfección están trocados y fuera de su lugar, porque cuando hablando en contemplación se dice prosperidad, hase sólo de entender prosperidad del espíritu y gusto de devoción.

Y cualquier adversidad se tomará en dos maneras: en la una y más principal se llamará adversidad cualesquier prosperidades del mundo, si descuidan o impiden la quietud de la oración; y en la segunda manera se dirán adversidades cualesquiera tentaciones, o menosprecios del mundo, o enfermedades, o cuanto más mandardes, las cuales, en cuanto afligen y algo impiden la quietud, se llaman las adversidades impropiamente en la vía de perfección, mas prosperidades son si se tiene puesto el ojo en el provecho que hacen cada vez que son recibidas como de mano de quien siempre hace bien; sea glorificado Dios y él sea siempre en nuestro amparo.

Porque todo el intento de este tercer libro es juntar el alma a su Dios por vía de amor unitivo, y la más perfecta unión que es posible o puede ser en este duro destierro consiste en la agraciada comunión del sacramento santísimo, por esto y por recreación de las más cebadas almas, se entrepone esta materia en el nombre de Jesús.

Capítulo XXXII

Del amor que nos muestra Dios en el sacramento altísimo, y los más contemplativos le frecuentan mucho más

Como de los misterios altísimos de nuestro Redentor Cristo nos hayan venido cuantos bienes tenemos en la Iglesia militante y cuanta gloria nos espera y esperamos en la Iglesia triunfante, que es la vida venidera; y como

en este amoroso beneficio de la sacra comunión tengamos a nuestro Dios increado y humanado con más
señales del incendio del amor, con el cual tomó nuestra
humanidad, que es posible que se puedan contemplar;
y como en la contemplación pura se nos dé su comunicación meliflua, y en la hostia viva se nos comunique
en toda manera infinitamente amable; y como en la
contemplación aun los más altos contemplativos le
gusten a tiempos y cuando pueden, y en la comunión
realísima aun a los no contemplativos se les da y le
reciben casi cuantas veces quieren, necesario es que
cualquier contemplativo cebado en la divina conversación sea forzado a se esforzar para recibirle cuantas
veces él pudiere, porque el amor que gusta en la contemplación quieta le llama y fuerza a le desear recibir
por la más alta manera que esto se puede alcanzar.

Y como los contemplativos diestros tengan siempre
por muy pesada carga el sufrir las miserias de este
prolijo destierro; y los tales a Cristo Jesús, nuestro
amoroso remedio, llamar con el convite de su inefable
largueza y decir por san Mateo: *Veníos a mí los que
trabajáis y estáis cargados, porque yo os quiero consolar* (Mt
11,28), y esforzaros con mi suave refección. Cuando
estas almas justas sienten dentro en las entrañas este
inefable convite de infinita suavidad, no sabiendo dónde o cómo se ha de ir a él, que dice *Veníos a mí,* pues
como desean llegar por el camino más cierto, cada vez
y cuantas veces sienten en sí la aflicción de la carga
intolerable de esta miserable vida les conviene socorrerse a la recepción altísima de la hostia viva, que es
Dios. Y de aquí es que los más contemplativos son más
frecuentes o más continuos en celebrar; los cuales a las
veces se sienten como agraviados en lo interior de sus
más tiernas entrañas cuando, acabando de celebrar,
miran con los rayos del amor la tardanza que hay hasta
otro día que vuelva a la sacra comunión. Esto les causa

la suave y viva conversación de este sacramento altísimo.

Y como quiera que los tales no se allegan a este altísimo misterio por gusto o por espiritual sabor de aquella actual suavidad que recibiéndole sienten, mas por sólo amor de Dios, y por el bien de la Iglesia, y para gloria de la gran magnificencia del que los llama y convida y trae a sí; no, empero, carecen en muy muchas veces de una viva incitación, con más aumentado amor, y más pronta reverencia, y más profunda humildad, porque este sacramento altísimo excede en todas maneras a toda humana razón y a todo otro sacramento, como sea la mayor señal con que nuestro suavísimo Cristo Jesús nos mostró, y siempre nos muestra, la suavidad de su amor. Siendo así que este sacramento altísimo hace maravillosa impresión en el alma, aun antes que se reciba, cuando ha de ser recibido, como quien quiere mostrarnos no bastar lo que podemos de nuestra parte poner por nuestro aparejo. Por lo cual su bondad sin medida cumple aquello que no alcanza la humana posibilidad, y así su clemencia da en aquel tiempo al ánima (que ha hecho lo que en sí es) una disposición nueva que ella no puede alcanzar; y así infunde en lo más vivo, más puro y más tierno de las entrañas una prontísima y nueva y viva ciudad, según yo he oído decir aquí; en esto sabía bien, por que sea gran gloria a Dios.

Y dado caso que en los más y las más veces no se muestre manifiesto sentimiento de aqueste aumento suavísimo de nuevas y vivas gracias, no, empero, se ha de pensar poder ser ni ser posible faltar de la recibir con cada una agraciada comunión, aun cuando al hilo común; porque las almas recogidas, las cuales tienen continuo aparejo, así emplean toda la vida y el tiempo, que casi no se descuidan y nunca faltan en nada que al momento no le sienten. Aquestas ánimas tales, en alguna manera saben y pueden decir que no tienen más en que se aparejar el día que han de celebrar que cualquier otros días, y saben por experiencia la ordinaria renovación que las almas reciben cada vez que dicen misa y entienden qué es lo que quiere decir la sentencia del Apóstol, que dice: *Los que indignamente reciben el sacramento santísimo, reciben para sí juicio de condenación, porque no disjuzgan,* no distinguen o no apartan o dividen o no hacen distinción *entre el cuerpo del Señor y algún manjar corporal, y se llegan a recibirle sin hacer más provisión* (1 Cor 11,29).

Donde es de notar que esta distinción no solamente pertenece al entendimiento, al cual conviene entender la verdad de este misterio considerando la fuerza de la caridad y amor, con la cual nuestro suavísimo Cristo Jesús nos da a sí mismo con toda su inmensidad, y que el fin de este su amoroso don es querer mudarnos en sí y dársenos por prenda y por arras de la gloria, para la cual nos creó. Mas aun es necesario que este disjudicar o diferenciar que nos conviene hacer entre este divino recibimiento y alguna otra cosa corporal ha de ser entendiendo que así como para comer y beber nos dispone o apareja el apetito o hambre natural, con fin o con intento de conservarnos en esta temporal vida, así, al recibimiento del sacramento santísimo, nos ha de incitar el tener hambre de Dios y de su conocimiento, para reverenciar y hacerse su voluntad, por fin de nos disponer a podernos conservar para ir a la vida eterna con la mayor perfección de la más pura conciencia, cobrada y multiplicada con la multiplicación de la conversación divina del altísimo Sacramento del Altar.

Y hase de notar que obrándolo su inmensa bondad, tantas cuantas más veces dignamente es recibido, tanto hace más dispuesto a volverle a recibir el que así lo recibió. Porque la divina dignación, por la clemencia de aquel sacramento altísimo, dispone y enseña a los tales recibidores para que sepan entrañable y vivamente hacer la tal distinción, así en el mental aparejo como en la conversación de su persona exterior. Ítem, este distinguir o disjudicar que el Apóstol nos dice conviene que sea notado en el uso o costumbre que tenemos; porque así como para nos llegar a la mesa corporal nos despierta la misma naturaleza, así habemos de entender que a la mesa del altar no habemos de ser llevados por la costumbre cotidiana que tienen los que celebran cada o casi cada día; mas que seamos los no sacerdotes movidos a la sacra comunión las veces que comulgamos y los sacerdotes (sin notable impedimento) a celebrar cada día por sólo el querer y voluntad de nuestro Cristo Jesús, el cual por su bondad sola nos manda hacer aquesto en memoria singular suya. Y para que entendiésemos que esta memoria particular nos ha de ser vivo aparejo cada vez y cuantas veces a su mesa nos llegamos, dícenos expresamente y en palabras muy patentes: *Cuantas veces hicierdes esto,* conviene a saber, celebrardes o comulgardes, *hacedlo en memoria mía* (1 Cor 11,24). Esto es, teniendo entrañable recordación de la viva caridad con que me doy a vosotros, con la señal de más familiar amor que fue posible poderos mostrar.

Mas los hombres brutales reciben el sacramento suavísimo sin limpieza de conciencia, y los tales entenderán en el tiempo venidero la sentencia de san Pablo, es a saber: *Juicio toman para sí los que indignamente* celebran o *comulgan, no distinguiendo* o disjudicando el *cuerpo de nuestro Dios y Señor de otra cosa corporal* que quisiesen recibir (1 Cor 11,28-32); de lo cual nos guarde Dios por su infinita bondad. Amén.

Capítulo XXXIII

Que se ha de probar cada uno en amor y en humildad y en la memoria de Cristo para llegarse a la sacra comunión

En el capítulo 11 de la primera Epístola a los de Corinto amonesta el Apóstol que para se allegar al sacramento santísimo pruebe cada uno a sí mismo. Mas, Dios mío, ¿qué es lo que puedo probar yo en mí, más que lo que está probado en mi tibieza continua y flojas inclinaciones y en mi descuidada vida? ¿Qué hay en que sea probado un hombre cual vos, Dios mío, conocéis, tal que por vuestra piedad no me tenéis reprobado? Pruébese este hombre para comer de este pan angelical; pruébese bien si conoce quién es, por que en su conocimiento tenga muy pronta humildad, con la cual, y no sin ella, reciba aquel pan sagrado. Y porque aquesta tal probación no se puede perfectamente alcanzar sino a fuerza de recogimiento de quieta contemplación, tanto cuanto algún contemplativo conociere más quietud y encerramiento en sí mismo por menos conversación (salva siempre la obediencia y caridad), tanto más muestra señales de su amorosa humildad. Cerca de lo cual, el delicado contemplativo Ricardo, en el IV *De arca mystica,* en el capítulo 15, dice: «Porque el singular amor es amigo de buscar la soledad, es necesario que el que en amor está cebado quite de sí todas aficiones y deseche todas las cogitaciones y se esconda de las comunicaciones, por que más libre y alegre y más bienaventuradamente pueda allegarse y se abrazar a su verdadero amor. Éste es el pronto y verdadero y vivo aparejo que el alma que es más pronta en caridad y en amor ha de hacer todo el tiempo de la vida para poder recibir el sacramento santísimo, preparado de su parte lo que puede ser en sí allende de la confesión, siendo ayudado de Dios».

Esto es en lo que hemos de probar las entrañas, y el alma y la conciencia. Y cuantos nos halláremos en esto, es a saber, en tener el corazón limpio, y fe viva, y esperanza no dudosa, y caridad con los prójimos, y deseos vivos de Dios; y que si sois religioso procuréis oración quieta; y que cualesquier estados guarden bien su profesión, el casado en las leyes de casado, y el fraile, en su encerramiento; digo, en andar dentro en sí. En esto es en lo que hemos de entender lo que san Pablo nos amonesta en esta su autoridad, que probemos a nos mismos. Es a saber: que haya examinación dentro de nuestras conciencias; porque cuanto nos halláremos más prontos, y más limpios, y más vivos, tanto con mayor confianza y con más felicidad nos lleguemos al sacramento santísimo.

Ahora, pues, a este aparejo prontísimo y probación de nos mismos no podemos perfectamente venir si, como ya está apuntado, no procuráis conocer vuestra flaca estimación y seguir la imitación y meditación de Cristo, por que por allí os entréis al claro conocimiento del inaccesible Dios. Y la verdadera y perfecta humildad no se alcanza sin verdadera y perfecta contemplación; porque es así que en vuestra consideración procuráis de conoceros y os comenzáis a humillar; y en la meditación de los misterios de Cristo y en su extremo menosprecio va creciendo la humildad y haciéndose pronta en vos; mas en la contemplación quieta de la inaccesible divinidad, tanto cuanto más vais perseverando, tanto más se os va esclareciendo el ánima y tanto más va creciendo en conocimiento vivo; el cual vivo conocimiento de la inmensidad increada hace que reputéis a vos mismo hasta venir en su presencia a ser nada. Y tanto más prontamente y con más felicidad vendréis a esta humildad perfecta cuanto por el principio de vuestra propia estimación vinisteis al medio, que es la meditación e imitación de nuestro Redentor,

Cristo, y cuando por este medio más prontamente y con más perseverancia habéis llegado a este fin. En esto se ha de probar el hombre que es codicioso de Dios, y de servirle, y quererle, y recibirle por fuerza de solo amor y sin interés de alguna consolación. Y con esta aprobación llegue cualquiera persona a recibir este pan angelical por consejo del Apóstol; y a todos ampare Dios. Amén.

CAPÍTULO XXXIV
De una autoridad de la Escritura sagrada que fue figura de nuestra preparación

En el capítulo 29 del Paralipómenon (1 Crón 29,1), se escribe que el glorioso rey David, disponiendo sus entrañas a cierta obra del servicio de su Dios y Señor nuestro, pronunció aquestas palabras: *Cierto es admirable esta obra, porque a solo Dios se apareja la morada, y no al hombre.* Bien corresponde aquí esta obra y su aparejo a nuestra disposición; quiero decir, a la preparación de estos nuestros corazones para recibir la sagrada comunión, por tal que cualquier ánima justa, prontamente aparejada, es hecha templo de Dios; el cual templo fue figurado en la casa del Señor que aparejaba David o el templo de nuestro Dios que hizo el rey Salomón. Ahora, pues, decir el santo David con prontísima humildad que en esta obra se apareja la morada para Dios y no para el hombre, no fue otra cosa salvo despertar en los hombres la humildad que se requiera para aparejar el templo vivo de Dios (que son estas nuestras almas) a la sacra comunión y traerles a la memoria cómo el huésped que se ha de aposentar en este templo es Dios. Mas, por que de parte nuestra hagamos cuanto podemos, síguese en la autoridad: *Mas yo con todas mis fuerzas aparejaré las costas de cuanto sea menester para la obra de esta casa de mi Dios y Señor* (1 Crón 29,3). Las costas

dice David que con cuantas fuerzas tiene ha de poner
de su parte, por que entendamos que han de ser cosas
costosas a la inclinación sensual las que el hombre de
su parte ha de poner, esto es, de todo el tiempo de su
vida ha de proveer para esta preparación, desechando
concupiscencias sensuales y todas inclinaciones contrarias a la razón y todas contrariedades.

Y es de notar que, incitado David de la viva caridad
que abrasaba sus entrañas, se dice en la autoridad que
a todo el pueblo decía con un vivo fervor: *Si alguno
quiere de su propia voluntad ofrecer algo al Señor, hinche hoy
su mano y ofrezca cuanto quisiere* (1 Crón 29,5). Así como
si dijera distinta y más claramente: Quien incitado por
sólo el amor de Dios, sin mirar propio interese, se
quisiere ofrecer en sacrificio pacífico a nuestro altísimo
Dios en la sacra comunión, hinche hoy sus manos (que
quiere decir sus obras) y ofrezca cuanto quisiere, sabiendo que el puro y desnudo amor de Dios es el fin
de toda preparación para celebrar o comulgar. Y dice
la autoridad *hoy,* por que entendamos que este día de
la sacra comunión, esto es, las veces que celebráis o
comulgamos, es el tiempo que excede a todos los tiempos para presentar a nuestro Señor cuanto ha menester
su pueblo y es tiempo más propio y de más amor para
poderlo alcanzar. Y también para mostrarnos que habemos con caritativas entrañas de desear y procurar
que todos busquen a Dios, por esto convida el santo
rey y profeta que vengan todos a ofrecer cuanto pudieren y traigan las manos llenas o que vengan con las
obras muy llenas de caridad.

Síguese la autoridad: *Los príncipes de las familias,* etc.
Y dieron para la obra de la casa del Señor tantos mil
talentos de oro y de plata tantos mil. Y dice que
aquesta oferta hicieron los hombres más poderosos y
principales del pueblo por que entendamos que las
potencias del ánima y su concupiscencia y la razón

natural se sacrifican a Dios con oro de fortaleza y de viva y espléndida caridad, y con plata de vivo ejemplo y resplandecientes obras y provechosas palabras, y de clara castidad, y del limpio corazón. Dice también el texto que *de latón y de hierro* ofrecieron gran cantidad, para nos significar en el *latón* el sonido de la vana presunción de nuestra poca humildad, y en el *hierro,* la frialdad y la dureza de este humano corazón. En decir que estos metales en muy gran cantidad se ofrecieron, nos muestra con cuán pronto menosprecio se ha de desechar de los que en lo pronto se aparejan la dureza y vanidad y la estima de toda honra del mundo, la cual en aquestos tiempos está puesta en los talentos de los dichos metales que se dice en aquesta autoridad que los hombres poderosos ofrecieron; porque, en la verdad, no hay otros más poderosos que aquellos que menosprecian cuanto no los llega a Dios por llegarse prontos a él.

Y dice la autoridad: *Alegróse todo el pueblo con el voto voluntario que prometieron a Dios, en el cual ofrecieron todo aquello que pudieron* (1 Crón 29,9). Esto nos quiere mostrar que más pura y más pronta conciencia, la cual se halla libre de todo interese, ofrecida y ocupada en el servicio y en el amor de su Dios, está muy más descansada, y con mayor alegría, y con más consolación. Síguese en la autoridad: *El rey David alegróse en gran manera en ver que todo su pueblo con sola una voluntad hizo tal oferta a Dios.* Para mostrarnos en esto que el corazón encendido en caridad, el cual en el amor es David, es rey en el señorío que tiene muy libertado sobre cuanto Dios crió. Aqueste corazón tal tiene perfecta alegría, cuanto todo lo interior y exterior de estos racionales hombres, todo se emplea en todo tiempo y lugar en el querer de nuestro Dios y Señor; él sea siempre en nuestro amparo.

CAPÍTULO XXXV

De los bienes inefables que en el sacramento altísimo tenemos en nuestro Dios y de la gracia del alma que le recibe fielmente

Cerca de aquesta materia altísima debemos aquí notar un razonamiento del *Horologio de la Sabiduría eterna* [1] con el ánima que recibe el sacramento santísimo, y es muy mucho de notar. Dice el alma: —Señor, ¿qué es lo que das con tu inefable presencia a las ánimas que devotamente te reciben en el Sacramento del Altar?

Sapiencia.—Yo te ruego que me digas de dónde procede esta tu pregunta. Por ventura, ¿eres amador verdadero o mercenario? ¿Piensas, quizá, ser convenible esta pregunta tuya? El que ama con corazón amoroso, teniendo lo que ama, muy poco cura de las otras cosas. Porque si verdaderamente desea llegarse a su amado, teniéndole, cualquier otro bien, por mucho que pueda ser provechoso, pasa con disimulación. Dime: ¿Buscas a tu amado porque le tienes amor o por que te pague aquello que le amas? ¿Qué cosa mejor ni más provechosa te puede dar que a sí mismo? El que tiene esto, dime: ¿Qué le falta o qué debe desear? El que se dio todo a sí mismo a su amigo, ¿qué hay que le pueda negar? Mira cómo en este sacramento me di a ti y te convierto en mí, dice la eterna Sabiduría. Pero como no eres perfecto en el amor, no te contentas con el amado, y por eso deseas otra merced o galardón en dulcedumbre de espíritu o en consolación sensible. Mas dime: ¿Qué es lo que da el rayo del sol al aire cuando con toda su virtud y sin impedimento de alguna nube lo penetra y resplandece a la hora del medio día? ¿O qué es lo que las resplandecientes estrellas o

---

[1] Son estos capítulos la prueba más clara de la presencia del beato E. Suso en España. En la Biblioteca N. Madrid se conserva un ejemplar del *Horologium Sapientiae,* año 1487.

el muy claro lucero dan a la noche obscura, que tal es la hermosura que da la serenidad del verano a la tierra, encogida y apretada con el hielo del invierno?

Alma.—No hay duda sino que cada una de estas cosas traerá consigo muy mucho fruto y gran hermosura.

Sapiencia.—Grandes cosas se parecen ser éstas, pero verdaderamente los dones espirituales que en este santo sacramento son dados son, sin comparación alguna, muy mayores, porque la menor gracia que merece recibir el que devotamente recibe el sacramento santísimo clarifica mucho más el espíritu en el siglo advenidero que lo que puede alumbrar al aire puro el rayo del sol.

Estas cosas no pueden ser entendidas sino en las solas entrañas de los que el sacramento reciben con aparejo debido según que les es posible, y solas aquellas veces que la dignación divina aquesto tiene por bien. Y cierto, aquesta tal gracia será en este destierro principio de mayor alumbramiento y en el siglo advenidero, que si todas las constelaciones clarísimas celestiales fuesen puestas en vecindad de la tierra y con toda su virtud y claridad la alumbrasen. Ítem, guardada fielmente, muy mayor claridad y espiritual hermosura dará al ánima en el siglo advenidero que la lluvia o el rocío puede dar de hermosura en algún tiempo a la tierra, con la cual engrendre todas las cosas que la suele hermosear. Y si queréis más ciertamente entender aquestas cosas, contemplad las condiciones del sacramento santísimo, porque sin duda el rayo de la divinidad escondido en el santo sacramento, pero claro y manifiesto en la patria celestial, más excelente es para clarificar la ánima que lo es este sol visible para alumbrar la esfera de todo el aire. ¡Oh, cuánta será la gloria y inefable caridad cuando el ánima, toda puesta sobre sí, fuere transformada y unida por fuerza de puro amor con su inaccesible Dios, donde el mismo amor reconoce la divinidad en el sacramento altísimo y se infunde toda en el amor infinito como una gota en el mar!

Ítem, el cuerpo glorificado recibido en el sacramento altísimo da al ánima que pronta y justamente comulga más y mayor hermosura que el curso de las estrellas y variedad de los tiempos pueden causar en la tierra. Ítem, la ánima sacratísima, verdaderamente unida al Verbo divino en el santo sacramento contenida, es de mayor hermosura, y de más alumbramiento, y de más felicidad para el siglo advenidero a cualquier ánima justa de lo que puede pensar que den todas las estrellas y luceros matutinos a esta patria de aqueste nuestro destierro. Y todas estas cosas serán dadas en el siglo advenidero a cualquier ánima fiel por cada vez que reciba el divino sacramento. Y tanto y en tal manera se acrecientan estos bienes, allende de otras virtudes y gracias sin cuento, que nunca ha de ser posible que se puedan numerar con algún entendimiento criado.

Alma.—¡Oh mi Dios!, pues que con tan innumerables maravillas y tan espirituales efectos tuviste por bien de adornar el sacramento santísimo, no solamente en el siglo advenidero, mas aun en el presente, ruego a vuestra infinita bondad que me diga por qué nos son aquestos divinos bienes tan escondidos que no se pueden comprehender ni alcanzar. Bien sé yo, inefable Señor nuestro, que las ánimas que os aman y os reciben con fervor y con debido aparejo os abrazan y gozan de vuestra presencia en sola fuerza de amor, en el cual manifestáis lo que se me esconde a mí; mas ¿por qué, Dios nuestro, no son todos estos bienes a los hombres manifiestos?

Sapiencia.—¿Por ventura tienes olvidado que andas en fe y no en experiencia? ¿No sabes tú que lo que el sentido enseña y la experiencia lo aprueba no es posible que le quede en la fe merecimiento?

Ciertamente sería necesario que la fe desfalleciese donde la experiencia pudiese tener lugar. Y asimismo, el merecimiento de la fe parecería si esto que tú dices se sintiese. Y, por tanto, si a la experiencia deseas el conocimiento de estos misterios altísimos, necesario te es quitar de en medio la fe y el merecimiento de ello, y entonces quedarás tal, que no debas ser contado entre los recibidores del sacramento santísimo. ¿Veis cómo ha proveído aquesto la Sabiduría infinita por muy mayores provechos? Pues cuando no sentís estos divinos efectos y falta el entendimiento, sepa cualquier escogido que basta sólo la fe para todo lo poseer; y sea siempre en nuestro amparo Cristo Jesús.

Capítulo XXXVI

Con la vista de la fe ve el alma en la hostia viva a mi Dios, y sola su gracia es pronta preparación

Alma.—¿Qué será si alguno de los escogidos siente algunos pensamientos no lícitos o no limpios y contra su voluntad, empero no los consiente?

Sapiencia.—Ciertamente, el tal será coronado si legítimamente peleare. Ruégote que abras el libro de tu corazón y mires cómo es dado a conocer por sólo suavísimo sentimiento el misterio altísimo de este santo sacramento en el corazón de algunos escogidos, en los cuales, por gracia y espiritual privilegio, es concedido que en alguna manera sienta el ánima en aquella santísima recepción tan claro conocimiento, aunque escondido en sí misma, que ninguna ciencia humana ni algún sentido pueda comprender certidumbre de cualquiera cosa criada con tan gran satisfacción y claridad tan entera cuanto se da a conocer en esta ánima agraciada la inefable autoridad de la gracia recibida en la sacra comunión. Estas cosas se deben siempre entender no según curso común, porque este conocimiento experimental y en el ánima escondido excede a toda razón y al humano entendimiento, porque ésta es ciencia sabrosa y es mística teología, que muestra el Espíritu Santo muy dentro de las entrañas del más limpio corazón, y aun en aquéstos es a veces y no siempre, proveyéndolo así Dios por su infinita bondad, por que las ánimas engrandecidas en aquesta dignidad se humillen dentro en sí mismas cuando carecieren de ella, y esta humildad las haga ser más dispuestas para otra vez recibir aquello que les faltó. Pues que así es, entended que este santo sacramento y sus efectos altísimos es y son no inteligibles de algún seso ni razón humana; porque, ciertamente, la divina presencia que en el sacramento está se ve solamente con los ojos de la fe, y el ánima la conoce cuando quita aquella divina luz las tinieblas del humano entendimiento por la divina clemencia.

Alma.—¡Oh, cuán pocos son en este mundo que con pronta solicitud procuren la preciosa utilidad que alcanza el ánima justa en la sacra comunión, mayormente los sacerdotes, cuyo oficio es estarse siempre allegados a su Dios! Mas ¡ay, dulcedumbre de las entrañas cebadas en vuestro amor!, si habrá algunos que vayan a celebrar por sola una costumbre común, sin más pronta y viva preparación, ni piensan qué es lo que se gana y pierde entre la conciencia pura que os recibe y el ánima que recibiéndoos no es limpia cerca del dicho de san Pablo, es a saber: *Juicio recibe para el perdurable infierno quien comulga indignamente* (1 Cor 11,29). ¿Quién hay en aqueste mundo con tan limpia conciencia que sea ministro o recibidor idóneo o convenible por igualdad de limpieza para poder justamente recibir este sacramento altísimo? ¡Oh Dios nuestro! ¿Y quién presumirá de sí y de su preparación, cuando san Pedro, príncipe de los apóstoles, dijo a mi Cristo Jesús: *Señor, apártate de mí, pues soy hombre pecador?* (Lc 5,8).

Sapiencia.—Entre los nacidos de las mujeres no hubo alguno que por sola su virtud pueda suficientemente disponerse a tan alta dignidad, porque, puesto que pudiese ser que un hombre tuviese la pureza de los ángeles, y la limpieza de los que están ya en la gloria, y los merecimientos de los que ahora viven bien en la alteza de toda la perfección, aun todo no bastaría para que recibiesen por aquestas obras suyas la sagrada comunión.

Alma.—¡Oh eterno e inefable Señor nuestro, y cuán terrible cosa es para mí y mis semejantes oír este razonamiento! ¡Oh amor de cuantos os quieren, y cómo se disforma un hombre tal como yo, si los hombres de perfectas obras no os merecen recibir! Y si los cielos en vuestra presencia eterna no tienen convenible equivalencia, ¿qué podrá ser de los tibios miserables, que aún estamos entre tantas impurezas y en tanta indisposición?

Sapiencia.—Una cosa de muy gran sublimidad tenéis aquí cuantos pecadores sois; la cual así os debe consolar que os quite toda duda y aflicción y os convide a mil veces os llegar a la sacra comunión, conviene a saber, que este sacramento altísimo es de infinita piedad establecido en remedio de cuantos viven, y sin él no podrían tener remedio; y, por tanto, cuando quiera que el hombre en se disponer hiciere lo que es en sí para recibir la gracia, con la cual es el ánima agraciada, basta a cualquier que quiera llegarse a Dios; el cual no demanda al hombre lo que le es imposible, mas la divina piedad suple aquello que sin ella no tiene posibilidad; y, por tanto, igualadas las conciencias de dos hombres, esto es, que ambos están en gracia y se disponen según su posibilidad, mucho más acertará el uno de ellos en celebrar o comulgar muchas veces esforzándose en la divina bondad y confiando de su gracia que el otro hombre que se retrae, o se aparta, o celebra pocas veces, o se llega muy de raro a comulgar por la consideración de la natural flaqueza y flaca preparación; todo, empero, es a veces de alabar por la piadosa intención. Mas yo os vuelvo a amonestar que a cuantos estáis enfermos, si tenéis buen regimiento, os vais mil veces al médico, y los hombres que sois pobres, que os lleguéis con humildad a la puerta del que es piadoso y rico, sabiendo que con su presencia se sanan vuestras heridas y se quita la tristeza y deshiela la tibieza del enfermo corazón. Y quien espera a mañana para mejor aparejo y deja de llegarse hoy teniendo buena conciencia, este tal el día siguiente tendrá por la mayor parte acrecentada flaqueza.

Pues luego, ¿quién será tan sin consejo que ose impedir al enfermo espiritual de llegar a este Dios nuestro, que es piélago de remedios y es un abismo de amor? Y para corroborar esta razón, mirad aquella mujer no limpia que llegó y con tocarle fue sana; y véase la Magdalena, que, puesta a los pies de este suavísimo médico, fue puramente limpiada; y también la cananea, siguiéndole, fue ayudada; y asimismo diez leprosos, con llegarse a él, fueron sanos. Y cuantas monstruosidades hubo en la naturaleza tuvieron remedio en él. Y dice el sagrado evangelio que salía tal virtud de él, que sanaba a todos. Porque el que vino a llamar los pecadores y quiere hacerlos justos, no menospreció los convites del Zaqueo, ni del leproso Simeón, ni de muchos como aquéstos. Y así como su admirable encarnación fue salvación de los pecadores que quieren de él gozar bien, así esta hostia salutífera es dada a todos los fieles por remedio de cualquier enfermedad que quieran que sea curada; porque, ciertamente, la Sabiduría de Dios en la institución de este santo sacramento os ha dicho: *Este es mi cuerpo, el cual será traído por vosotros a la muerte* (Mt 26,26; Mc 14,22; Lc 22,19), etcétera. Por lo cual, si el hombre hiciere lo que es en sí para su preparación, llegue seguro y no dude en cosa alguna, y tenga fe y caridad; la cual a todos dé Dios; y él sea siempre en nuestro amparo. Amén.

Capítulo XXXVII

Que la frecuencia agraciada es grande preparación y qué cosa es la devoción gustable que las almas reciben

Alma.—¡Oh dulcedumbre amigable de cuantos se van a vos, y quién bastara a dar gracias por tan grande dignidad que un pecador como yo, sabedor de mis maldades, ose llegarme y recibir en mi pecho al Señor de la eterna Majestad y halle en él tan grande benignidad, que con infinito amor ponga en mí otro amor criado con el cual me mude en sí!

Sapiencia.—Así es que este santo y inefable sacramento que por amor infinito con los hombres se quedó, todo es para su remedio. Y porque es la divina voluntad que todos sean remediados tantas cuantas más veces le recibe el siervo fiel, conoce que con su recibimiento crece en él la devoción y la pronta reverencia tantas cuantas se dispone más para más agradar a la gran bondad de Dios, que quiere ser recibido por el humano provecho.

Alma.—¡Señor mío!, cuando siento sequedad por falta de devoción o tales disposiciones que no es en mano del hombre todas veces remediarlas, ¿será mejor que me abstenga o me allegue a celebrar?

Sapiencia.—Cuando quiera que el que desea recibir el sacramento inefable halla que no fue ocasión sensible de las tales sequedades y hace lo que es en sí para disponerse para este misterio altísimo y, por permisión divina, siente aquesa sequedad, con la cual por mil maneras acostumbra probar sus escogidos el inaccesible Dios, para que se funden en más profunda humildad y entiendan la soledad que tienen cuando están

sin devoción y se socorran a Dios y teman si alzare de
ellos la mano; y cuando la devoción les volviere la
guarden con más viva caridad y más profunda humildad y crezcan en más fervor, por aquesto, en la sacra
comunión y en la contemplación cierta y perfecta,
muchas veces permite la bondad divina que falte la
devoción, con la cual, si no falta el cuidadoso fervor,
siempre se acrecienta ganancia. Ahora, pues, sea respuesta de lo que habéis preguntado que aquesa tal
sequedad o falta devoción no debe ser causa por la cual
ninguna conciencia limpia se aparte de celebrar, abrazado con la fe, que es la fuerza verdadera que con viva
caridad hace cierta la esperanza de las mercedes que
en el santo sacramento el ánima conservada en gran
limpieza recibe de la infinita bondad. Una cosa muy
notable deben notar todos cuantos se allegan a celebrar
y cuantos contemplativos son en la Iglesia de Dios; y
es que este sabor espiritual o gusto de devoción que
sienten y en sí conocen las ánimas cuando se allegan
al sacramento santísimo, o se dan a la oración, o hacen
cualquier bienes no es efecto debido a la fe ni cosa de
aqueste presente tiempo; mas es una manera de arras
que enseña Dios misericordiosamente en esta vida a
las ánimas, por que se esfuercen con más y más afición
a la bienaventuranza, en la cual tiene toda perfección
aquel gusto que, como una picadita de un gavilán
delicado, pone cebo al corazón.

Ahora, pues, habéis aquí de notar que, si el ánima
está bien criada en la fe, bien se podrá mantener sin
comer de estas frutas delicadas que la divina piedad da
por cebo regalando a las ánimas. Y es de notar que a
las más tiernas acostumbra a dar más cebo, para que
entiendan las ánimas varoniles que cuando aquesto les
falta, pueden sin ello pasar con su muy mayor provecho, si están, cuales quiere Dios, en pureza de conciencia y viva conformidad. De manera que cuando os

halláis con devoción, deis grandes gracias a Dios y tengáis contentamiento; y cuando os halléis sin ella, ofrezcáis las mismas gracias y con el mismo contento; y que con ella y sin ella no dejéis de celebrar si tenéis pura conciencia, haciendo aquello que es en vos; porque os conviene saber que aquel infinito bien es tan fructuoso, que cuanto más es recebido, tanto aquel que dignamente le recibe crece en mayor dignidad de tornarlo a recibir; recíbanos su bondad y él sea en nuestro amparo.

CAPÍTULO XXXVIII

De la amorosa diferencia de los que comulgan
real y verdaderamente o solamente en
manera espiritual

Alma.—Deseo saber si recibe mayor gracia el que comulga realmente recibiendo en su pecho la hostia viva que el que la recibe espiritualmente, con sola viva afición; porque muchos hay que tienen vivos deseos de comulgar muchas veces, y falta disposición; y [de] estos tales está escrito que comulgan, pues creen.

Sapiencia.—Los altísimos efectos del sacramento santísimo, muy más propia, y más pronta, y más viva, más verdaderamente los recibe el que comulga realmente, porque aquéste tiene lo que tiene el otro en la caridad, y en la esperanza y la fe; y sobre aquesta igualdad recibe realmente aquel inefable don, y al dador recibe en él. Mas el otro, que no le falta afición y es igual en la bondad y no puede alcanzar lo que su ánima desea, cuanto a la fe, y a la esperanza, y a la viva caridad con que está dispuesta su ánima, tiene gran merecimiento en cada una comunión espiritual que desea y no alcanza, porque la bondad divina mira la afición y fervor, y si no podemos más, suple él cuanto nos falta.

Alma.—¡Oh Dios nuestro! Y ¿qué gracias podrá dignamente dar un tan pobre como yo a tan inefable magnificencia? O ¿qué manera podrá este pobre tener para disponerse algún tanto dignamente a la recepción del inefable sacramento, correspondiendo a vuestro infinito amor? Ciertamente, Señor nuestro, lo que yo puedo hacer es decir con el sabio Salomón: Verdaderamente grande es el Señor, Dios nuestro sobre todos los dioses; y ¿quién podrá prevalecer a aparejarle digno aposento, si los cielos de los cielos no os pueden caber? ¿Qué soy yo (dijo aquel tan sabio rey) para que pueda edificar casa a tan inmenso Señor? Mas ¿qué es lo que luego se sigue en la autoridad? Solamente para esto es mi intento edificarle esta casa: *para que puedan ofrecerle en ella incienso* (2 Crón 2,4-5). Así, Dios mío, digo yo: por que esta pobrecita alma pueda ofecer a vuestra inmensa bondad incienso de buen olor, es a saber, sacrificio de alabanza, para esto, y por gloria vuestra y porque vos lo queréis, haré yo cuanto pudiere (siempre con ayuda vuestra) en preparar esta pobrecita casa para la alta recepción del sacramento inefable de infinita caridad; en memoria y reverencia de vuestra sacratísima pasión, como vos, nuestro Dios, suavemente amonestáis. Siendo así que este sacramento altísimo sea un memorial abreviado de todas las maravillas que con estas nuestras ánimas habéis dende siempre obrado, dándoles mantenimiento que las pueda conservar para que perpetuamente tengan vida eterna en vos, como vos, muy amoroso Dios nuestro, vivís en el Padre Eterno, que os envió, y él es vida eterna en sí mismo; y quien fielmente os recibe, tiene vida eterna en vos, como por san Juan nos lo decís; y sed siempre en nuestro amparo, por vuestra bondad (Jn 6,58).

Capítulo XXXIX

Pone una oración preparativa a la sacra comunión, harto más copiosa en sentencia que en palabras

¡Oh inefable sacramento, fuente de entera bondad, bien que sois a solas vuestro y bien de cuantos os quieren, remedio de mi orfandad, sustentador de los cielos, gobernador de la mar, mantenedor de la tierra, brasero de vivo amor, Verbo eterno y substantivo, que, siendo oración perfecta, no sois parte de oración! ¡Oh pan vivo angelical, mantenedor de los fieles, que perecerían sin vos! ¡Oh Sabiduría de Dios, que sin caber en los cielos os cubrís y os encubrís con un tan pequeño velo, que sola la viva fe os pueda determinar determinándose en vos! ¡Oh potencia, que podéis dar poder a todos los que algo pueden y os podéis disimular para que puedan poderse venir a vos todos los que consideran la desmedida bondad con que a nadie desecháis, mas a todos los queréis! ¡Oh vivo bien infinito!, vuestro esclavo fugitivo se desea volver a esa divina presencia; plégaos de le recibir, porque si le desecháis, tan ciero está el perecer como el no poder valerse sin vuestra conversación, tan llena de suavidad. ¡Oh benignísimo amor, oh pan vivo angelical, oh Sabiduría de Dios!, vuestro pobrecillo siervo, que es tan indigno de vos cuanto vos le conocéis y le podéis remediar, querría poder deshelarse; por tanto, viene el calor del seráfico brasero; plégaos de comunicarle alguna viva centella, la que es posible que alcance tan pequeñita criatura, que le encienda las entrañas y le abrase el corazón, por que pueda conocer lo que es posible que el hombre pueda alcanzar para emplearse en vuestro amor sin otra cosa (de las que criasteis) querer sino sólo por vos, pues todo lo que no es vos le pone en necesidad. Vuestra clemencia me admita sin acordarse quién soy y me dé el conocimiento que

a los suyos suele dar, para que yo me conozca y
desprecie lo que es mío y que los hombres conozcan
que lo bueno es todo vuestro, y den la honra a solo
vos, menospreciándome a mí, siempre sin ofensa vuestra; que esto es lo que vuestro siervo querría poder
alcanzar, y por esto viene a vos, porque vos queréis
que venga a comer en vuestra mesa y de vuestro vivo
pan, que es vuestro todo y mi parte; y ni la puedo
soltar ni vos consintáis que pueda, por que el siervo
no perezca. Esto os demando por vos y por el benigno
nombre de mi suavísimo Cristo, Jesús clementísimo;
y para esto invoco en vuestra presencia a la Reina
universal, que sola es Madre siempre virgen y purísi-
ma, y a la Iglesia militante, y a la corte celestial; por
que entre tantos favores se pierda el temor servil y
cobre el amor filial que suelen cierto tener los que
conversan secretamente (digo dentro en sí) con vos.
Y sea con nos vuestro amparo, por la bondad infinita
que os hizo quedar con nos, vivo Dios en la hostia
viva, que es nuestro sustentamiento, nuestro bien; y
es amor nuestro, nuestro amparo y nuestro Dios.

Capítulo XL

Muestra cómo viene el alma a entrarse dentro de sí y a subir sobre sí misma, y al fin toca en los arrobamientos

Cuando el alma procura tomar su pasto en la lectura de los prados fertilísimos de la sagrada Escritura
o en algún renglón o paso de la inmensa perfección
que del inmenso Dios nuestro se han escrito aquí o
en otras lecciones tales o en otras tan sin número que
no se pueden decir, y, después de se haber apacenta-
do, vuelve con gran quietud rumiando (como animal
muy limpio) a digerir y gustar lo que ha tomado del
pasto, para de ello se nutrir, engrosarse y se ensebar,

hinchiéndose de medula los huesos de las entrañas de la alma apacentada con el tasado discurso del discreto y ordenado entendimiento; cuando así rumiando y meditando camina, se va por pasos contados acercándose a sí misma para entrarse dentro en sí. Y cuando en su tasado discurso desfallece en entender, y se cae de sí misma, y se convierte de entendimiento en ser pura inteligencia, ya está bien dentro en sí misma la tal alma; la cual nunca en sí se encierra muy perfectamente sin cerrar tras sí la puerta a todo cuanto no es Dios. Y cuando, estando así quieta y encerrada, ni sabe, ni quiere, ni puede nada desear ni querer demandar nada a Dios por modo particular, porque sabe su fe que su Dios, con quien encerrada está, sabe cuánto el ánima ha menester y ve todos sus deseos y cuanto pudo desear primero que se encerrase con él; y se lo quiere muy llanamente cumplir con más que podría desear.

Entonces está la tal alma subida sobre sí misma; y dícese *sobre sí* porque excede y pasa los términos naturales que puede poder por sí; y todo lo que allí alcanza es muy sobrenatural, de sola la benigna dignación del inmenso ordenador de toda naturaleza. Y aquello que al alma le conviene en este tiempo saber es solamente saber ser boba y no saberse entender ni querer poder saber más; antes reciba cuanto viniere sin echar el ojo a nada, mas por vía de recepción, como ya queda mostrado en el capítulo 15 de la segunda parte de este libro. Así que llegarse el alma a sí misma es retraerse de las vacilaciones y derramamientos de la imaginativa, la cual casi siempre obra vagueando o pensando sin provecho. Entrarse el alma en sí misma es no se contentando de estar recogida, y sin vagos pensamientos procurar de acallar el entendimiento, excusándole de pensar cosas diversas, cuanto quiera que sean buenas; mas que se afije y esté quedo en una sola verdad y se

convierta en inteligencia; porque esto es pasar el alma
de bien en mejor; y habiéndose recogido y llegándose
a sí misma, entrarse dentro de sí y quietarse con su
Dios hasta subirse sobre sí misma. Subir el alma sobre
sí es sobrepujar y subir sobre toda la potencia natural;
en tal manera, que se encumbra y se sublima sobre
todo lo que es criado y, saliendo de todo ello, quiétase
en sólo su Dios, bien infinito y increado; porque en
sola esta quietud y no sin ella consigue el ánima el fin
y la perfección de la contemplación, que con este nuestro destierro puede ser más sublimada.

De manera que entonces está el alma sobre sí misma
cuando entiende que no entiende en cosa criada, y
entiende con gran satisfacción suya. Mas, si fuere preguntada, no le es posible acertar a declarar por palabras
ni por señas en qué manera lo entiende, ni qué es
aquello que entiende; mas sabe muy bien decir que la
dignación divina es sola quien obra en ella sin poner
nada de sí misma, y que la divina esencia, como es
infinita, es incogitable y que desfallece el alma y sus
potencias; y que lo que este tiempo debe el alma hacer
es sólo saber no obrar, porque sus mismas potencias
están debajo de sí, y ella está puesta sobre ellas y
responde: «Mi secreto solamente es para mí; y de las
obras de Dios, no sé otra cosa decir». Así que queda
de aquí que subirse sobre sí el alma contemplativa es
quietarse en sólo su Dios, sin poder tener memoria de
cosa que Dios no sea aunque tenga en tal tiempo
enteros los sentidos y potencias. Dase en aquesto a
entender que así como es una cosa llegarse a sí misma
y otra cosa es entrarse dentro de sí, de aquesta misma
manera se entienda que puede estar el alma sobre sí
misma y sin salirse de sí; y los que no entienden esto,
pregúntenlo a la experiencia, porque yo he oído decir
que en ella se aprende bien. De manera que se sienta
que para acercarse el alma a sí misma y entrarse dentro

de sí puede ella, con el favor de su Dios, socorrerse y se ayudar de la industria natural de sus deseos y afición y de su buena conciencia.

Mas si estando dentro en sí se ha de subir sobre sí, Dios solo ha de obrar en ella por su benigna bondad, sin ella ayudarse nada; porque así como nuestro Dios en la creación de estos cuerpos admite causa segunda, como son los elementos y toda naturaleza informada de solo él, que es siempre causa primera, así, para que el alma se guarde en su mismo corazón y se meta dentro en él y se procure subir sobre él y sobre sí misma, permite su gran bondad que las almas se ayuden a entrar en sí con su industria natural. Y así como nuestro Dios crió el ánima racional, sólo él, por su bondad infinita, sin admitir calidades, ni accidentes, ni elementos, ni cosa que les parezca, bien así para subirla sobre lo alto de sí misma y para la unir a sí en lo sobrenatural, no admite la industria de la tal alma, sino sola la divina dignación. Esto parece que quiso Ezequiel profetizar cuando, haciendo relación de los cuatro evangelistas por similitud de cuatro animales, nos dice que *las caras de los tres estaban a la diestra y siniestra de todos cuatro* (Ez 1,10).

Y reverenciando yo (ambas rodillas en tierra) lo que glosan los Doctores en nuestra madre la Iglesia, parece que oso sentir que por la *diestra y siniestra* se entienda, en este propósito, la operación que es y puede ser posible a la industria natural. Porque como quisiese el santo profeta mostrar lo muy sobrenatural que obra a solas nuestro Dios, dice que el rostro del águila estaba no solamente a la *diestra* y a la *siniestra,* mas que sobre todos cuatro. Y así, dice: *El rostro del águila estaba encima de todos cuatro;* de los cuatro, él era el uno; pues decir *sobre todos ellos cuatro* muy claramente muestra que estaba muy sobre sí misma su ánima. Claro está, y los Doctores lo muestran, que las plumas de estos cuatro

significan el vuelo de sus espíritus, del cual vuelo no
se excluye en este propósito la industria natural. Mas
las caras de estos cuatro la comprehensión divina nos
quiere dar a entender, en la cual no se reciben obras
de naturaleza. Pues los tres evangelistas, teniendo
puestas las caras de su alta comprehensión sobre la vía
natural, se dice estar a la *diestra* y *siniestra* de todos
cuatro; esto es, teniendo de cada parte cercados con su
doctrina los ángulos todos cuatro de la santa madre
Iglesia. Cierto es que está bueno de entender que el
que su comprehensión por la divina clemencia tenía
puesta sobre todos cuatro que subía muy sobre sí sin
industria natural; la cual se puede admitir en la *siniestra,* que es llegarse junto así; y en la *diestra,* que es
entrarse dentro en sí, pero no subirse sobre sí; y no se
da esto a entender a las letras cuanto quiera que puedan ser extremadas, ni se niega a la experiencia de los
que aun sin letras son ejercitados; y yo diré lo que cerca
de esto vi para confirmación de ello.

A mí se me ofreció necesidad de satisfacerme de
ciertas dudas, sobre las cuales hablé a un aventajado
teólogo muy amigo de virtud y en la lectura de sus
letras tan justamente ocupado por caridad y obediencia, que le hacía esto excusado de quieta contemplación. Y habiéndome muy bien satisfecho de algunas
dudas que por vía de letras se me podían responder,
ofrecióseme cierta pregunta cerca de un movimiento
interior donde habían de faltar letras, y él me dijo con
toda sinceridad: «Eso que decís es un licuor suave que
se levanta de cerca del corazón y cunde hasta que llega
a él, y hace ese movimiento alegre; y muévese otro
humor en el bazo y cunde por todo el cuerpo, y hace
esotro movimiento al contrario; y dígoos que oí esto
en París a mi maestro que nos leía, y parecióme muy
bien y nunca se me olvidó; y tiene buena razón, porque
esto es anatomía natural». Oyendo yo esta respuesta,

pasé por ella callando con mi disimulación; y aconteció desde algunos días que, hablando yo con una mujercita que yo conocía, a la cual muchas veces sé que falta una sardina para comer con el pan; y como algunas cosas hablásemos, llegando a estos encerramientos que aquí del ánima he dicho, díjome la muy rica pobrecita por términos a las letras escondidas: «En este tiempo halla el ánima conocimiento de lo que no entiende y entiende lo que no conoce». Y añadió: «A mí me ha acontecido, habiendo pasado este tal escondimiento, quedar con muy grande lástima de casi todos los estados y pareciéndome que todos están en mucha parte muy flacos en el servicio de nuestro Señor; y entonces me parecía que podría yo, siendo quien soy, darles a todos manera de vivir tan bien a los letrados como a los simples, y a los viudos, y casados, etc.». De manera que se cogerá de aquí que las letras con flaqueza del espíritu poco pueden atinar al entendimiento claro de las letras interiores, las cuales declaran bien los muy simples pobrecitos cebados en la experiencia de mística teología, donde bien se verifica la autoridad evangélica que muestra que a los pequeños revela nuestro Señor lo que a los sabios muy muchas veces se esconde. Mas ya otra vez tengo dicho que si con el pronto espíritu se acompañaren las letras de la sacra teología, muy gran ventaja será.

Y verdaderamente que tiene muy gran verdad el decir que en el pronto encerramiento se hallan tales secretos, que no se saben saber. Porque yo oí decir que un hombre muy casi mudo entró en casa de un gran señor con intento de ver su rica tapicería, que era mucho de mirar; y, como entró en una sala, vio un grande aparador con tantas y tales piezas de oro y de piedras preciosas y de tan finos esmaltes y de tal argentería, que en viéndolos se admiró, aun sin saber entender qué tal era lo que veía; porque así estaba ocupado en todo el aparador, que no se determinaba a nada particular; porque tanto y en tanto grado excedía la admiración a lo que comprehendía, que nada sabía entender; y a los que le preguntaban respondía con voz callada: «No quiero sino mirar». Mas los que estaban allí le decían: «¿Y de aquesto os espantáis?; pues procuraos disponer para subir a otra sala donde está el señor de casa; y cierto que hallaréis lo que los ojos no vieron ni cabe en el corazón».

Habéis de entender de aquí por esta comparación que algunas veces piensa el alma entrarse dentro en sí misma a gustar lo que otra vez halló, y ofrécese tanto más, que no puede darse a manos y, sin saberse entender, halla muy gran libertad en sólo saber ser boba; y de la ventaja que entonces conoce comprende que, si adelante pasare, no se ha de poder valer por manera natural. Donde es aquí de mirar con entrañas regaladas que el alma a quien el soberano Señor se comunica por vía sobrenatural comprende tanto de él cuanto su benigna gracia le quiere comunicar, nunca pudiendo ella nada, mas poniendo su querer. Y cuando esta alma tal llega a la última jornada, que es hasta llegar al monte del subirse sobre sí, donde, como está notado, ve en el aparador lo que no pensaba ver, lo que no supo desear, lo que no acertó a querer, llega a ser casi alienada; pero no sale de sí, sino sube sobre sí. Mas si pasare adelante, como se ha dicho, a otra sala donde hay más, y más, y más, no podrá ser otra cosa que, perdido el sentido y movimiento, quede del todo ajenada, quede puesta en éxtasis, quede en exceso de la mente, o diga que está arrobada. Y porque sabe mi Dios que yo no querría mentir ni vender lo que no es mío, yo confieso en su presencia que sé que digo verdad; pero torno a confesar que lo sé sin experiencia, ni sin saber qué cosa es experiencia en esta práctica en cosa de alienación o arrobamiento. Sé, empero, que pasando el ánima más adelante de sí, no hay en donde pueda estar sino fuera de sí misma y muy dentro en el amor que la tiene enamorada; y sé que puedo decir que cuando por estos términos rectísimos y derechos se arroban algunas ánimas en aquel otro arrobamiento, les infunde Dios más gracia y les hace saber más en pequeñitos espacios que sin él en largos tiempos.

Y para entender la verdad de esto mejor, yo me acuerdo que hablé muy largamente a quien lo sabía muy bien, a quien por la gracia soberana tiene en esto más experiencia, más larga y más aprobada que en aquestos nuestros tiempos se piensa que hay ahora sobre la tierra, y Dios inmenso ha mostrado, viviendo, grandes milagros por el alma que digo. Pues teniendo yo con esta alma una plática que duró por cinco días, de los cuales dos o tres fueron muy casi de sol a sol, plugo a la bondad de Dios que supe muy muchas cosas que yo deseaba saber y me eran muy necesarias, y a vueltas, muy muchas otras que yo no supe desear; y sé bien que algunas veces me hablaba grandes ratos, aun sin poderse excusar; y las dos o las tres veces fueron estando arrobada aquella alma de quien hago relación, donde supe algunas cosas que no pensaba saber, ni aquí caben en papel.

Pero, para verificar lo que arriba queda dicho, digo que una vez me dijo que había bien veinticinco años que no habían pasado entre todos ni diez noches que no estuviese su alma arrobada. Y que en las alienaciones verdaderas había tal satisfacción, que sola una era harto suficiente a ser paga muy sobrada de toda tribulación ofrecida en larga vida y padecida por Dios. Y para que sea Dios glorificado, supe entonces que en un su arrobamiento supo que un hombre que había sido amigo y siervo de Dios estaba a aquella sazón en un puerto de mar lejos de allí, y que esperaba la partida

de un navío para se ir a tornar moro, y le fueron
enseñados los pensamientos de aquel triste corazón y
la manera que había de tener para cobrarle, y que,
aunque él huía huyendo de Dios, la inmensa benignidad siempre quería remediarle. Pues como esta alma
contemplativa le hiciese un mensajero contándole sus
maldades y lo que él tenía pensado (sin pensar que
nadie podía alcanzar lo que él solo en sí pensaba), supo
ser cosa de Dios. Pero como hombre apartado de razón
y del demonio engañado, escribióle y diole gracias;
pero no quiso volver, respondiendo que sabía ser dipu-
tado al infierno; y pues que no tenía más vida de la de
este mundo, quería pasarla a su placer. Por lo cual el
alma contemplativa recibió grande aflicción y importunó mucho a Dios que le diese aquella alma. Y como
el Eterno Padre, lleno de benignidad, no quería que
pereciese, permitió que no partiese y lo pudiesen prender y lo trajesen a presencia de quien tanto le deseaba;
por cuya industria fue preso y traído, sin que saber se
pudiese el cómo esto se ordenó; lo cual supe yo también allí. Y como muy lastimadamente le reprehendiese
y por muchas vías le trajese a conocer la benignidad
de Dios, plugo a la eterna bondad que luego así le
mudó, que se dio a manos atadas y, viviendo cuatro
años en estrecha penitencia, de tal manera pasó a la
gloria soberana, que a nadie quedó duda, de los que le
conocieron, de su cierta salvación.

He dicho esto por dos cosas. La una, para que nos
captivemos en la gran bondad de Dios y en mirar
cuánto nos ama. La otra, para confirmación de los
bienes encerrados en los raptos y ciertos arrobamientos
de las almas bien criadas; en contrario de las cuales yo
sé que no falta quien entiende y lo porfía; que así como
carecen de movimiento y sentido, carecen de comprehensión; y no hay allí más provecho; lo cual es
opinión falsa, probada por lo que he dicho en el mis-

terio pasado, por la gran bondad de Dios. Bien sé yo,
y aun en los años primeros lo supe por experiencia, que
hay unos medio arrobamientos, que, cuando son en-
tendidos, es cosa para escarnecer y reír de ellos, porque
las almas amuchachadas, vezadas a no conocer la conversación sabrosa de la contemplación quieta, cuando
alguna centellica no acostumbrada se emprende en la
yesca de su no acostumbrado entender, piensan que la
han de encender soplando con sus pobres diligencias.
Y así, quieren esforzarse estribando sobre sí que, a su
pobre parecer, les parece que se alienan; y estos tales
arrobados son como arrobas de vino que, viéndose casi
llenas, en un punto son vacías, y no sólo no cobran
más, mas aun pierden lo que tenían por la necia alteración de la indiscreta manera. De esto daré yo más
señas, que lo sé por mi experiencia y por otra informa-
ción; para los nuevos sea aviso.

Sé también que algunas veces se ofrecen algunas
disposiciones que por letra ni palabra no pueden darse
a entender, de tal manera que se siente en las entrañas
y pecho una violencia y tal fuerza, que, con ser ansiosa
(o que trae consigo una no sé si sea fatigosa pena),
querría al alma que le durase toda la vida. Y yo vi una
persona que muchas veces le acaecía con tales altera-
ciones hacerse fuerza para no ser sentido; y todas las
veces que esto pasaba echaba aquel día o el siguiente
algunos desgarramientos de sangre por la boca hasta
veinte o treinta o menos o más veces. La cual sangre
luego cesaba, sin haber de ella más memoria hasta que
otra vez se le ofrecía tal interior ocasión. Y estando yo
presente vi preguntar qué cosa sería esto, y respondió
uno muy espiritual, a quien era hecha la pregunta, que
esto él lo tenía bien sabido, y que muchas veces se
temía osarse descuidar a la contemplación por la mucha sangre que por la boca echaba despues de algún
tal sentimiento; tanta, que le enflaquecía y le impedía

la quieta contemplación y aun le estorbaba el celebrar algún día.

Y yo mismo pregunté esto a otra persona muy mucho aventajada en las cosas espirituales, y me dijo que algunas veces se le ofrecía en estos tales puntos padecer tanta violencia, que le parecía apartársele unas de otras las costillas y que creía ser aquello; porque hay tiempos en los cuales todo el cielo se le haría al alma lugar estrecho para la poder caber, y querría ensanchar los límites de su encerramiento. Y si entonces estuviese en un desierto donde pudiese dar tres o cuatro clamores o suspiros, esto le daría un poco de remedio; y por la fuerza que a disimular se hace no es mucho que escupa sangre aun en mucha cantidad. Digo esto porque algunas veces no podían disimular aun los santos, que salían en públicos y clamorosos suspiros; en los cuales hallaban cierto remedio, como acontece algunas veces a los caminantes flacos, que no pueden yendo a su paso alcanzar al que va más adelante, al cual, si quieren llamar, acontece, y yo lo he visto, que antes que mi voz acabe de salir de mi garganta, aquel a quien llamo me ha oído, y aún yo me estoy procediendo en dar la voz, y ya él tiene vuelta la cabeza y está parado esperando. Así acaece muchas veces a los flacos caminantes deseosos de ir a su Dios: por no poderle alcanzar, suspiran por su presencia, y nunca el suspiro sale antes de las entrañas que sea oído de la gran bondad del benignísimo Dios, por quien el alma suspira.

Y acaece muy muchas veces que antes que acabe de despedirse el suspiro del deseoso corazón, ya el ánima siente que su Dios ha recibido el clamor que aún no ha ella acabado de dar, aunque suspire sólo el deseo del corazón sin estruendo y sin sonido, por el deseo de comunicar con su amantísimo Dios, deseoso que le llamemos para tener ocasión de responder y esperar; porque cierto, es codicioso de esta nuestra compañía, y él dice que sus deleites son andarse en compañía de los hijos de los hombres. Mas en cuanto sea posible, hanse de disimular los públicos movimientos, aunque sea con mucha costa, hurtando el cuerpo al espíritu y no dándole lugar de notable o pública alteración, cuando es en la mano del hombre el poder tener aviso; porque acontece hartas veces haber dado algún suspiro o gemido antes que el que lo dio sepa que lo había de dar; mas si le siente, hale de quebrar con alguna recia y disimulada tos. Porque quien por amor de Dios se excusa algunas veces se allegar a Dios, él tiene esta condición, que si una puerta le cierran, éntrase por otra y otras; y él sea siempre nuestro amparo.

Capítulo XLI

Muestra a conocer con muy recta distinción la diferencia entre espíritu de verdad y su contrario; y declara a la evangélica palabra: «A fructibus eorum cognoscetis eos»

Si el espíritu que habla dictando, que quiere decir poniendo en el entendimiento los conceptos o aspiraciones de lo que se ha de decir o escribir, sea espíritu de maldad y mentiroso, o espíritu bueno y verdadero, afirmar cualquiera de estas cosas sin tener el don de discreción de espíritu de que el Apóstol habla, sería errar sentencia con temeridad de peligrosa caída; por lo cual es menester, para no errar, probar o examinar cuál de los dos espíritus sea, según lo exhorta en su Canónica san Juan, diciendo: *No creáis a todo espíritu hasta que probéis si es espíritu de Dios o no.* La posibilidad de ambos los espíritus no es dificultosa de mostrar; que ambos, así el malo como el bueno, hablen bien y católicamente. Del bueno parece en todos los evangelistas y profetas. Que el malo hable bien, parece en Caifás y Balaán. Pero que el espíritu malo en el hombre justo y santo hable bien, parece dificultoso; mas muéstralo ser posible san Gregorio sobre Ezequiel, y que hable falsedad y mentira y sin pecado de en quien habla (pero en tal manera que su falsedad sea oculta y no parezca a la experiencia) parece ser verdad en santa Isabel de Hungría y en santa Brígida, ambas santas y canonizadas y de Dios en revelaciones y visiones visitadas; hallamos que la una dice la Madre del Cordero haberle revelado haber sido en el vientre de santa Ana sin original pecado concebida; la otra, con original concebida. Espíritus diversos y contrarios hablan en ambas; el uno, mal y mentiroso, y el otro, bueno y verdadero y sin culpa de ellas. Ambas las cosas es imposible ver verdaderas, porque son contradictorias, y por entonces cuál de ellas era la verdad, era oculto, porque la Iglesia no lo había determinado; parece la posibilidad.

La dificultad del conocer los espíritus no está cuando hay alguna falsedad clara, que entonces claro es que es el espíritu malo y mentiroso; pero cuando ambos hablan verdad, entonces, ¿quién lo discernirá sin el don de discreción? Y mirando la regla del Maestro de la verdad que para lo saber discernir nos pone, aún se nos muestra más la dificultad, porque dice: *Por el fruto de sus obras habéis de conocer* (Mt 7,20), y ambos hablando verdad, ambos juzgaríamos ser buenos, tomando por fruto la verdad que ambos dicen. Mas por que no nos quede libre facultad en este paso de errar, y errando ser engañados, hemos de notar que el hablar verdad no se llama aquí fruto ni lo es; mas fruto es aquello que de la verdad que dice entiende entonces o adelante sacar el espíritu que la dice. Ejemplo: el espíritu bueno entiende traer aquel por cuya boca habla y aquellos que con razón, según debe lo hablado, es comunicado a mayor aprovechamiento de virtudes o a más entero destierro de algunos vicios; y en lo uno y en lo otro,

con más conocimiento magnificar a Dios. Éste es el
fruto que de la verdad que habla entiende sacar el
espíritu de verdad, y por el cual, según la regla sobredicha de nuestro Maestro Jesucristo, ha de ser conocido.

Ítem, el espíritu malo y mentiroso espera o entiende
traer aquel por cuya boca habla lo bueno, y a los que
fuere aquello que comunicado, a que le crean y tengan
por espíritu de verdad, para alguna vez enjerir algún
error o falsedad en la fe o en las costumbres en lo que
dice; por que, incitándolos con alguna incierta inspiración presente o futura, los atraiga a estribar sobre su
reputación con algunos movimientos presuntuosos interiores; de manera que aquel por cuya boca habla
verdad o a los que siguieren la verdad que aquel habló,
traiga alguna estimación de sí mismo; lo cual no es
pequeño daño en los que buscan a Dios por contemplación. Éste es el fruto que el espíritu malo y mentiroso entiende sacar, y por el cual, según la regla pro-
puesta, nos muestra Cristo conocerle.

Pero ¿quién sin espíritu de discreción podrá discernir
al malo cuando habla verdad y persuade bien y parece
inflamar el espíritu humano en amor divino y le levanta tan alto el entendimiento sobre todo lo criado a
contemplar secretos divinos y misterios altísimos con
tan sensible suavidad de espíritu, que le parece al ánima en quien esto obra por la suavidad que siente gustar
algunas reliquias de la gloria, tales cuales en este valle
de miseria se compadecen? Porque aun en todo esto,
el fruto malo que entiende sacar de cosas tan fingidas
no parece ni la ponzoña asoma, a lo menos para que
descubiertamente le podamos alcanzar a conocer. Y
porque, permitiéndolo nuestro Señor, esto y otras muy
más altas cosas puede el espíritu malo en el alma del
bueno obrar para de su obra sacar algunos de los frutos
malos sobredichos, o mentira o falsedad o cualesquiera

presunción, habemos de notar que aquel solo afirma el Espíritu Santo (Prov 28,14) navegar seguro entre tan subtiles engaños que teme siempre poder ofender a Dios pudiendo ser engañado; de lo cual, por su bondad infinita, nos guarde Cristo Jesús.

ÍNDICE ONOMÁSTICO

A) BERNABÉ DE PALMA

B) BERNARDINO DE LAREDO

ÍNDICE DE MATERIAS

B) BERNARDINO DE LAREDO

SE TERMINÓ DE IMPRIMIR ESTE VOLUMEN DE
«VIA SPIRITUS. SUBIDA DEL MONTE SIÓN», DE
LA BIBLIOTECA DE AUTORES CRISTIANOS,
EL DÍA 21 DE JULIO DE 1998, FESTIVIDAD
DE SAN LORENZO DE BRINDIS, PRES-
BÍTERO Y DOCTOR DE LA IGLESIA,
EN LOS TALLERES DE SOCIE-
DAD ANÓNIMA DE FOTO-
COMPOSICIÓN, TALI-
SIO, 9. MADRID

LAUS DEO VIRGINIQUE MATRI